Henner Kotte
Vergessene Akten
Ungelöste Kriminalfälle

Henner Kotte

Vergessene Akten

Ungelöste Kriminalfälle

 Militzke

Die Akten mit den zitierten Dokumenten bewahren das Sächsische Staatsarchiv Chemnitz und das Sächsische Staatsarchiv Leipzig im Bestand BdVP und deren Vorgänger. Die Sprache der Originale sowie orthographische und grammatikalische Eigenheiten wurden belassen und offensichtliche Fehler nur getilgt, soweit sie den Lesefluß behindern würden. Auch in den Zwischentexten wurde deshalb auf die neue Rechtschreibung verzichtet. Die Namen aller Beteiligten sind geändert.

Der Inhalt der wörtlich zitierten Quellen entspricht den Originalen und wurde vom Verlag weder korrigiert noch verändert.

Dank gilt Christine Eberlein vom Sächsischen Staatsarchiv Leipzig, Dr. Nicholas Rügge vom Sächsischen Staatsarchiv Chemnitz und Alexander Grunow vom Mitteldeutschen Rundfunk; ohne ihr Engagement wären die »Vergessenen Akten« vergessen geblieben.

Bibliografische Information der Deutschen Bibliothek
Die Deutsche Bibliothek verzeichnet diese Publikation in der Deutschen Nationalbibliografie; detaillierte bibliografische Daten sind im Internet über http://ddb.ddb.de abrufbar.

1. Auflage
Militzke Verlag, Leipzig 2003
ISBN 3-86189-282-0

Lektorat: Corinna Hohndorf, Matthias Hübel
Umschlaggestaltung: Dietmar Senf
Satz und Layout: Claudia Hofmann
Druck und Bindung: Jütte-Messedruck Leipzig GmbH

Inhalt

Vorwort

»Jahrzehnte lagen sie in den Archiven. Wir haben die vergessenen Akten wieder ans Licht gebracht.« Stets mit diesen Worten begann eine beeindruckende Serie im mdr-SachsenSpiegel. Die Beiträge berichteten von ungeklärten Mordfällen, die mir als Zuschauer unter die Haut gingen. Denn für die Redakteure stand nicht die Sensation, sondern das Schicksal der Opfer, Verdächtigen und Verwandten im Vordergrund. Doch in vier Minuten Film kann man nicht alles erzählen, aber ich wollte mehr erfahren, und ich war mit diesem Wunsch nicht allein. Zumal die Akten dieser Kriminalfälle bis heute keinem zugänglich gemacht wurden. So zeigte der mdr-SachsenSpiegel erstmals diese Verbrechen und die Arbeit der Volkspolizei und das, worüber DDR-Journalisten nicht geschrieben haben. Warum auch immer. Mit diesem Buch können wir nachlesen, was nicht in den Beiträgen erzählt werden konnte. Hier kommen Ermittler und Zeugen selbst zu Wort.

»Er sagte dann zu mir, daß die Ermordete seine Frau sei, und er nicht zur Ruhe kommen könne ... Er erzählte immer wieder, daß er damit nicht fertig werden könne und daß er die Volkspolizei schon gebeten habe, ihn einzusperren, aber die würden es nicht tun. Er sagte auch, daß er nach Berlin geschrieben hätte, wo er sich beschwert hätte, weil von der Volkspolizei nicht genug getan würde, um den Täter zu finden.«

Die Behauptung, dass das Leben die beeindruckenderen Geschichten schriebe, ist nicht von der Hand zu weisen. Spätestens seit Francois Gayot de Pitaval stehen »wahrhafte Kriminalfälle« in den Bücherschränken. Selbst Friedrich Schiller war begeistert und leitete die erste deutsche Übersetzung mit diesen Worten ein: »Man erblickt hier den Menschen in den verwickeltsten Lagen, welche die ganze Erwartung spannen, und deren Auflösung für den Leser eine angenehme Beschäftigung gibt ... Triebfedern, welche sich im gewöhnlichen Leben dem Auge des Beobachters verstecken, treten bei solchen Anlässen, wo Leben, Freiheit und Eigentum auf dem Spiele steht, sichtbarer hervor, und so ist der Kriminalrichter imstande, tiefere Blicke in das Menschenherz zu tun«. Diese »vergessenen Akten« hat nie ein Richter gesehen, wir Leser treten an seine Stelle.

Gemeinhin sprechen Akten nicht. Und doch werden sie in diesem Buch fast ausschließlich zitiert. Ihre Lektüre ist keineswegs trocken, steril, emotionslos, wie ich erwartet hatte. Im Gegenteil. Detailgenau kann man die polizeiliche Ermittlungsarbeit nachvollziehen. Einsatzpläne. Maßnahmen. Fahndungserfolge. Mißerfolge. Darüber hinaus wird Zeit lebendig. Die DDR von einer bislang verschwiegenen Seite ihrer Geschichte.

In aller erster Linie begegnen uns Menschen. »Einfache Leute«, die in den Strudel des Verbrechens gestürzt wurden. Die Verkäuferin. Der Handwerker. Schüler. Der Familienvater, der den Tod der Gattin nicht verkraftet. Der junge Mann, der sich erstmals verabredete und nie ankam. Die Dolmetscherin, die in Westberlin einkaufen sollte. Alltag ist nicht mehr alltäglich.

Wir lesen, was die Zeugen der Verbrechen sagten. Was sie beobachteten. Wie sie handelten. Die Frage stellt sich: Wie hätte man sich selbst verhalten? »Er kam an meine Wohnungstür und sagte, daß seine Töchter ermordet worden wären. Sie seien ganz entblößt. Er fragte mich, wo er hingehen solle.« Nicht immer handeln Mitbürger mitfühlend. Auch Kleingeist und Häme wurden protokolliert.

Und erschütternd: Die Mörder wurden ihrer Taten niemals überführt. Angehörige mussten/müssen damit leben. Man kann sich diesen »wahren Geschichten« nicht entziehen.

Uwe Steimle, Frühjahr 2003

Zum Rendezvous nicht erschienen

Grimma 1949 – Der Mordfall Hermann Fiedler

Gut sieht er aus auf dem Bild, der Hermann Fiedler. Das Foto zeigt ihn in Wehrmachtsuniform. Er lächelt nicht. Hermann Fiedler ist um die Dreißig und arbeitet nach dem Kriege als Landarbeiter. Die Bäuerinnen, denen er wirtschaften hilft, haben keine Klagen. Von seinen Arbeitgeberinnen bekommt Hermann Fiedler beste Zeugnisse. Sicher ist ihnen bekannt, daß der junge Mann Frauenbekanntschaften hatte. Warum nicht? Er konnte gefallen: schlank, kräftig, blondes Haar, schmales Gesicht. Und in der Zeit … Männer waren zu Tausenden im Krieg geblieben. Andere waren noch nicht aus der Gefangenschaft heimgekehrt. Chancen hat er gehabt, Hermann Fiedler, und alle ausgeschlagen hat er sie nicht. Das weiß man.

»Es konnte ermittelt werden, daß der Verstorbene am Sonntag, den 9. 1. 1949, in der Zeit von 18.00 – 19.00 Uhr die Bäuerin Korte, Barbara, wohnhaft: Schaddel Nr. 20, aufsuchen wollte. Diese wurde bei der Kriminalpolizei, Kreispolizeiamt Grimma, zur Sache gehört, konnte aber weiter keine Auskünfte geben. Sie hatte den Fiedler, Hermann erst am 8. 1. 1949 kennengelernt. Sie war mit diesem für den 9. 1. 1949 verabredet.«

War es ein Tanzvergnügen, wo Hermann Fiedler Barbara Korte an jenem Sonnabend, den 8. Januar begegnete? Trafen sich beide in Grimma, der Kreisstadt an der Mulde? Barbara Korte und Hermann Fiedler wohnten auf Dörfern, zog es sie an freien Abenden in die Stadt wie heute junge Menschen auch?

Damals spielten die Kapellen in Gasthäusern Filmmelodien vergangener Jahre und neue Hits. Swing war Mode und Ärgernis:

8

»Beineschütteln, Gliederrütteln
Arme schwenken, Leib verrenken
Köpfe drehen, Mähnen wehen
Seufzer tönen, Menschen stöhnen
Mündchen plappern, Hacken klappern
In aller Augen wilder Glanz
das ist Tanz
...
Ich vergaß hinzuzufügen
Was ich besser hätt verschwiegen
Trotz Tuscheln, Lachen, Hohngekicher
Lieb ich dich, Swing, du Fürchterlicher«

Vielleicht gehörte Hermann Fiedler zu diesen Swingenthusiasten, wie der Verfasser dieser Liebeserklärung. 1948 hatte man diese Verse in der Zeitschrift »Melodie« abgedruckt.

Vielleicht saß Barbara Korte mit Freundinnen bei einem Glas Wein, als sich Hermann Fiedler ihr vorstellte. Hat er sich überwinden müssen? Hat er nach einem letzten Schluck Bier gesagt: Junge, es gilt! Und dann ist er über die Tanzfläche auf die junge Frau zugekommen und hat sie zum Tanze gebeten? Und Barbara Korte sagte: Ja.

Vielleicht spielte die Kapelle Bully Buhlans »Das Leben ist zur Zeit keine Kleinigkeit«. Vielleicht sang einer wie Werner Schmah »Schau mich bitte nicht so an, du weißt es ja, ich kann dir dann nicht widerstehen«. Vielleicht verlief der Abend wirklich so, wie Rita Paul sang:

»Ein verliebtes, junges Mädchen
ein verliebter, junger Mann
schauten sich in die Augen
ja, so fängt es immer an

Nach den ersten zehn Minuten
schickte er sich schüchtern an
seine Liebe zu gestehen
ja, so fängt es immer an

Bei rotem Licht und Tanzmusik
fühlte sie sich schon im höchsten Glück
und denkt, es wär so wunderschön
zu zwei'n spaziern zu gehen

Darf ich Sie nach Haus begleiten?
flüstert leis der junge Mann
Arm in Arm sie nun schon schreiten
ja, so fängt es immer an«

Hat Hermann Fiedler am Schluß der Veranstaltung gefragt: Sehen wir uns wieder? Und Barbara Korte hatte geantwortet: Möglich. Wenn du willst morgen. Am Nachmittag zum Kaffee. Ich kann erst ab sechs, muß ihr Hermann Fiedler gesagt haben.

Hat Hermann seine neue Bekannte noch ein Stück des Weges begleitet? Barbara wohnte in Schaddel, einem Ort von kaum dreißig Häusern, fünf Kilometer hinter Grimma, Richtung Großbothen. Oder ging sie mit Freundinnen diesen Weg? Vielleicht hatten Bekannte ein Auto und nahmen Barbara mit. In Schaddel war Hermann Fiedler noch nicht gewesen. Barbara hat ihm die Strecke beschreiben müssen. Oder sagte Hermann einfach, den Weg zu dir find' ich?

Auch heute noch führt nur eine schmale Straße zur Siedlung. Das Hinweisschild kann man übersehen. Ob 1949 überhaupt eines von der Hauptstraße den Weg in den Ort wies? Begegnen sich zwei Fahrzeuge auf diesem Asphalt, wird das Ausweichen schwierig.

Hermann Fiedler bewohnte ein Zimmer im Gehöft von Hertha Sass, Altenhain Nr. 36, wo er arbeitete. Altenhain liegt zu Schaddel in entgegengesetzter Richtung von Grimma.

Vielleicht aber haben sich Barbara Korte und Hermann Fiedler beim Einkauf getroffen. Bei gemeinsamer Arbeit. Wo sich die beiden trafen, wie ihre erste Begegnung verlief, darüber berichtet kein Protokoll der Akte. Sympathisch müssen sie einander gewesen sein. Hoffnungen haben sie sicher gehabt, warum sonst verabredet man sich?

Irgendwann haben sich beide getrennt an jenem Samstag,

und Hermann hatte versprochen, Barbara am Sonntagabend zu besuchen. Mit seinem Rad wollte er die 20 Kilometer zu Barbara fahren. Wäre Hermann Fiedler diesen langen Weg noch in der Nacht wieder heimgekehrt nach Altenhain ins Zimmer bei Hertha Sass? Oder hätte Hermann in Schaddel, Nr. 20, übernachtet? Hätte Barbara Korte ihm ein Bett aufgeschlagen? Hätten sie eines geteilt?

»Fiedler ist aber zur festgesetzten Zeit nicht erschienen. ›Auf Grund der erschienenen Zeitungsanzeige habe ich erst Kenntnis vom Vorfall mit dem Mord erhalten‹, äußerte die Zeugin« Barbara Korte später zu den Ermittlungsbeamten.

Fest steht: Hermann Fiedler war auf dem Weg zu ihr nach Schaddel gewesen. Er hatte Barbara Korte nicht versetzt. Er war mit seinem Rad zu ihr unterwegs. Kaum zwei Kilometer entfernt von dem Haus, wo sie wartete, hatte man ihn gefunden: Ermordet.

Am 23. 1. 1949 hatte die Leipziger Volkszeitung unter der Überschrift »Raubmord im Nimbscher Wald« gemeldet: »Der Landwirtschaftgehilfe H. F. wurde im Nimbscher Wald erschossen aufgefunden. Nach bisher getroffenen Feststellungen handelt es sich um Raubmord. Die Tat erfolgte am 9. 1. 49 nach 18.00 Uhr. Geraubt wurde ein älteres Herrenfahrrad mit guterhaltener Hinterradbereifung, Dynamobeleuchtung und Lenker in eckiger Form, ein grüner Filzhut sowie Brieftasche mit Bargeld. Personen, die sachdienliche Hinweise geben können, oder über den Verbleib der geraubten Sachen Auskunft geben können, werden gebeten, die Kreiskriminalpolizei, Abt. Grimma, Klosterstraße 9, zu benachrichtigen, Telefon, 339.«

Am Nachmittag des 20. 1. 1949 mußte Polizeihauptwachtmeister Erich Wachsmuth zum Dienst, zweite Schicht. Dann aber verpaßte der Polizist in Großbothen seinen Zug, der gegen 16.30 fuhr, »so daß ich gezwungen war, meinen Weg nach Grimma zu Fuß zurückzulegen. Ich befand mich auf der Landstraße etwa 100 m vor dem Waldeingang, da kam mir ein junger Mann von etwa

25 – 30 Jahren mit einem Fahrrad entgegen und meldete mir folgendes: ›Ich wollte mir soeben im Walde etwas dürres Gras holen, dabei habe ich eine weibliche Leiche gefunden.‹ Ich nahm diesen jungen Mann sofort wieder mit zurück, um mir diese Leiche zeigen zu lassen. Auf dem Wege zur Fundstelle legte der Mann ein sehr erregtes und erschrockenens Benehmen an den Tag, so daß er meine gestellten Fragen, wie er die Leiche gefunden hat, nur stockend beantwortete. Ich hatte das Gefühl, daß dieser junge Mann vom Schreck gepackt worden war. Als wir die Fundstelle erreicht hatten, blieb er auf der Straße stehen und zeigte mir mit der Hand die Richtung und sagte, etwa 40 m von hier. Ich bat ihn, doch etwas näher heranzukommen, da die Leiche in diesem hohen Gras und Gestrüpp schlecht zu finden wäre. Wir waren etwa auf 10 m herangekommen, da blieb er stehen und zeigte mir die Umrisse der Leiche. Ich begab mich zum Tatort, um mir die Leiche und die nähere Umgebung anzusehen, konnte dabei aber selbst nicht feststellen, ob es sich um eine weibliche oder männliche Leiche handelt, da mittlerweile die Dunkelheit hereingebrochen war, und ich an der Leiche nichts verändern wollte. Als ich zurück kam, mußte ich feststellen, daß sich dieser junge Mann während dieser Zeit entfernt hatte, ohne daß ich seine Personalien festgehalten hatte.

Ich begab mich sofort zur Landstraße, um den jungen Mann zu verfolgen, er war aber schon ein großes Stück mit seinem Fahrrad in Richtung Großbothen gefahren. In diesem Augenblick kam der Dienstwagen vom Polizeirevier II gefahren, ich hielt die Kollegen an, um sofort die Verfolgung dieses Mannes aufnehmen zu lassen, der Wagen sprang aber nicht mehr an, so daß ich die Verfolgung dieses Mannes aufgeben mußte. Ich begab mich daraufhin sofort nach Nimbschen und verständigte telefonisch das KPA und die Kripo und begab mich nochmals mit KOK Wiegant und Höller zur Fundstelle. Wir stellten dort fest, daß es sich nicht um eine weibliche, sondern um eine männliche Leiche handelte. Der Tote lag auf dem Rücken, sein linker Stiefel fehlt, seine Leder- oder Lederoljacke sowie dunkle Unterjacke waren aufgeknöpft. Er trägt einen grünen Pullover und hat kurzgeschnittene Haare. Papiere oder eine Brieftasche konnten bei der oberflächlichen Durchsuchung nicht gefunden werden. An der Leiche wurde nichts verändert, die Aufhebung wurde durch die herrschende Dunkelheit abgebrochen. Die Leiche wird vom Polizeiposten Grimma bewacht.«

»Aufgrund einer telefonischen Meldung von der KKPA Grimma/Sa. begab sich die Mordkommission Leipzig mit dem Dienstkraftwagen des Polizeipräsidiums Leipzig am 21. 1. 1949 7.00 Uhr nach dem Fundort der Leiche.

Die Kommission traf gegen 8.00 Uhr am Fundort der Leiche, in Grimma ein … Auf Befragen versicherte der hier aufgestellte Polizeiposten, daß außer der bereits berichteten oberflächlichen Untersuchung der Leiche an dieser so wie an dem Fundort nichts verändert worden ist. Gleichzeitig wird vorausschickend bemerkt, daß während des Auffindens und auch einige Tage vorher, sowie bei der Besichtigung des Fundortes, sehr ungünstiges und regnerisches Wetter herrschte (Schneetreiben, Sturm usw.).

Fundort der Leiche ist der sich auf der Nimbscher Flur befindliche Wald, östlich der Straße Grimma-Großbothen am Kilometerstein 3,7. Der Fundort befindet sich 30 m von der Straße entfernt und ist an dieser Stelle mit hohem Gras und Sträuchern bewachsen. Von der Straße aus ist die Leiche nicht zu sehen oder wahrzunehmen. Die äußere Umgebung zeigt keine Besonderheiten und keine Merkmale eines stattgefundenen Kampfes auf. Das hier befindliche hohe Gras ist nach allen Richtungen hin durchgetretene Wege begangen. Von der Landstraße aus befindet sich im Gras liegend, neben einer als Schleifspur zu bezeichnenden Stelle, ein linker Schaftstiefel. Der Stiefel zeigt mit seinem Absatz nach der Straße zu, ist aber im Fußgelenk umgeknickt nach oben gerichtet. Auf dem Stiefel befindet sich in Lederfalten noch Regenwasser. Die Schuheisen an der Spitze und am Absatz zeigen deutlich stärkeren Rostansatz. Der Weg zum Fundort geht an Wurzelstümpfen, Unterholz und Unebenheiten des Bodens vorbei und darüber. Der aufgefundene hier liegende Schuh ist durch Witterungseinflüsse sehr durchnäßt, sonst aber nicht beschädigt. Die Leiche befindet sich in Rückenlage, der Kopf zeigt nach Norden, die Augen sind geschlossen, der Mund leicht geöffnet.

Die oberen Schneidezähne sind sichtbar. Die rechte Gesichtshälfte ist unterhalb des Auges durch Tierfraß stark beschädigt bezw. angefressen. Ameisenhaufen befinden sich in unmittelbarer Nähe der Leiche. Mäusekot befindet sich in einer Anzahl von ca. 20 – 25 Stück an diesen Stellen. Gleichfalls ist das linke Ohr wie auch das rechte von Mäusen angefressen. Am linken Unterkiefer sind gleichfalls Verletzungen sichtbar. Inwieweit diese von Tieren hervorgerufen wurden, konnte nicht genau festgestellt werden. An der rechten Halsseite sind Spuren eines Streifschusses sichtbar. Die Arme befinden sich seitwärts neben dem Oberkörper. Am linken Arm – Unterarm außen – ist gleichfalls eine ca. 4 cm lange blutunterlaufene Streifschußspur sichtbar. Das Handgelenk zeigt Tierfraßspuren. An dieser Hand ist der Lederhandschuh zurückgestülpt. Der rechte Arm zeigt äußerlich keine Verletzungen, hier ist der an der Hand befindliche Lederhandschuh völlig in Ordnung und geschlossen. Die Füße sind lang ausgestreckt, am linken Fuß fehlt der Schuh, am rechten ist dieser vorhanden, und auch hier zeigen alle Eisenteile am Schuh Rostansatz. Dieser Rostansatz ist über die ganze Oberfläche gleichmäßig verteilt. Die Leiche ist völlig bekleidet. Die Bekleidung besteht aus einer Lederjacke hellbraun, einem dunkelblauen Jackett, einem mittelblauen Pullover, graugestreiftem Schal, hellblauen Oberhemd, rotweißem Schlips, schwarzer Reithose, blauweißgestreiften Wollsocken, weißer, langer Unterhose und Unterhemd, Hosenträgern und einem schwarzen Schaftstiefel. Die Taschen in den Hosen und dem Jackett waren herausgezogen und zeigen die Innnenseiten mit Taschenfutter.

In der rechten Hosentasche war bei näherer Untersuchung noch ein weißes gebrauchtes Taschentuch und ein Geldbetrag von 12 Pfennigen vorhanden (3 Münzen). In der rechten äußeren Lederjackentasche fand sich, in Papier eingeschlagen, ein zerbröckeltes Gebäck und gleichfalls ein Taschentuch bläulich und ein schwarzer Ohrenschützer. Die Lederjacke war bereits geöffnet gewesen und nur wieder übereinander gelegt worden. Bei der Besichtigung der geöffneten Lederjacke wurde in der Nähe der Achselhöhle ein einfacher Brief, der geöffnet war, gefunden. Ein zusammengelegtes Stück weißes Papier, das sich bei der

Untersuchung als Telegramm ergab, lag gleichfalls hier. Beide Stücke waren durch Witterungseinflüsse feucht und die Briefmarken hatten sich bereits gelöst. Ein Notizbuch mit blauem Umschlag befand sich gleichfalls an dieser Stelle. In der Innenseite des Jacketts wurde ein Haarkamm vorgefunden. Ausweispapiere oder eine Geldbörse bzw. eine Brieftasche wurden bei der Leiche nicht gefunden. Eine Kopfbebedeckung war nicht vorhanden. Die Untersuchung durch den Arzt Dr. med. Kral ergab, daß die Totenstarre bereits in Auflösung begriffen ist. Diese war nur noch teils am rechten Arm und am Kinn vorhanden. Nach Öffnen der Kleidung konnte auch noch eine Schußverletzung in der linken Unterbauchgegend festgestellt werden. Der Körper könnte auf Grund der vorhandenen Spuren und Verletzungen von drei oder vier Schüssen getroffen worden sein. Auf Wunsch des Arztes wurde die Leiche nicht entkleidet, da evtl. das Untersuchungsergebnis bei der noch durchzuführenden Sektion darunter leiden würde. Beim Umdrehen der Leiche konnte festgestellt werden, daß der Grasboden, genau wie die Lederjacke im Rückenteil, völlig durch Nässe zerweicht waren. Fußspuren oder sonstige Hinweise von den Personen, die die Leiche nach hier getragen oder geschleift haben, konnten auf Grund der starken Regenfälle in den letzten Tagen nicht aufgefunden werden. Zeichen einer Kampfhandlung waren nicht vorhanden. Die aufgefundenen Effekten Briefe, Buch, sowie die zwei Taschentücher und das Gebäck wurden vom Komm. K. I zwecks Identifizierung des Verstorbenen beigezogen.

Die Leiche wurde zwecks Durchführung einer Sektion nach dem Kreiskrankenhaus Grimma überführt. Das Amtsgericht Grimma wurde gebeten, die Sektion zu beantragen. Dies geschah durch schriftliche Anweisung an das Institut für gerichtliche Medizin in Leipzig.

Mit Hilfe der am Fundort anwesenden Polizisten wurde das Wald- und Straßengelände nach Beweismitteln der Tat abgesucht. Hierbei konnten auf der Straße, westliche Seite, (die Straße macht hier eine Krümmung) 4 leere Patronenhülsen, Kal. 9 mm, aufgefunden werden. Diese Hülsen befanden sich 0,40 m vom

Straßenrand entfernt auf der Fahrbahn. Auf dieser Straßenseite befindet sich gleichfalls ein 1 m tiefer Abflußgraben. Die Streuweite der Hülsen verteilt sich auf die Länge von 2,70 m. Die Hülsen zeigen in ihrer äußeren Seite Rostansatz. Eine von diesen ist etwas breitgetreten und zeigt im Inneren eingetrockneten Straßenschmutz. Die Hülsen stammen anscheinend aus ein und derselben Pistole. Welcher Herkunft diese ist, konnte noch nicht festgestellt werden. Von der Leiche, dem Fundort der Leiche und dem Fundort der Patronenhülsen wurden Fotoaufnahmen gemacht.

Die KKPA Grimma wurde gebeten und durch den Leiter der Mordkommission beauftragt, in der Tagespresse eine Meldung zu bringen, die Zeugen oder Wahrnehmer des Vorfalles veranlaßt, ihre Aussage in dieser Sache bei der KKPA Grimma zu machen.

Zwecks weiterer Ermittlungen wurde die auf dem Brief und Telegramm benannte Adresse in dem Dorfe Altenhain Nr. 36 aufgesucht.

Zuerst wurde aber der Polizeiposten aufgesucht. Auf Befragung erklärte der Pol. Oberwachtmeister, daß ein Mann mit dem Namen Fiedler, Hermann hier wohnhaft sei, Altenhain Nr. 36 bei Sass. Nach der bei dem Polizeiposten aufgegebenen Vermißtenanzeige handelt es sich um den seit dem 9. 1. 1949 verschwundenen Landwirtschaftsgehilfen und Hufschmied Fiedler, Ernst Hermann, geboren 15. 3. 1915, Rauschau, Krs. Schwarzenberg.

Nach dem Vergleich der vorliegenden Vermißtenanzeige und dem Befund der Mordkommission könnte kein Zweifel darüber bestehen, daß der aufgefundene Tote mit dem vermißt gemeldeten Fiedler personengleich ist. Der Verstorbene ist hier kriminell nicht in Erscheinung getreten, als Schieber oder Schwarzhändler ist dieser nicht bekannt.«

Die Arbeitgeberin Sass, Hertha, 53 Jahre alt, wurde in ihrer Wohnung, Altenhain 36, aufgesucht und zur Sache befragt. Sie machte folgende Angaben:»Der von mir als vermißt gemeldete Fiedler, Hermann, ist bei mir als Landwirtschaftgehilfe seit dem 15. 9. 1948 tätig gewesen. Seine Arbeit verrichtete er immer zu meiner Zufriedenheit. Ich habe diesen auf eine Zeitungsanzeige hin bei mir im Betrieb aufgenommen. Am Sonntag, den 9. 1. 1949 gegen 17.00 Uhr, hat dieser – um an einer Hochzeitsfeier teilzunehmen – das Grundstück verlassen. Er benutzte, wie immer auf solchen Wegen, sein Fahrrad. Das Fahrrad war mit einer elektrischen Anlage versehen. Es war aber bereits sehr alten Jahrgangs. Einen Radmantel hatte er sich erst vor kurzem neu besorgt und aufgezogen. Wo er hinfahren wollte, hat er mir nicht genau gesagt, eine Adresse ist mir deswegen nicht bekannt. Er nahm von seiner hier noch vorhandenen Stolle einen Teil mit (in Papier eingewickelt). Schmuck, Ringe oder eine Uhr trug er nicht bei sich. Auch hatte er einem Dorfbewohner versprochen, am 10. 1. 1949 nachmittags eine Fuhre Holz aus dem Walde zu holen. Er blieb, auch wenn er wegging, nie länger als eine Nacht aus. Er ist hier in der Gegend gut bekannt als Wirtschaftler. Ich habe aber angenommen, als sich sein Erscheinen verzögerte, daß er noch nach Großbuch zu seiner früheren Arbeitsstelle gefahren ist. Dort war er – ehe er hier in Stellung trat – 3 Jahre beschäftigt gewesen. Hier war auch bekannt, daß er in verschiedenen Zeitabständen nach dort fuhr. Geld hat er nicht viel bei sich gehabt, vielleicht 50,00 DM und eine Brieftasche. Was er sonst noch für Papiere bei sich trug, ist mir nicht bekannt. Ich kann nur angeben, daß Fiedler sehr leicht erregt und schnell aufbrausend sein konnte. Nachteiliges ist mir über ihn nicht zu Ohren gekommen. Er hat immer sehr fleißig seine Arbeit getan und sich vor allem auch um sein eigenes Pferd sehr gesorgt. Ich habe persönlich alle die Stellen telefonisch befragt, wo er sich aufhalten könnte. Meine Bemühungen waren aber alle bis heute vergeblich. Seine Angehörigen habe ich verständigt.«

»Anschließend wurde das Zimmer des Vermißten aufgesucht und nach Unterlagen, die das Ziel seiner Fahrt angeben könnten, gesucht. Solche Hinweise wurden nicht gefunden. Alle Gegenstände wurden im Zimmer belassen, auch ein Geldbetrag von 250,00. Das Zimmer wurde verschlossen und versiegelt und der Zimmerschlüssel dem Polizeiposten am Ort zwecks Weitergabe an die zuständige Gerichts- oder Amtsstelle übergeben.«

Gerda Steinmann ist in Großbuch die ehemalige Arbeitgeberin von Hermann Fiedler. Auch sie hat keine Klagen zu Fiedlers Tätigkeit auf ihrem Bauernhof. Sie hatten ein gutes Verhältnis, warum würde er sie sonst noch immer besuchen? Warum Fiedler die Arbeitsstelle wechselte, vermerkt das Protokoll nicht. Lag es an der Bezahlung? War kein Platz mehr für Fiedlers Pferd? Wollte der Landwirtschaftsgehilfe mit der Chefin kein engeres Verhältnis? Fiedler jedenfalls hatte per Annonce eine andere Stelle gesucht und gefunden, in Altenhain bei Hertha Sass.

Trotzdem: Am 2. 1. 1949 hatte Hermann Fiedler seine ehemalige Arbeitgeberin in Großbuch besucht. Sicher kam er auf seinem Fahrrad, und vielleicht brachte er Gerda Steinmann eine Aufmerksamkeit anläßlich der vergangenen Weihnachtsfeiertage und wünschte ihr Bestes fürs Jahr 49.

Zur Person Hermann Fiedler befragt, sagt Gerda Steinmann: Sicher, er war aufbrausend, wenn ihm was gegen den Strich ging. Aber wenn jeder bei dem geringsten Anlaß ... Sollte solches Verhalten ausreichend Grund für den Mord an ihm geben?

Auch Gerda Steinmann bestätigt, daß Fiedler fast all seine Wege mit Fahrrad erledigte. Und sicher hätte er es für die Strecke nach Schaddel genutzt. Am Fahrrad hatte er elektrisch Licht, erzeugt von einem Dynamo. Darauf war Fiedler stolz, nicht jeder konnte sich solch elektrisch Licht leisten. Ansonsten war sein Rad alt. Sehr alt. Das sah man ihm an. Allein wegen des Fahrrads wird man Hermann Fiedler nicht bestohlen haben.

Und Gerda Steinmann weiß, »daß Hermann Fiedler verschiedene Frauenbekanntschaften gehabt hat. Er ist ja hier auch überall bekannt«. Vielleicht hatte er Geld in der Tasche. Schließlich war Fiedler zu einem Rendezvous unterwegs. Gar restlichen Stollen hatte Hermann Fiedler dabei. Hätte Barbara Korte dazu das Täßchen Kaffee gekocht? Hätte Hermann danach Barbara Korte zu einem Kinobesuch überredet? Zu einem Glas Wein? Bezahlt hätte sicherlich er als Kavalier. Geld hatte Hermann Fiedler sicherlich in seinem Portemonnaie.

Auch der bei der Leiche gefundene Brief ist von einer Dame: Hermine Tauscher. Sie wohnt in Tautenhain nicht weit weg. Zu ihr allerdings fuhr Hermann Fiedler stets per Zug, ohne Rad. Mit Hermine Tauscher in Tautenhain aber hatte Hermann Fiedler am 9. 1. 1949 keine Verabredung. Von Barbara Korte weiß die Polizei in diesem frühen Stand der Ermittlungen nichts. Barbara

Korte meldete sich erst eine Woche darauf aufgrund der Zeitungsmeldung, die vom Tod Hermann Fiedlers berichtete. Die Frage, was Fiedler in die Nimbscher Flur trieb, bleibt noch unbeantwortet für die Mordkommission.

Persönliche Gründe für diesen gewaltsamen Tod Hermann Fiedlers scheinen nach Indizienlage nicht zu bestehen. Eher verweisen die Umstände auf einen Zufallstäter. War Hermann Fiedler Zeuge unrechten Geschehens?

»Betreffs des Berichtes des KKPA Grimma. Polizeirevierleiter HWM Wachsmuth, Erich II, sei noch bemerkt, dass sich in einer Entfernung 10 m südwestlich der Leiche in Gras versteckt ein kleiner Berg ($^1/_2$ Zentner) Zuckerrüben befand. Diese Zuckerrüben waren aus einer in der Nähe befindlichen Miete gestohlen worden. Anscheinend ist der im Bericht genannte junge Mann (der auf die Leiche Hermann Fiedlers stieß) der Dieb dieser Rüben. Aus diesem Grund wäre seine Entfernung vom Fundort der Leiche verständlich.«

Ist der junge Mann, der auf Hermann Fiedlers Leiche stieß, auch sein Mörder? Die Theorie klingt unwahrscheinlich.

Der Aufruf in der LVZ hat Wirkung. Zeugen melden sich, sie haben Hermann Fiedler an jenem Sonntagabend gesehen. Auch Elfriede Hase.

»Ich bin am 9. 1. 1949 zu einer Weihnachtsfeier in Müllers Gasthof in Großbothen gewesen. Gegen 18.00 Uhr, als die Veranstaltung für die Kinder zu Ende war, bin ich mit Frau Kunz und Wolfgang Mähler nach Nimbschen zurückgelaufen. Hinter Großbothen überholte uns ein Radfahrer und fuhr durch den Wald in Richtung Grimma weiter. Als wir dann ebenfalls im Walde hinter der Kurve liefen, kam dieser Radfahrer zurück und fragte uns, ob wir eine einzelne Person gesehen hätten. Wir verneinten dies, und er sagte daraufhin, es sei eine Person aus dem Gebüsch gekommen, die ihn russisch angequatscht habe. Die Person habe einen Gegenstand in der Hand gehabt, den er infolge der Dunkelheit nicht habe unterscheiden können. Es könne ein Gewehr oder ein Knüppel gewesen sein. Der Mann ging dann mit uns ein Stück weiter, setzte sich aber später wieder aufs Rad und fuhr weg. Als wir durch den Wald gekommen waren, bis zu der Stelle, wo es den Berg hinunter geht, sahen wir den Mann wieder, der sich dort mit einem aus Richtung Grimma kommenden Radfahrer unterhielt. Wir sind an beiden, ohne uns um sie zu kümmern, vorbei gegangen, und wurden dann wieder von dem ersten Radfahrer überholt, der uns gesagt hatte, er hätte mit dem anderen Mann den Wald absuchen wollen, dieser aber sei zu feig dazu gewesen. Der Radfahrer fuhr dann in Richtung Grimma weiter. Während der andere vermutlich in Richtung Großbothen gefahren ist. Jedenfalls hat er uns nicht mehr überholt. Einige Minuten später hörte ich in Richtung Großbothen einen Schuß fallen. Ich kann mich über die genaue Anzahl der gefallenen Schüsse nicht äußern. Ich weiß lediglich, daß es geschossen hat. Ich bin der Ansicht, daß die Zeit für den Radfahrer genügt hat, von der Stelle, wo wir uns getroffen hatten, bis an die Kurve, wo die Straße nach Großbothen führt, zu fahren.«

Elfriede Hases Beschreibung des zweiten Mannes auf einem Rad, der ihr, Frau Kunz und Wolfgang Mähler entgegenkam, paßt sehr genau auf Hermann Fiedler. Sie haben den Ermordeten noch lebend gesehen. Danach hörten sie Schüsse.

Der 14jährige Schüler Wolfgang Mähler schildert diese Begegnung:»Wie wir in Nimbschen den Berg hinuntergingen, kam ein älterer Mann mit dem Fahrrad von Grimma und fuhr in Richtung Großbothen. Der Mann, der uns gewarnt hatte, sagte auch zu diesem Manne, er solle aufpassen, weil einer auf der Straße steht und sagte, ob sie nicht noch einmal zusammen zu dem Russen fahren wollten. Der ältere Mann sagte aber, er hätte Angst und fuhr trotzdem nach Großbothen weiter. Als ich auf dem Wege nach unserem Haus war, hörte ich es einmal knallen und einige Male Hilferufe (3 oder 4 mal). Ich bin aber dann nach Hause gegangen.« Nach Hause gingen auch Elfriede Hase und Magarethe Kunz.

Magarethe Kunz hatte alle Angaben bestätigt. Der Mann auf dem Fahrrad, der nach Grimma fuhr, habe zu ihnen gesagt, daß da einer im Gebüsch stünde und in der Hand etwas hätte,»es könne ein Gewehr oder Knüppel gewesen sein. Er habe sich aber sofort, nachdem er zu dem Russen gesagt hätte ›Was willst du von mir?‹ auf das Rad gesetzt und sei weggefahren. Wir hatten von einer Person, die im Walde stand nichts bemerkt.«

Ja, sie erinnere sich, daß dieser Radfahrer mit einem anderen sprach und ihn fragte, ob sie gemeinsam nach dem Mann im Gebüsch suchen wollten. Denn dieser führe sicherlich nichts Gutes im Schilde, so wie er sich verhielt: Wer wartet denn im Gebüsch? Aber der angesprochene Radfahrer lehnte ab und fuhr in besagte Richtung trotzdem weiter. War das Hermann Fiedler?

»Nach höchstens 10 Minuten, als wir inzwischen in Nimbschen angelangt waren, hörte ich drei oder vier Schüsse, die meiner Ansicht nach aus Richtung Großbothen kamen. Ich habe mir darüber keine Gedanken gemacht, da in der Gegend bei uns öfters geschossen wird, wenn Angehörige der Besatzungsmacht auf Jagd gehen.«

Auch der bedrängte Radfahrer meldet sich, er heißt Stefan Engler, ist Sattlermeister. Engler ist an jenem Sonntage, dem 8. Januar 1949, als in Müllers Gasthof, Großbothen, das Weihnachtsfest veranstaltet wurde, von dem Elfriede Hase, Margarethe Kunz und Wolfgang Mähler auf dem Rückweg waren, gegen 18.00 Uhr von zu Hause weggefahren mit seinem Fahrrad und wollte in Grimma einen Besuch abstatten. »Als ich mit meinem Fahrrad außerhalb Großbothens war, traf ich vor der Straßenkreuzung Schaddel-Espigweg zwei Frauen mit Kinderwagen, die in Richtung Großbothen-Grimma liefen.

An dieser Straße Großbothen, Grimma sah ich, bevor ich an das Waldgebüsch herankam, vor mir einen Unbekannten, der mit Pelzmütze und Mantel bekleidet war, ganz langsam mir entgegenkommen. Dieser kam mir auf der von mir benutzten rechten Straßenseite entgegen, so daß ich gezwungen war, ihm nach links auszuweichen, was der Betreffende aber auch tat. Es können ungefähr 20 m Abstand gewesen sein, als ich begann, nach links auszuweichen, und ich habe dabei noch das vorher gehabte mäßige Tempo.

Ich hatte bei dieser Begegnung das Gefühl, daß dieser (Unbekannte) mich absichtlich nach der anderen Straßenseite drängen wollte. Als ich bei diesem Unbekannten vorbeifuhr, griff die-

ser mir an den rechten Oberarm, konnte mich aber nicht fest-
halten, da ich kurz vorher schon ein schärferes Tempo angeschlagen hatte. Im Vorbeifahren habe ich gesehen, daß dieser
etwas Stockartiges bei sich hatte, was ich für ein Gewehr gehalten
habe. Als ich mich losgerissen hatte, schimpfte dieser Unbekannte hinter mir her, was ich aber nicht verstehen konnte, da er dies
in einer Sprache getan hat, die ich nicht kenne.

Irgendwelche Dienstgradabzeichen habe ich bei dem Unbekannten nicht gesehen, auch könnte ich mich auf sein Aussehen
nicht genau erinnern, da es schon ziemlich dunkel war, und ich
demzufolge die Gesichtzüge nicht mehr erkennen konnte.

Ich bin dann bis hinter die Kurve gefahren und dann abge-
stiegen und habe beobachtet, was der Fremde wohl noch tun
wird. Da der Unbekannte in meine Fahrtrichtung nachkam, bin
ich dann in Richtung Grimma weitergefahren ... Ich habe dort an
dieser Stelle gewartet, bis die zwei Frauen mit dem Kinderwagen
kamen, die ich an der Kreuzung Schaddel-Espigweg überholt hatte und fragte diese, ob sie da vorn eine einzelne Person gesehen
hätten, was von diesen aber verneint wurde. Ich nehme an, daß
der Unbekannte sich von der Straße entfernt hatte, als er die zwei
Frauen mit dem Kinderwagen aus Richtung Großbothen ... kommen sah. Ich bin dann ein Stück mit diesen beiden Frauen in
Richtung Grimma zu gelaufen.

Mitten auf dem langen Berg von Nimbschen aus nach Großbothen kam mir von Grimma aus ein Radfahrer entgegen, der
sein Rad den Berg hinaufführte. Das Alter dieses Mannes schätze
ich auf 25–35 Jahre. Ich weiß, daß er Stiefeln getragen hat. Ob er
nun einen Stutzer anhatte, ist mir nicht mehr in Erinnerung.
Kopfbedeckung hatte er meiner Erinnerung nach entweder einen Sporthut oder eine blaue Mütze.

Diesen Mann habe ich darauf aufmerksam gemacht, daß mich
weiter oben einer vom Rad herunterholen wollte. Als ich diesem
das erklärt hatte, machte er seine Luftpumpe vom Rad und fragte mich auch nach dem Wege nach Schaddel, den er nicht kennt,
da er noch nie dort war. Wen er dort besuchen wollte, hat er mir
nicht gesagt, ich habe ihn auch nicht danach gefragt. Ich habe
ihm darauf die Straße nach Schaddel beschrieben. Erst hatte ich

die Absicht, mit diesem wieder zurückzufahren, habe dies aber dann doch bleiben lassen und bin nach Grimma weitergefahren.

Ich bin dann erst am nächsten Morgen mit dem Rad auf der gleichen Straße nach Hause gefahren und habe auch dort, wo der Unbekannte mir das Rad wegnehmen wollte bzw. mich vom Rad holen wollte, Umschau gehalten und nichts besonderes bemerkt.

Das Fallen von Schüssen habe ich nicht gehört, da ich ja dann bergab mit dem Rad gefahren bin, während der andere sein Rad noch den Berg hinaufschieben mußte, und der Abstand dann so groß war, daß ich dies hätte nicht mehr hören können.

Daß der Betreffende an diesem Abend dort ermordet wurde, habe ich erst erfahren, als ich am 29. 1. von Oberwiesenthal zurückkam, wo ich 14 Tage zum Wintersport geweilt habe.« Unterschrieben: Stefan Engler.

Frau Magarethe Kunz kann noch einen Zeugen benennen: Auch ihr Nachbar Werner Franke hat Schüsse gehört und den Mann auf dem Fahrrad gesehen. »Am 9. 1. kam ich von der Weihnachtsfeier aus Großbothen. Ich bin daselbst kurz vor 18.00 Uhr weggegangen. Ich benutzte die Straße Großbothen–Nimbschen–Grimma. In der Nähe des Weges, der nach der Schaddelmühle fährt, wurde ich von einem Radfahrer, der sein Rad an der Hand führte, angesprochen. Dieser Mann fragte mich, ob ich hier bekannt sei und wo der Weg nach Schaddel geht. Ich beschrieb ausführlich, welchen Weg er nach dort einzuschlagen hatte. Dieser Radfahrer sagte zu mir, daß er kurz vorher mit einem anderen Radfahrer gesprochen habe, der ihm berichtete, daß er angehalten worden sei, und der Versuch gemacht worden wäre, ihm das Fahrrad wegzunehmen. Er meinte, es wären Russen unten. Er fragte mich auch, ob ich schon Russen getroffen hätte. Ich habe ihm gesagt, daß das nicht der Fall sei, denn ich war noch keinem begegnet.

Ich möchte bemerken, daß ich nicht den Eindruck hatte, daß dieser Radfahrer, der mit mir sprach, einen ängstlichen Eindruck machte.

Ich setzte meinen Weg dann weiter fort und kann nicht angeben, ob der Radfahrer sein Rad bestiegen hat oder ob er zu Fuß weiter gelaufen ist. Weil es mir selbst etwas eigenartig zu Mute war, und ich Bedenken hatte, daß irgendetwas passieren könnte, ging ich den Weg nach Großbothen ungefähr 10 Minuten zurück. An der Waldecke, wo die Straße eine Kurve macht, ca. 50–100 m vor mir, hörte ich zwei bis drei Schüsse fallen. Den Feuerstrahl von den Schüssen ca. 2mal, die Schüsse fielen schnell hintereinander, habe ich dann auch gesehen. Ich blieb auf der Straße stehen und ging weiter auf Nimbschen zu. Ich bin an dieser Stelle, wo ich das Feuer und die Schüsse bemerkt habe, gar nicht hingegangen. Ich hatte die Auffassung, dass die abgegebenen Schüsse und der Feuerstrahl, die ich bemerkt habe, aus einer Richtung gekommen sind.

Ich weiß nicht, was zu dieser Zeit auf der Straße und an dieser Stelle passiert ist. Erst am 23. 1. 49 habe ich durch Frau Kunz erfahren, um was es sich hier handeln könnte, und bin demzufolge hier an der Amtsstelle erschienen, um meine Aussagen machen.« Werner Franke kann den Mann nur ungenau beschreiben, dem Anschein nach aber, sagt er, trug der Fahrer einen Hut. Einwandfrei sprach der deutsch, war mittelgroß. Die Aussagen der Zeugen sind ohne Widersprüche. Sie beschreiben den Ermordeten auf seinem letzten Weg. Was wollte Hermann Fiedler Sonntag am Abend in Schaddel, wo er noch nie vordem gewesen war? Die Ermittler haben keine Vermutung.

Andere offene Fragen klären sich. So erscheint der 13jährige Bruno Herbig bei den ermittelnden Kommissaren und übergibt ihnen einen Hut.

»Am 11. 1. 1949 kam ich von Grimma und wollte nach Großbothen. Ich ging zu Fuß die Landstraße entlang. Ich fand einen grünen Herrenhut im Straßengraben links, wo der Wald ist. Der Hut war mit Schnee bedeckt und steif gefroren. Der Hut lag mit seinem Kopf nach oben. Andere Gegenstände habe ich nicht aufgefunden. Ich nahm an, auch meine Eltern, daß den Hut einer vom fahrenden Auto verloren hat. Hier an dieser Stelle macht die Straße eine Kurve. In der Nähe des Hutes stand ein Baum.«

Den Hut hat Bruno Herbig mitgenommen, er war ja noch tragbar. Aber dann haben seine Eltern und er von diesem Mordfall gehört. Und vielleicht gehört die Kopfbedeckung dem Opfer? Die Polizisten nehmen an, daß es der Hut Hermann Fiedlers ist.

Daß der Fundort des Hutes auch der Tatort des Mordes ist, scheint weniger wahrscheinlich. Wetter und Wind haben den Herrenhut wahrscheinlich weitergetragen. Weitere Rückschlüsse läßt Bruno Herbigs Fund nicht zu.

Auch Otto Lahrmann aus Großbothen hat sich überwunden, meldet sich bei der Polizei und sagt aus.

»Ich bin diejenige Person, die am 20. 1. 49 gegen 17.15 den Hauptwachm. Wachsmuth auf der Straße Grimma–Großbothen auf die Leiche, die sich in einer Entfernung von ca. 30 m von der Landstraße befand, im Unterholz liegend, aufmerksam gemacht hat. Ich wollte in diesem Wäldchen Gras für meine Karnickel holen und meine Notdurft stillen. Auf der Suche nach einem geeigneten Platz sah ich auf einmal – es war ziemlich dunkel – den linken unbeschuhten Fuß einer Person. Ich nahm an, daß die betreffende Person, die hier liegt, eine Frau sein könnte, und zwar, weil der unbeschuhte Fuß der Strumpf einer Frau sein konnte. Ich stand, als ich dies sah 5 bis 6 m von der Leiche entfernt und zwar in Richtung Großbothen. Ich kann die Versicherung abgeben, daß ich die Leiche nicht berührt habe oder an der Kleidung manipuliert habe. Ich bin vor Schreck, ohne mich näher um die Leiche zu kümmern, aus dem Gelände herausgelaufen, habe mein auf der Straße abgestelltes Fahrrad bestiegen und bin nach Richtung Großbothen weggefahren. 150 m weiter traf ich einen Angehörigen der Polizei und machte diesen auf den Fund aufmerksam. Diesen Polizisten zeigte ich aus einiger Entfernung den Ort, wo sich die Leiche befindet.

Ich selbst kann keine Leichen sehen, und aus diesem Grunde bin ich mit dem Polizisten nicht bis an die Stelle hingegangen, wo sich die Leiche befand. Da ich keine Aufforderung durch den Polizisten erhielt, auf irgendwelche Anweisungen zu warten, habe ich mich, ohne den Polizisten zu unterrichten, von dieser Stelle entfernt und bin nach Hause gefahren.

Mit dem in der Nähe der Leiche gefundenen Zuckerrübenhaufen habe ich nichts zu tun gehabt, mir sind diese auch überhaupt nicht bekannt. Sonst kann ich keine weiteren Angaben zu dieser Sache machen und ich habe damit die volle Wahrheit gesagt, was ich mich mit meiner Unterschrift bestätige: Otto Lahrmann.«

Freiwillig meldet sich auch bei der Polizei Herr Rudolf Heye. Er hat vier Tage nach der Tat, am 13. 1., gegen 17.00 Uhr, am gleichen Orte, wo man die Leiche Hermann Fiedlers fand, folgendes beobachtet: »Ich fuhr mit meinem Fahrrad nach Richtung Grimma. An der von mir bezeichneten Stelle, Straßenkurve, standen zwei Männer im Straßengraben auf der Seite, wo sich der Wald befindet. Der eine hatte eine Kreuzhacke in der Hand, und der andere hielt eine von seinen Händen in der Jackentasche. Ich nehme an, daß er eine Pistole in der Tasche versteckt hielt. Zwei andere Männer befanden sich weiter hinten im Walde, und es schien mir, als wenn sie Laub zusammenraffen würden. Ein anderer, jüngerer Mann brachte zu diesen Männern, die sich im Wald befanden, einen Arm voll Reißig hin. Die beiden Männer im Straßengraben gingen bei meinem Vorbeifahren auch dem Walde zu. Ich hatte den Eindruck, daß die Männer keine guten Absichten hatten.

Später hörte ich aus einiger Entfernung einige Schüsse fallen. Ich kann aber nicht sagen, von wem diese abgefeuert worden sind. Mir galten die Schüsse nicht.« Heye beschreibt einen Mann im Jackett mit Schlapphut, die anderen hat er in der Dämmerung kaum erkannt. Er hatte den Eindruck deutscher Leute, aber von hier seien diese Leute nicht gewesen. Sie sprachen anders. Sind das diejenigen, die sich den Rübenhaufen beiseite gelegt hatten? Holten sie nun erst nach Tagen ihr gestohlenes Gut? Hatte Hermann Fiedler sie beim ersten Mal beobachtet? Aber die Zeit und Not forderte die Diebe, die Rüben doch noch zu holen. Obwohl es gefährlich war, sich in die Gegend des begangenen Mordes zu begeben? Aber noch war die Leiche im nahen Wald nicht entdeckt. Die Beobachtungen Rudolf Heyes sind für die Polizei eine Spur, die zu Hermann Fiedlers Mörder führen könnte. Deshalb sucht die Leipziger Volkszeitung, Ausgabe Grimma, am 28. 1. 1949 erneut Zeugen.»Welche Personen können sich, außer den bereits gemeldeten erinnern, am 9. 1. 49 nach 18.00 Uhr auf der Straße Nimbschen-Großbothen einen Radfahrer oder mehrere gesehen zu haben, die Richtung Großbothen fuhren.

Am 9. 1. 1949 war eine Weihnachtsfeier in Müllers Gasthof in Großbothen.

Zum Rendezvous nicht erschienen

Welche 5 Personen haben am 13. 1. 1949 (Donnerstag) im Nimbscher Wald an der Straßenkreuzung kurz vor dem Weg, der nach Schaddel führt, gearbeitet? Welche Personen wollte der ermordete Fiedler am Sonntag, den 9. 1. 49 in Schaddel besuchsweise aufsuchen? Wo wurde ein Herrenfahrrad nach dieser Zeit ab- oder untergestellt? Personen, die sachdienliche Hinweise geben oder sonstige Angaben machen können werden gebeten ...«

»Am 25. 2. 1949 gegen 17.00 Uhr kommt zum Polizeiposten Großbothen der 50jährige Waldarbeiter Hans Eggert, wohnhaft in Großbothen, und zeigt an, daß er im Nimbscher Forst ein Herrenfahrrad gefunden habe. Eggert zum Sachverhalt vernommen, sagt folgendes aus: ›Heute gegen 16.20 Uhr fand ich in einer Kiefernschonung in der Abt. 3 des Nimbscher Forstes ein Herrenfahrrad. Ich befand mich in Begleitung meines Arbeitskollegen auf dem Heimwege von meiner Arbeitsstelle, als ich im Grase liegend eine Lenkstange blinken sah und somit das Fahrrad fand. Die Fundstelle befindet sich an dem sogenannten Espigweg, der nach Großbardau führt und seinen Ausgang in der Kreuzung Schaddel-Grimma-Colditz-Großbardau hat. Die Fundstelle ist ungefähr 400 m von der Staatsstraße entfernt und 20 m seitlich vom Espigweg.‹«

Es ist das Fahrrad Hermann Fiedlers, die Täter hatten es nur ein wenig weiter in den Wald geworfen. Wegen seines Fahrrades mußte Hermann Fiedler nicht sterben. Wieviel Geld hatte er bei sich?

Auch Barbara Korte erfährt erst aus der Zeitung vom Tod Hermann Fiedlers und meldet sich bei der Polizei. Sie hatte am 9. 1. vergeblich auf Hermann Fiedler gewartet. Jetzt weiß sie, daß er seine Verabredung einhalten wollte, wie er ihr tags zuvor versprochen hatte. 18.00 Uhr waren sie verabredet gewesen, nur gekommen sei er nicht. Nein, Mutmaßungen hat die 36jährige Bäuerin keine. Sie hatte ihn ja erst kennengelernt. Sympathisch sei er ihr gewesen. Ja, sonst hätte sie ihn ja nicht zu sich zu Besuch gebeten. Sicherlich hat Barbara Korte Gründe gesucht, warum Hermann Fiedler nicht bei ihr zu Hause in Schaddel erschien. Vielleicht hat sie noch Tage gehofft und gebangt, daß er sich bei ihr meldet. Hermann Fiedler tat es nicht. Auf dem Weg zum Rendezvous hatte man ihn erschossen. Kaum zwei Kilometer entfernt von dem Haus, in dem eine Frau auf ihn wartete ...

Das Gutachten der Gerichtsmedizin bestätigt die ersten Diagnosen: »Verletzung lebenswichtiger Organe durch mehrere Schußverletzungen.

Auf den Verstorbenen sind mindestens vier Schüsse abgegeben worden. Diese sind:

a) Streifschuß am linken Unterarm
b) Streifschuß an der rechten Halsseite
c) Unterkiefer-Halsdurchschuß
d) Unterbauchschuß rechts.

Die starke Zerstörung im Bereich der rechten Gesichtshälfte läßt einen weiteren Streifschuß, der mit Weichteilverletzungen dieser Regionen einherging, nicht ausschließen. Die Gesichtsverletzungen wurden während der längeren Liegezeit der Leiche im Freien durch Tierfraß vergrößert. Die Beibringung der Schußwunden spricht für Ausführung durch fremde Hand. Zur Anwendung gelangte eine Repetierfeuerwaffe von stärkerer Durchschlagskraft. Kaliber etwa 9 mm. Die Kleidungsgegenstände des Verstorbenen, sowie ein Stück der Oberbauchhaut (Einschußöffnung) und ein Stück der Nackenhaut (mit Einschußöffnung) wurden zu Untersuchung auf Nahschußzeichen entnommen und dem Institut für gerichtliche Medizin und Kriminalistik der Universität Leipzig übergeben. Tierfraß und Fäulniserscheinungen deuten auf ein längeres Liegen im Freien hin.«

Der Tat verdächtig ist niemand. Die polizeilichen Ermittlungen über den Täter werden weitergeführt. Nochmals werden die Zeugen befragt. Ergeben sich neue Anhaltspunkte? »Am heutigen Tage wurde der Sattlermeister Engler, Stefan, in seiner Wohnung in Großbothen bei Grimma aufgesucht. Dieser wurde nochmals über die Person befragt, die ihn am 9. 1. 1949 im Nimbscher Wald vom Fahrrad herunterstoßen wollte. Um diesen Mann kann es sich aller Wahrscheinlichkeit nach um den Täter handeln. Diese Person war mit einer Pelzmütze und einem Militärmantel bekleidet. Die Gestalt war groß und schlank. ›Als ich auf dem Rad saß, reichte der Mann mir mit seinem Gesicht über mich hinaus. Das Gesicht selbst konnte ich nicht erkennen, auch besondere Merkmale konnte ich an der Person nicht feststellen. Der Gegenstand, den er bei sich führte, reichte bis zu seiner Brust. Was dieser Gegenstand aber darstellte, kann ich nicht angeben. Ich hatte aber bei der Begegnung mit diesem Mann sofort den Eindruck, daß es sich um einen Mann in russischer Uniform handelt. Der Radfahrer, also der Verstorbene, hätte es gern gesehen, wenn ich ihn noch aus dem Wald hinaus begleitet hätte. Er ging aber, ehe ich mir über meine Handlungsweise klar werden konnte, weiter. Ich fuhr dann mit meinem Rad in Richtung Grimma.« Es ist keine heiße Spur.

Der sowjetischen Militärkommandantur hatte man Meldung erstattet und um Mithilfe gebeten. Über die Reaktionen der Besatzungsmacht vermerkt die Ermittlungsakte nichts. Ob sie in ihren Reihen je ermittelte, darüber existieren Dokumente nicht. Daß Soldaten der Roten Armee den eigenen Vorteil suchten, Straftaten begingen, ist belegt. Auch Gewalt schreckte sie nicht. Aber nicht alle Verbrechen, die man ihnen unterstellte, haben Besatzer begangen.

1949: Deutschland versuchte die Normalität im Alltag herzustellen. Man baute auf und baute auf neue Ideologie und neue Wirtschaft. Kriegsschäden waren sichtbar. Lebensmittel waren knapp.

»Das Leben ist zur Zeit
keine Kleinigkeit!
Zum Beispiel:
die hohen Steuern,
die teure Miete,
das bißchen Zaster
in unsrer Tüte,
die vielen Fremden ...

Das Leben ist zur Zeit
keine Kleinigkeit:
Wenn man es sieht,
wird man es müd.
Es drängt ein Lied sich ins Gemüt:

Man soll ja nicht verzagen –
doch uns hat's schön erwischt,
Ein's will ich ihnen mal sagen,
Na – ich sage lieber nischt!

Das Leben ist zur Zeit
keine Kleinigkeit!
Zum Beispiel:
Die vielen Grenzen
in unserem Staate
die Konferenzen –
und die Resultate!
Die kleine Wohnung –
Kinner, wem kann man trau'n?
Die wenigen Männer
und die vielen Frau'n.« [1]

Barbara Korte hatte Hermann Fiedler getroffen. Sie hatten beide wohl Hoffnung auf Zukunft. Diese hat sich nicht erfüllen können.

Nochmals »wurde die Wohnung der Zeugin Korte, Barbara, aufgesucht. Diese war nicht anzutreffen, die Angehörigen erklärten aber, daß der Fiedler, Hermann bei der Familie nicht bekannt war. Erst am 8. 1. 1949 hatte die Korte diesen kennengelernt. Er sollte eigentlich schon am Nachmittag kommen, diesem Wunsch aber konnte der Fiedler nicht nachkommen. Daß eine Eifersuchtstat vorliegen könnte, und ein Nebenbuhler der Täter sein könnte, wird nicht von den Angehörigen angenommen.«

Eine Beziehung war Barbara Korte und Hermann Fiedler unmöglich: Mord. Täter unbekannt.

Zum Rendezvous nicht erschienen

Narben

Leipzig 1958 – Mordfall Ida Schulze

Fast ein Jahr ist nach der Tat vergangen, der Mörder der Verkäuferin Ida Schulze ist noch immer nicht gefaßt, als im Februar die Zeugin Marianne Knauss bei der Mordkommission Leipzig, Dittrichring 22, Zimmer 322 erscheint:

»So wie ich mich erinnern kann, war es noch in der ersten Hälfte des Monats Januar 1959, den genauen Tag kann ich nicht mehr angeben, als ein mir unbekannter Mann in meiner Wohnung erschien. Meine Tochter hat ihn hereingelassen.

In meiner Wohnung sprach mich der Mann an. Er sagte zu mir, Frau Knauss, Sie kennen mich doch noch von der Gegenüberstellung bei der Mordkommission. Ich hatte ihn auch erkannt und sagte ja zu ihm. Ich wußte aber nicht, daß es der Ehemann von der ermordeten Frau Schulze war. Er sagte dann zu mir, daß die Ermordete seine Frau sei, und er nicht zur Ruhe kommen könne. Von da an wußte ich erst, daß es sich um Herrn Schulze handelte.

Er erzählte immer wieder, daß er damit nicht fertig werden könne und daß er die Volkspolizei schon gebeten habe, ihn einzusperren, aber die würden es nicht tun. Er sagte auch, daß er nach Berlin geschrieben hätte, wo er sich beschwert hätte, weil von der Volkspolizei nicht genug getan würde, um den Täter zu finden. Die Volkspolizei würde sich getroffen fühlen, weil er das getan hätte.

Wir haben uns etwa eine Stunde unterhalten, und mir kam die ganze Sache wie eine Komödie vor. Er schimpfte auf Gott und alle Welt und war aber mit sich selbst auch nicht einig. Der Herr Schulze machte mir den Eindruck, als wenn er einmal jemand alles vom Herzen reden wollte. Es war mir, als wenn ihn etwas bedrückte, und er kam mir gar nicht geheuer vor. Wenn ich ihn richtig anguckte, so sah er weg und fing an, mit den Händen herumzuwirbeln.

Während des Gesprächs fragte mich Herr Schulze, ob ich einmal den Mann mit den Narben gesehen habe, der im Verdacht steht, der Mörder seiner Frau zu sein. Ich bestätigte das. Es ist im Sommer vergangenen Jahres gewesen, als ich die Oststraße in Leipzig in Richtung Kinderklinik lief. Bereits am Ostplatz hatte ich so ein eigenartiges Gefühl, und als ich mich umguckte, sah ich den Mann mit den Narben, den ich schon bereits zweimal in dem An- und Verkaufsgeschäft gesehen hatte. Ich möchte bald behaupten, daß es der Mann war, den ich dort gesehen hatte. Ich bin ihm sofort nachgelaufen. Er sah über die Schultern und bemerkte auch, daß ich ihm nachlief. Er legte auch einen Schritt zu, als er mich gesehen hatte. Es kam mir ein Volkspolizist entgegen, dem ich das erzählte. Der Mann mit den Narben sah, wie ich mit dem Volkspolizisten sprach, und lief mit seinem scharfen Schritt weiter.

Ich forderte den Volkspolizisten auf, die Personalien des Mannes festzustellen, da es vermutlich der Mann ist, der wegen des Mordes am Eutritzscher Markt gesucht wird. Der Volkspolizist erklärte, daß er dort keinen Dienst zu machen habe, es sei nicht sein Distrikt. Es ginge nicht so, wie ich mir das denken würde, und sagte, er könne mir nicht helfen. Da habe ich gesagt, daß er nicht mir, sondern der Volkspolizei helfen solle, die den Mann suchen würde. Ich habe geschimpft, weil ich mich geärgert habe. Inzwischen war der verdächtige Mann verschwunden, und ich habe mich nicht mehr darum gekümmert. Das habe ich auch Herrn Schulze so erzählt, und er fragte mich daraufhin, ob ich dafür auch gerade stehen würde. Ich sagte ihm, daß dies stimmt.« Marianne Knauss glaubt, dem Mörder Ida Schulzes begegnet zu sein. Aber ihre Aussage birgt für die Polizei keine verwertbaren, neuen Anhaltspunkte.

Eher fühlen sich die Ermittler genervt vom Gatten der Toten: Theo Schulze. Stets wieder hatte er bei ihnen vorgesprochen und Aufklärung des Mordes verlangt und gefordert. Beschwerden hatte er bis an die Ministerien gesandt. Und Theo Schulze war nicht gewillt, es auf sich beruhen zu lassen. Er kämpfte, um nicht am Tod seiner Frau zu zerbrechen.

Am 11. 2. 1958, kurz nach Ladenschluß, hatte man die Leiterin der Filiale Nr. 6 des Leipziger VEB Versteigerungs- und Gebrauchtwarenhauses, die Verkäuferin Ida Schulze, in ihrer Arbeitsstelle am Eutritzscher Markt getötet. Auch ein Jahr danach ist kein Täter des Mordes überführt.

Theo Schulze zweifelt an der gründlichen Arbeit der ermittelnden Organe. Und für seine Zweifel hat Theo Schulze Grund: Sahen doch mehrere Zeugen mehrmals vor dem Geschäft und zur Tatzeit den einen selben verdächtigen Mann.

»Es war etwa gegen 16.30 Uhr am 11. 2. 58 als ich an dem Versteigerungshaus Eutritzscher Markt vorbei kam. Vor und in unmittelbarer Nähe des Versteigerungshauses standen mehrere Leute herum, die mir nicht bekannt sind. Es ist dies aber auch nichts Außergewöhnliches, da immer sich dort Leute aufhalten. Doch fiel mir ein Mann auf, der in der Nähe der Eingangstür des Versteigerungsraumes stand, etwa in Höhe des grünen Sockels, wo sich früher einmal ein grüner Gartenzaun befand. Dieser Mann, der eine brennende Zigarette in der Hand hielt, fiel mir besonders deshalb auf, weil er ein vernarbtes Gesicht hatte. Ich dachte noch bei mir, daß er vielleicht einmal Pocken gehabt haben könnte. Ansonsten kann ich den Mann wie folgt beschreiben: Etwa einen Kopf größer wie ich (die Zeugin ist 1,58 m groß), Ende der 30-er Jahre, breite Figur, längliches, pockennarbiges Gesicht. Auf die Bekleidung habe ich nicht weiter geachtet, doch kann ich nur sagen, daß dieser Mann mit einem hellen Jackett bekleidet war. In der einen Hand hielt er die brennende Zigarette, während er die andere in der Hosentasche stecken hatte. Mir fiel der Mann unter der Vielzahl der herumstehenden Personen nur wegen seines auffälligen Gesichtes auf, und ich würde ihn ganz bestimmt wieder erkennen.«

Der Tischler, dessen Werkstatt sich im selben Hause befindet, vermutet, daß der Narbige möglicherweise für einen Aufkäufer tätig ist, er hat ihn am 7. oder 8. 2., drei Tage vor der Tat, in der Nähe des Geschäfts gesehen: »Ca. 170-175 groß, kräftige Gestalt, anscheinendes Alter etwa 48-50 Jahre, dickes, bulldoggenartiges Gesicht, welches voller Narben besetzt war. Bekleidung: graue, fischgrätengemusterte Joppe, dunkle Hose (Farbe unbekannt), blaue Mütze (Schiffermütze oder Blaser), bei sich trug er eine alte, schwarze, zusammengeklappte Aktentasche.«

Noch am selben Tag bittet die Volkspolizei mit genau dieser Beschreibung die Bevölkerung um Mithilfe bei der Aufklärung des Verbrechens.

»Raubüberfall – 1000 DM Belohnung

Am 11. Februar, gegen 17.00 Uhr, wurde die 51jährige Verkäuferin Ida Sch. in den Räumen des VEB Versteigerungs- und Gebrauchtwarenhauses, N 21, Eutritzscher Markt, tot aufgefunden. Nach den bisherigen Ermittlungen der Kriminalpolizei wurde Frau Sch. überfallen und beraubt. Gestohlen hat der Täter ein Kuvert (sandfarben – 23 x 16 cm) mit der Tageseinnahme und etwa 10 Duplikate von Kassenzetteln (16 x 10 cm) mit der Aufschrift ›VEB Versteigerungs- und Gebrauchtwarenhaus, Rat der Stadt Leipzig, C1 Große Fleischergasse 19, Ruf 3 33 25‹ (roter Druck) sowie einen Kontrollstreifen der Registrierkasse.

Alle Bürger, die am 11. Februar 1958 die Verkaufsräume aufsuchten, die in der Zeit von 14 bis 18 Uhr eine verdächtige Person am Tatort bzw. in der Nähe des Tatortes wahrnahmen, die das beschriebene Kuvert oder Kassenzettel fanden, werden aufgefordert, Hinweise, die helfen, das Verbrechen aufzuklären, an die Bezirksbehörde der Deutschen Volkspolizei, Dittrichring 22 (Zimmer 322), Ruf 7401 (App. 428 oder 411) oder an jede andere VP-Dienststelle zu richten.« [2]

Eine Zeugin erklärt daraufhin,»daß ihre Tochter Magda, welche bei einem Pelzunternehmer in der Str. d. DSF arbeitet, erzählt habe, daß in dieses Geschäft mehrmals ein Herr gekommen sei, welcher evtl. auf die in der Presse veröffentlichte Personenbeschreibung paßt. Nach Veröffentlichung der Personenbeschreibung habe ihr Chef, Herr Rückert, sogar zu den Arbeitern gesagt: Das ist doch nicht etwa der Täter. Der Mann hat sich auch nicht wieder sehen lassen.«

Auch zwei Mütter, Thea Witschas und Renate Jentzsch, melden sich und beschreiben jenen Mann mit dem Narbengesicht. »Am Dienstag, den 11. 2. 1958, gegen 17.30 Uhr traf ich meine Bekannte Frau Jentzsch in der Straße der DSF, am Eutritzscher Markt. Da meine Bekannte in der Gräfestraße wohnt, waren wir bis in Höhe der Niederlassung des VEB Versteigerungshauses mit den Kinderwagen gefahren und dort stehen geblieben. Wir unterhielten uns bis etwa 18.00 Uhr, wobei wir etwa 5 Meter vom Eingang zur Niederlassung entfernt standen. Ich hatte meine Blickrichtung zur Tür gehabt ... Es wird etwa 17.45 Uhr gewesen sein, da sah ich aus der Niederlassung einen älteren Mann kommen. Dieser Mann klinkte hinter sich die Tür ein, ohne sie jedoch zu verschließen. Er ging direkt an uns vorbei und begab sich schnellen Schrittes in Richtung zur Gaststätte ›Kümmelapotheke‹. Ich wunderte mich noch, daß zu dieser Zeit noch Personen aus dem benannten Geschäft kamen. Deshalb habe ich mich nach dem Manne umgesehen und dabei festgestellt, daß er sich ein paar Schritte hinter uns noch einmal flüchtig umblickte. Ich habe mich für diesen Mann nicht weiter interessiert und daher auch nicht gesehen, wie er weiter gegangen ist.«

Die Freundin ist in ihren Angaben genauer. »Es muß zwischen 17.30 Uhr und 17.45 Uhr gewesen sein, als ein älterer Mann an das Fenster des Lagers rechts neben der Tür trat, und nachdem er kurz hineingeblickt hatte, an die Eingangstür trat. Er öffnete sie und betrat den Lagerraum. Er klinkte hinter sich die Tür ein. Ich habe nicht wahrgenommen, daß diese Person von innen die Tür abgeschlossen hat. Da ich nichts unrechtes vermutete, habe ich mich weiter mit meiner Bekannten unterhalten, ohne weitere Notiz von diesem Mann zu nehmen.

Nach meiner Schätzung kann es 10 Minuten gedauert haben, als dieser Mann wieder aus dem Lager kam und schnellen Schrittes sich entfernte. Ich kann nicht sagen, daß die Gangart des Mannes besonders auffällig war, jedoch hatte er einen schnellen Schritt. Er ging direkt an uns vorbei und entfernte sich in Richtung ›Kümmelapotheke‹, wobei er aus meiner Blickrichtung entschwunden war, so daß ich nicht sagen kann, wie er weiter gelaufen ist. Meine Bekannte und ich haben uns gestern wieder gesehen, und auf Grund der Pressenotiz haben wir uns über diesen Mann unterhalten und beide eine Gleichheit in der Personenbeschreibung in der Pressenotiz festgestellt.

Als dieser Mann an uns vorüberging, blickte ich ihm unwillkürlich ins Gesicht, und es fiel mir auf, daß das Gesicht irgendwie faltig oder vernarbt war. So genau habe ich es auf Grund der schlechten Lichtverhältnisse nicht erkennen können. Der Mann trug keine Kopfbedeckung und hatte dunkles, glattes, nach hinten gekämmtes Haar. Auf jeden Fall war es noch volles Haar. Die Größe schätze ich auf etwa 1,70 m. Das Alter des Mannes war bestimmt schon über 40 Jahre, so zwischen 40 und 45 Jahre. Zu seiner Bekleidung kann ich nur angeben, daß er einen Stutzer – Joppe – trug, deren Farbe dunkel war ... Mir ist nicht aufgefallen, daß er etwas in den Händen trug. Er hatte demzufolge keine Gegenstände, wie Aktentasche, bei sich. Die von mir angegebene Personenbeschreibung habe ich nicht erst aus der Pressenotiz entnommen.«

Die Polizei hat Zweifel, denn es gibt auch Bürger, die sich mit erfundenen Geschichten wichtig machen. Zumal bei Mord. Die Aussagen der jungen Mütter Thea Witschas und Renate Jentzsch scheinen glaubhaft, ihre Angaben korrespondieren auffällig mit denen anderer Zeugen. Beide haben in den Minuten vor dem Geschäft gestanden, in dem Ida Schulze ermordet wurde. Mit ihrer Hilfe wird ein Phantombild gezeichnet, das den Mann mit den Narben zeigt: Haar aus der Stirn gekämmt. Schmale Lippen. Stählerner Blick. Der Verdächtige hat ein Gesicht, die Fahndung läuft.

Lieselotte Bernstorff wohnt in der Gräfestraße, die in den Eutritzscher Markt mündet. »Seit etwa 2 Jahren befindet sich in unserer Straße ein Lager des VEB Versteigerungshauses. Da ich als Hausfrau mitunter Zeit habe, suchte ich seit Bestehen dieses Lagers öfters die jeweiligen Leiterinnen auf. Ich habe mich mit diesen Lagerleiterinnen öfters unterhalten und auch mehrmals Gegenstände gekauft ...

Die bereits erwähnte Frau Schulze war seit Dezember 1957 im Lager als Leiterin eingesetzt und seit dieser Zeit ist mir die Frau

Schulze auch bekannt. Vorher habe ich diese Frau nicht gekannt. Nachdem ich Frau Schulze etwas näher kennengelernt hatte, kam sie fast täglich in ihrer Mittagspause, von 12.00 bis 13.00 Uhr, zu mir in die Wohnung, wo sie ihr Mittagessen einnahm. Ich selbst habe außerdem Frau Schulze auch mehrmals wöchentlich im Lager aufgesucht, wo wir uns unterhielten und ich mir die Möbel und andere Gegenstände angesehen habe ...
An einem Abend voriger Woche, gegen 17.00 Uhr, hatte ich Frau Schulze wieder im Lager besucht. Bei dieser Gelegenheit äußerte sie zu mir, daß sie in letzter Zeit so ein komisches Angstgefühl habe, wenn es abends dunkel wird. Sie suche immer alles im Raume ab, ob sich nicht jemand versteckt habe. Sie sagte noch bei dieser Gelegenheit zu mir, daß ich doch öfters mal zu ihr reingucken möchte, wenn ich Zeit habe ...
Am Dienstag, den 11. 2. 1958, kam Frau Schulze gegen 12.00 Uhr zu mir in die Wohnung, wo sie bis kurz vor 13.00 Uhr verblieb. Sie ging dann wieder nach ihrem Lager, und ich habe sie nicht wieder gesprochen.«

Ida Schulze hatte ihren Laden gemäß den Öffnungszeiten geöffnet. Kunden kamen, einiges hat sie verkauft. Alle Personen, die diesen Nachmittag im Geschäft des Gebrauchtwarenhandels waren, kann die Polizei nicht ermitteln. Hatte Ida Schulze ständig zu tun? Fand sie Zeit, in der Zeitung zu lesen? Die Ausgabe der LVZ vom Tage hat man in ihrer Tasche gefunden.

Spitzenmeldung des 11. 2.: »32. Sitzung der Volkskammer«. Anläßlich der Sitzung hatten Zwenkauer Schüler an das Gremium telegrafiert.
»(Eig. Ber.) Bevor am Montagnachmittag in der Volkskammer die große Aussprache begann, teilte Volkskammerpräsident Dr. Dieckmann mit, daß im Verlauf der Sitzung eine größere Anzahl von Telegrammen eingetroffen ist, in denen Betriebe, Arbeiter, Bauern, Angestellte, Studenten und Schüler die die Rede Walter Ulbrichts im Rundfunk verfolgt hatten, die vorgeschlagenen gesetzlichen Maßnahmen begrüßen. Beifällig nahmen die Abgeordneten das Telegramm der Schüler der 9. Klasse der Mittel-

schule Zwenkau auf, die sich als Antwort zu einem dreiwöchigen Ernteeinsatz in einer LPG während der großen Ferien verpflichtet hatten.«

Auf Seite 3 begründete Walter Ulbricht das »Gesetz über die Vervollkommnung und Vereinfachung der Arbeit des Staatsapparates«: »... Die Struktur des Staatsapparates, die Formen und Methoden der staatlichen Leitung müssen der Entwicklung der Produktivkräfte, der wachsenden Bewußtheit der Volksmassen, der Ausbildung und dem Wachstum der Mitarbeiter und sowie der Entwicklung der Klassenkräfte in Deutschland angepaßt werden. Die Staatsorgane können nur dann den sozialistischen Aufbau wirksam fördern, wenn ihre Struktur und Arbeitsweise den politischen, wirtschaftlichen und kulturellen Aufgaben des Staates entspricht ... Den Menschen wurde mehr bewußt, daß die Stadt, der Kreis, die Gemeinde nur dann aufblühen können, wenn das Ganze gedeiht, da von der Erfüllung des Volkswirtschaftsplanes die Entwicklung der ganzen Gesellschaft und damit auch jedes Teiles abhängt ... wenn es die übergeordneten Organe unterlassen, die politischen Aufgaben herauszuarbeiten, andererseits im einzelnen vorschreiben und dadurch den untergeordneten Organen keinen Raum zum Denken, zur eigenen Initiative geben, wird die Arbeit beträchtlich bürokratisiert, erschwert und die Durchführung des Planes wird behindert ...«
Die Seite, engbedruckt mit Ulbrichts vollständiger Rede, wird Ida Schulze nicht gelesen haben. Das Druck- und Leseverhalten bei offiziellen Texten der Staatsführung hat sich in 40 Jahren DDR nicht geändert.

»Hetzer mit Doktorhut« lautete eine »letzte Nachricht«, Seite 2: »Philadelphia. Die Rolle Westberlins als Störfaktor gegenüber der DDR unterstrich der Westberliner Regierende Bürgermeister Willy Brandt in einer Rede am Wochenende in der Universität Philadelphia, die ihm eine Ehrendoktorwürde verlieh. Brandt sagte westlichen Nachrichtenagenturen zufolge, eine Aufgabe Westberlins sei, die Entwicklung der DDR ›soweit wie möglich zu erschweren und sosehr wie möglich zu verlangsamen‹«.

Weitere Schlagzeilen: »CDU unterstützt Sittlichkeitsverbrecher«, »Terror gegen Linksparteien in San Marino«, »Chrust-

schow sprach zur sowjetischen Intelligenz« und »Weltmeistertitel
für Toni Sailer«.

Vielleicht aber überflog Ida Schulze Kleinanzeigen:

»Tausche Futterrüben gegen Saathafer«
»Biete Rotkleesamen, suche Kartoffeln u. Futterrübensamen.
Daselbst suche mittest., reelles Arbeitspferd«
»Verkauf eines Fiats Tupolino, Schätzwert etwa 2500.- in gutem
Zustand, zu verkauf. Zu besichtigen nur sonnabend und sonn-
tags in Taucha«
»Verk. Hanomag Zugmaschine, 20 PS zum Taxpreis«

Arbeitskräfte wurden gesucht: Traktorist, Textil-Fachverkäuferin,
Reinigungskraft.

»Wir stellen für unser Zweigwerk Markkleeberg, Spinnerei-
straße
weibliche Arbeitskräfte für Schichtbetrieb ein
Beförderungsmöglichkeit durch Betriebsbus auf der Strecke
Köhra, Pomßen, Otterwisch, Rohrbach, Belgershain, Threna,
Großpösna, Markkleeberg. Vorzustellen im
VEB Mitteldeutsche Kammgarnspinnerei
Werk Markkleeberg, Spinnereistraße
oder bei dem zuständigen Gemeindeamt«

Vielleicht aber hatte Ida Schulze diese Lektüre auf den späteren
Abend verschoben. Vielleicht kaufte sie diese Zeitung für ihren
Mann.
   Hätte die Familie den Tag gemeinsam beim Abendbrot gesessen? Ida Schulze wäre wegen einer Gewerkschaftsversammlung später nach Hause gekommen. Hätte Tochter Maria den Tisch gedek-
kt und schon alles für die Eltern bereitet? Blieb auch Theo Schulze
länger auf Arbeit, weil er ja wußte, daß seine Frau nicht wie üblich
heimkommen würde? Vielleicht hätte die achtzehnjährige Maria
mit ihrer Schwester telefoniert. Die vier Jahre ältere Nastassia war
Praktikantin im Volksgut Liebertwolkwitz. Vielleicht haben die

Mädchen über Freunde gesprochen? Über ihren Kummer? Vielleicht haben sie auf die guten Worte der Mutter gehofft.

Ida Schulze ist 52. Die lockigen grauen Haare sind nach hinten gekämmt. Ihre Brille hat Horngestell und spitz auslaufende Gläser. Vertrauenerweckend sieht sie aus.

Lieselotte Bernstorff berichtet weiter: Nach der Mittagspause am 11. 2. 1958 ging Ida Schulze »dann wieder nach ihrem Lager, und ich habe sie nicht wieder gesprochen.

Mein Ehemann war auch am Nachmittag zu Hause, da wir Besuch hatten. Unser Bekannter hat sich bis gegen 17.45 bei uns aufgehalten. Meine Tochter Augusta (10 Jahre alt) brachte ihn zur Straßenbahn, und ich bin mit dem Fahrrad nach unserem Lagerplatz, in der Schönefelder Straße 13 gefahren, um den Hühnerstall zu verschließen ... Als ich mit dem Fahrrad am Versteigerungshaus vorüberfuhr, brannte noch Licht, und die Tür war zu. Damit will ich sagen, daß die Tür eingeklinkt war, ohne daß der Eisenriegel vorgelegt war. Da Frau Schulze in der Regel um 17.00 Uhr Feierabend macht und noch am Mittag gesagt hatte, daß sie am Abend zur Versammlung müßte, machte ich mir noch Gedanken.

Als ich nach etwa 10 Minuten wieder zurück kam, es war kurz vor 18.00 Uhr, brannte das Licht noch immer im Lager. Ich hielt aber nicht an und fuhr bis zu unserer Wohnung. Mein Mann stand mit unserer Tochter vor der Haustür, und ich sagte zu ihm, ›denk dir mal, die Frau Schulze hat noch Licht, und sie wollte doch zur Versammlung‹. Darauf sagte meine Tochter zu mir, daß Frau Schulze noch am Abend Ware bekommen hätte. Daraus schloß ich nun, daß sie wahrscheinlich noch mit der neu eingegangenen Ware zu tun hatte. Wir haben Abendbrot gegessen, und um 19.00 Uhr ist unsere Tochter Augusta zu Bett gegangen.

Mein Mann machte mir noch den Vorschlag nach der 34. Grundschule in der Straße der DSF zu gehen, da gestern Abend vom Stadtbezirk aus ein Ausspracheabend stattfinden sollte. Mein Mann wollte bei dieser Aussprache eine Beschwerde wegen der Friedhofsmauer vorbringen.

Auf dem Wege zur Schule liefen wir auf dem linken Fußweg in Richtung Eutritzscher Markt und bogen dann am Rathaus nach links ein. Dabei konnten wir feststellen, daß im Lager von Frau Schulze immer noch zwei Lampen brannten. Ich machte meinen Mann auf das Brennen des Lichtes aufmerksam, und wir gingen weiter zur Schule, ohne zuvor zum Lager zu gehen. Als wir in der Schule eintrafen, erkundigten wir uns bei dem Hausmeister nach der Versammlung, und dieser konnte keine Auskunft geben. Darauf bin ich mit meinem Mann wieder in Richtung zu unserer Wohnung zurückgegangen. Als wir am Markt waren sagte ich zu meinem Mann, ›aber jetzt gucke ich doch mal, was die Frau Schulze macht‹. Es war zu dieser Zeit etwa 19.45 Uhr, und das Licht brannte in den Räumen noch immer. Mein Mann erhob gegen meinen Vorschlag keinen Einwand, und wir liefen in Richtung des Lagers. Ich schaute erst durch die Fenster, wobei ich nichts feststellen konnte. Darauf ging ich zur Tür, wo der Eisenriegel noch immer nicht vorgelegt war. Ich erfaßte nun die Türklinke und stellte dabei fest, daß die Tür eingeklinkt war, und ich sie mühelos öffnen konnte. Mein Mann stand beim Öffnen unmittelbar hinter mir. Ich drückte die Tür nach innen auf, und noch bevor ich ich den Raum betrat, sah ich Frau Schulze vor der Ladentafel in Rückenlage, mit den Kopf in Richtung Tür liegen ... In meinem Schreck schrie ich auf, und mein Mann, der hinter mir gestanden hatte, hatte Frau Schulze auch in der gleichen Lage erkannt. Mein Mann zog mich sofort zurück, und ich machte die Tür wieder zu, ohne daß ich das Lager betreten habe.«

»Am 11. 2. 58, gegen 21.10 Uhr, wurde die MUK der BDVP Leipzig durch den Op.Stab bzw. K-Dauerdienst verständigt, daß im Versteigerungshaus Leipzig N 21, Eutritzscher Markt 7, eine weibliche Person tot aufgefunden worden ist. Nach Lage der Sache besteht der dringende Verdacht eines Verbrechens. Um Entsendung der MUK wird gebeten.

In Erfahrung wurde gebracht, daß die Bürgerin Bernstorff, Gräfestr. 12, die Tote aufgefunden hat (gegen 20.00 Uhr) und daraufhin die Verständigung der Volkspolizei vornahm. Die Überprüfung des K-Dauerdienstes ergab Verbrechensverdacht, weshalb die MUK verständigt wurde. Veränderungen wurden am Tatort nicht vorgenommen. Die Tatortsicherung wurde bis zum

Eintreffen der MUK durchgeführt. Zu bemängeln war, daß zu viele Personen vor Eintreffen der MUK am Tatort gewesen sind.

Der Tatort liegt in Leipzig N 21, Eutritzscher Markt. Dort befinden sich der Rat des Stadtbezirkes, die Gaststätte ›Kümmelapotheke‹, die Straßenbahnendstelle der Linie 21 sowie an der Hauptstraße, der Straße der DSF, die Straßenbahnhaltestelle der Linie 16. Vom Markt zweigen in Süd- und Nordrichtung verschiedene Seitenstraßen ab (Gräfestraße, Bünaustraße, Schlippe nach der Gottschallstraße, Seitengasse). Der Eutritzscher Markt ist als belebte Stelle zu bezeichnen. Beleuchtungsquellen vorhanden, jedoch weniger in unmittelbarer Nähe des Tatortgrundstückes.

Der Eutritzscher Markt liegt – stadtauswärts gesehen – linksseitig der Straße der DSF. Die Straße ist Ausfallstraße in Richtung Delitzsch, Autobahn Halle, Dresden, Berlin sowie Landstraße in Richtung Düben. Über die Straße der DSF ist der Markt zu erreichen. Straßenbahnverbindungen Linien 16 und 21. Der freie Marktplatz wird durch eine Straße umgrenzt, von dieser wiederum Seitenstraßen abzweigen.

Das Tatortgrundstück ist der Eutritzscher Markt 7. Bei diesem Gebäude handelt es sich um eine ehemalige Gaststätte, der Gosenschänke. Im ehemaligen Tanzsaal mit Balkon befindet sich jetzt das Verkaufslager 6 des VEB Versteigerungshauses Leipzig. Im Raum der ehemaligen Gaststube ist die Tischlerei Fiedler untergebracht. Zwischentür vermauert. Wohnungen befinden sich innerhalb des Grundstückes nicht. Als erstes Wohngebäude liegt rechts daneben das Grundstück Gräfestraße 1.

Das Verkaufslager ist durch eine zweiflügelige Eingangstür von der Marktseite aus zu erreichen. Die Tür besitzt ein Sicherheitsschloß. Sie wird weiterhin durch einen außen an der Tür angebrachten Eisenquerriegel mit Vorhängeschloß gesichert. Weiter befinden sich nach der Marktseite sowie nach dem Hof verschiedene Schaufenster, die innen Stabgitter besitzen. Die Eingangstür wird offen vorgefunden, der Schlüssel, an einem Bund, steckt innen. Beim Betreten des Lagers steht unmittelbar hinter der Eingangstür ein Holztritt, der als Stufe verwandt wird außerhalb des Lagers an der etwas höher gelegenen Eingangstür.

Ferner steht der Eisenquerriegel dort. Von der Tür aus führt ein Gang in Richtung Hofseite des Lagers. Dort stehen verschiedene Möbelstücke. Links des Ganges sind Verkaufstische, etwa als längere Ladentafel gestellt. Auf einem der Tische steht eine Registrierkasse, an der keine besonderen Veränderungen oder Beschädigungen zu erkennen sind. Ferner liegen auf den Tischen verschiedene schriftliche Unterlagen, einschl. Kassenzettel u. ä. Die Ladentafel endet an einem abgeteilten Raum in der linken, dem Hof zu gelegenen Ecke des Lagers. Dazwischen befindet sich als Durchgang ein Stück Ladentafel, welches nach oben zu klappen ist, um hinter dieselbe zu gelangen bzw. in den abgeteilten Raum, welcher als Aufenthaltsraum für das Personal gedacht sein dürfte. Dieses Teilstück der Ladentafel ist nach oben umgelegt, sodaß es auf dem Verkaufstisch aufliegt. Inmitten des Verkaufslagers sind Möbel in der Form aufgestellt, daß einzelne Zimmereinrichtungen zusammenstehen und durch Wände zu Kojen abgeteilt sind. Rings darum befindet sich ein ca. 1 m breiter Gang. Auch außerhalb dieses Ganges sind Möbel aufgestellt. Auf dem der Eingangstür gegenüberliegenden Gang, ca. am Ende der Ladentafel, liegt eine weibliche Leiche.

Der Gang ist in Höhe der Tür durch zwei Kugellampen beleuchtet. Sonst brennt im Lager keine Lampe. Auf der Unterseite des klappbaren Teilstücks der Ladentafel (Scharnierseite) wurden 2 ca. kirschkerngroße eingetrocknete Tropfen einer roten Flüssigkeit, vermutlich Blut, gesichert. Desweiteren wurde an einem Glas der zerbrochenen Brille der Geschädigten, die am Erdboden hinter der Ladentafel lag, eine Spur gesichert. Es handelt sich um eine waffelmusterähnliche Schmutzspur, vermutlich Teilabdruck einer Schuhsohle.

Die Leiche wurde im hinteren Drittel des in Höhe der Eingangstür verlaufenden Ganges in Rückenlage aufgefunden, mit dem Kopf in Richtung Eingangstür zeigend. Die Augen sind geschlossen, der Mund ist spaltförmig geöffnet, sodaß die Zungenspitze etwas sichtbar ist. An beiden Nasenöffnungen hat sich weißlich-rosa verfärbter Schaumpilz gebildet. Der rechte Arm ist seitlich vom Körper weggestreckt, während der linke im Ellenbogengelenk nach oben angewinkelt ist. Die Handrücken lagen am Erdboden auf. Die Finger beider Hände sind leicht gekrümmt. Beide Beine leicht angewinkelt und gespreizt. An der rechten Hüftseite des Körpers auf dem Fußboden liegt ein Vorhängeschloß. Links der Leiche, halb unter dem Verkaufstisch, liegt die Handtasche der Betroffenen. Diese ist ordnungsgemäß verschlossen.

Die Tote ist mit Wintermantel, Strickjacke, Pullover, Rock, Seidenstrümpfen, Unterkleidung und Halbschuhen bekleidet. Der auf dem Kopf befindliche Hut ist nach hinten heruntergerutscht. Schaltuch lose um den Hals liegend. Die gesamte Kleidung befand sich im ordnungsgemäßen Zustand. Mantel und Strickjacke ordnungsgemäß zugeknöpft. Rock und Mantel, vermutlich durch den Sturz, etwas nach oben verschoben. Nach Aufknöpfen des Mantels war festzustellen, daß auch Strickjacke und Pullover etwas nach oben geschoben war. Die Unterkleidung war geordnet. An der gesamten Kleidung waren keine Beschädigungen zu erkennen.

Nach Angaben des zum Tatort hinzugezogenen Prof. Dr. Kral vom Institut für gerichtliche Medizin erlitt die Geschädigte Gewalteinwirkungen gegen das Gesicht (vermutlich durch Faustschläge). Im Gesicht über der linken Augenbraue sowie unterhalb des linken Auges und im Bereich des Mundes waren Unterblutungen und Schwellungen erkennbar. Unterhalb des rechten Auges, vom Nasenrücken beginnend nach der Wange, ist eine etwa 2 cm lange kratzerartige Verletzung sichtbar. Nach vorläufigen Feststellungen des Prof. Kral dürfte Erstickungstod infolge Erwürgens vorliegen. Äußere Würgemale waren nicht zu erkennen. Totenflecke waren nur an den Rückenpartieen der Leiche – bläuliche Färbung – sichtbar. Die Totenstarre war voll nachweisbar bzw. ausgeprägt.

Die Tatortbesichtigung wurde gegen 00.45 Uhr beendet. Die Leiche wurde zum Institut für gerichtliche Medizin überführt. Das Verkaufslager wurde verschlossen. Tatortbesicherung wurde aufgehoben. Weitere Überwachung des Tatortes durch Funkwagen und ABV.«

Leipzig–Wahren, Wartenburgstraße 6. Ein Mietshaus, erbaut in den zwanziger Jahren. Zu Hause sorgt sich die achtzehnjährige

Maria und hat keine Erklärung:»Da meine Mutti entgegen ihrer Gewohnheit so lange ausblieb, rief ich gegen 23.30 Uhr ihre Arbeitsstelle an. Es meldete sich Frau Erkeling, die mir mitteilte, wir sollten gleich in das Versteigerungshaus kommen. Zuvor verständigte ich meine Schwester Nastassia telefonisch davon, ohne zunächst zu wissen, was vorgefallen war. Wir, d. h. mein Vater und ich, begaben uns dann sofort mit der Straßenbahn zur Arbeitsstelle meiner Mutter, während Nastassia gegen 00.15 Uhr mit der Taxe dorthin kam.«

Theo Schulze:»Gegen 23.00 Uhr wurde von meiner kleinen Tochter, da meine Ehefrau zu dieser Zeit noch nicht zu Hause war, der Betriebsleiter des VEB Versteigerungshaus Erkeling angerufen, um zu erfahren, weshalb meine Frau noch nicht zu Hause ist. Ich selbst war der Meinung, daß sie einer Gewerkschaftsversammlung im Betrieb beiwohnt. Meine Tochter konnte den Kollegen Erkeling selbst nicht sprechen, da er nicht zu Hause war. Von dessen Ehefrau erhielt meine Tochter lediglich die Auskunft, daß sie sich fassen solle. Weiteres konnte sie dem Telefongespräch nicht entnehmen. Daraufhin bin ich mit meiner kleinen Tochter sofort per Straßenbahn zur Arbeitsstelle meiner Frau gefahren.«

Vater und Tochter werden zur Haltestelle am Rathaus Wahren gelaufen sein. Keine 100 Meter ist die vom Zuhause entfernt. Haben sie die Wartezeit mit Gesprächen überbrückt? Lasen sie, um sich abzulenken, den Fahrplan? Ahnten die zwei, was sie am Eutritzscher Markt erwartet?

Nach acht Haltestellen, am Chausseehaus, haben sie umsteigen müssen. Haben sie in dieser Februarnacht gefroren? Dann knapp zehn Minuten zum Eutritzscher Markt. Wer von den am Tatort Versammelten hat ihnen die Nachricht vom Tod der Mutter überbracht? War sie schonend? War sie beamtenmäßig offiziell? Wie reagierte Theo Schulze, als er es erfuhr? Weinte Maria?

»Meine Frau ist seit ca. Oktober 1957 im VEB Versteigerungshaus Eutritzscher Markt beschäftigt. Vorher arbeitete sie beim gleichen VEB, allerdings in der Großen Fleischergasse. Meine Frau äußerte sich des öfteren, daß viele Personen täglich kamen und sich die zum Verkauf stehenden Sachen ansahen. Das heißt, es waren immer die gleichen Personen. Allerdings kann nicht gesagt werden, wer diese Personen waren. Eine Person war dabei, die immer mit einem Hund (Boxer) erschien. Meine Frau hat nie geäußert, daß sie sich in den Räumen unsicher fühlt. Sie betonte lediglich des öfteren, daß es in den großen Räumen, welche fast ständig voller Möbel standen, sehr leicht möglich wäre, sich zu verstecken. Allerdings erzählte sie zu Hause, daß Jugendliche oft an die Scheiben klopfen oder die Klingel der Tür betätigten. Ich kann allerdings nicht sagen, wo sich diese Klingel befindet. Ich möchte aber betonen, daß meine Frau auf keinen Fall ängstlich ist.«

Lieselotte Bernstorff: »Frau Schulze sagte ständig kurz vor 17.00 Uhr, daß jetzt Feierabend sei und die einzelnen Bürger die Räume verlassen müssen. Wollte ein Kunde noch ein Geschäft abschließen, blieb dieser noch im Laden. Waren alle weg, holte sie die Stiege in den Laden und verschloß die Verkaufsstelle. Danach rechnete sie ab, indem sie die einzelnen kleinen Scheine auf ihren Verkaufstisch ausbreitete und das Geld zählte. Das Geld, sowie die Scheine steckte sie dann in einen Umschlag. Es kam auch schon vor, daß sie ihre Kasse machte, wenn noch Kunden im Verkaufsraum waren. Sie ging dann aber in ihre Kabine. Bürger hat Frau Schulze nie nach 17.00 Uhr bestellt. Sie hat immer erklärt, daß sie 17.00 Uhr Feierabend hat. Das hat sie auch fast immer eingehalten. Es ist aber auch vorgekommen, daß sie während der Abrechnung die Tür nicht verschlossen hatte. Erst wenn Frau Schulze mit allem fertig war, zog sie sich an und verließ das Geschäft.«

»Aufstellung der Gegenstände, die sich in der Tasche der Geschädigten befanden.

1. Eine braune Handtasche
2. Ein Regenschirm (Knirps)
3. Ein weißes Taschentuch gez. H. K.
4. Ein Paar Fingerhandschuhe Wolle
5. Ausgabe der LVZ vom 11. 2. 1958

6. Eine leere Papiertüte
7. Eine kleine Einkaufstasche (zusammenlegbarer Beutel)
8. Ein Taschenkalender 1958
9. Ein Schlüsselbund mit drei Schlüssel u. ein kleiner Schlüssel lose
10. Eine Damenarmbanduhr gez. 36 + 80 mit Gliederarmband
11. Ein kleines Stück Stoff kariert
12. 2 kleine Bleistifte und ein Kopierstift
13. Spiegel, Kamm, Lippenstift, Schere, kleiner Löffel
14. 2 kleine Taschenlampen
15. DM 5,50 Bargeld (ein 5,- DM Schein und ein 0,50 Pf Stück)
16. div. Nähgarn und eine Nadel und ein Fingerhut
17. Eine Straßenbahnkarte – Netzkarte LVB Lin. 11 und 16 –
18. Eine Schachtel Acetophen mit 4 Tabl.
19. 3 eingewickelte Bonbons
20. Eine Schachtel Streichhölzer angerissen«

Am 30. 5. 58 wird vermerkt:»Bisher wurde eine Übernahme der Effekten seitens des Ehemannes der Verstorbenen mit dem Bemerken abgelehnt, er wolle nichts mehr sehen, was mit der Sache zusammenhängt. Auch die Töchter wollten die Sachen nicht haben.

Da die Effekten nicht dauernd hier verbleiben können, wird mit der Tochter Nastassia Schulze nochmals Rücksprache genommen.« Hat Nastassia diese letzten Sachen der Mutter von der Mordkommission nach Hause geholt? Wurden diese Gegenstände nach Frist von Beamten ordnungsgemäß entsorgt?

Der Hauptbuchhalter des VEB Versteigerungs- und Gebrauchtwarenhauses teilt den ermittelnden Organen mit:
»Betr. Mordverdacht Eutritzscher Markt 7.
Wir bestätigen hiermit nach eingehender Überprüfung, dass die Tageseinnahme vom 11. Februar 1958 in unserer Verkaufsstelle 6, Eutritzscher Markt 7, circa DM 100,- betragen hat, wozu das Wechselgeld mit DM 30,- dazu kommt, so dass insgesamt DM

130,- in Betracht kommen. Dieser Betrag kann sich an möglichen Kleinsteinnahmen um weitere DM 10,- bis 15,- erhöhen.«

Diese Summe in Scheinen und Münzen hat man in den Geschäftsräumen am Eutritzscher Markt nicht gefunden. Auch in Ida Schulzes persönlichen Sachen fand sich dieses Geld nicht. Waren 130 DM allein der Grund für den gewaltsamen Tod der Verkäuferin?

Zeugen und letzte Kunden werden nochmals aufgerufen, sich zu melden. Auch wenn der Mann mit den Narben der Tat verdächtig erscheint, konzentrieren sich die Ermittlungen nicht allein auf ihn.

Polizisten befragen die in der Nähe Wohnenden, treppauf, treppab. Manche können Fragen beantworten.

Käthe Frings erklärt, »daß sie einige Minuten am 11. 2. vor 17.00 Uhr die Verkaufstelle betreten hat, um dort einen Waschhocker käuflich zu erwerben. Zu diesem Zeitpunkt befand sich eine jüngere männliche Person im Geschäft, welche damit beschäftigt war, mit einer älteren männlichen Person, einen Kleiderschrank auf einen zweirädrigen Wagen zu laden. Ebenfalls war eine weitere männliche Person im Laden, welche Mobiliar taxierte. Der Taxator sprach im Beisein der Frau Frings die Verkäuferin ziemlich scharf an und forderte, daß sie sie, also Frau Frings, sofort bedienen soll und nachdem soll sie die Schlüssel zu einem Buffet suchen. Nachdem die Frings den Kauf des Waschhockers perfekt gemacht hatte, verließ sie wieder den Laden. Zu diesem Zeitpunkt weilte nur noch der von ihr als Taxator bezeichnete Mann im Geschäft.« Die Käufer des Schrankes waren mit dem Leiterwagen bereits unterwegs, als Käthe Frings das Gebrauchtwarenhaus wieder verließ. Verdächtige bemerkt haben sie nicht.

Fritz Erkeling ist staatlicher Leiter des Leipziger VEB Versteigerungshaus und war jener Vorgesetzte, der Ida Schulze barsch aufforderte, sich um Kundin Käthe Frings zu kümmern: »Am 11. 2. 1958 etwa gegen 16.35 Uhr bis 16.40 Uhr habe ich das Verkaufslager 6 betreten. Ich hatte vor, die eingegangene Ware zu taxieren. Die Kollegin war da, und im Lager befanden sich etwa 4 – 5 Personen, die sich Möbel bezw. sonstige Gegenstände ansahen.

Ich habe gemeinsam mit der Kollegin Schulze die Verkaufspreise für die neu eingegangenen Waren festgelegt, womit wir gegen 17.00 Uhr bis auf einige Kleinstgegenstände fertig waren.

In dieser Zeit, als wir in den Treppenaufgängen die Waren begutachteten, habe ich die Kollegin Schulze gebeten, nach der Ladentafelseite zu gehen, da mir ein etwas über das normale liegende Stimmengewirr von Jugendlichen vernehmbar wurde. Daraufhin ging sie von der Treppenseite nach der Ladentafelseite, kam sofort zurück und sagte, es sei nichts besonderes. Während ich mit der Kollegin die Preise festlegte, war noch Kundschaft im Verkaufsraum.

Wir hatten 17.30 Uhr im Kulturraum des Hauptbetriebes Große Fleischergasse eine Betriebsversammlung festgesetzt, und aus diesem Grunde fragte ich die Kollegin Schulze, ob sie nicht gleich mit unsrem Betriebs-Pkw mit rein fahren wolle. Sie lehnte aber ab und sagte, sie wolle nur noch die Kasse fertig machen und käme mit der Straßenbahn nach. Sie mußte sich nicht völlig im Klaren gewesen sein, wie spät es war. Denn als sie mich bis zur Ausgangstür begleitete, muß sie irgendwoher die Uhrzeit festgestellt haben, und rief mir beim Über-die-Straße-Gehen nach, es ist ja schon fünfe, das heißt, 17.00 Uhr, worauf ich ihr dies auch bestätigte mit: na eben. Gemeint hatte ich damit, daß ich sie wegen der fortgeschrittenen Zeit mitnehmen wollte. Daraufhin nahm sie den Holztritt vom Eingang nach dem Ladenraum. Mir war es dann noch so als wenn sie innen die Tür abschloß, wobei ich mir noch sagte, daß sie eine sehr gewissenhafte Kollegin ist.

Da es mir den ganzen Tag über schon sehr schlecht war, Grippeerscheinung, entschloß ich mich, in der ›Kümmelapotheke‹ einen Kaffee zu trinken, der mich für die bevorstehende Versammlung auf die Höhe bringen sollte ... Ich ging rechts in die Gaststube und setzte mich an den runden Tisch am Ofen. Ich saß dort allein. Sonst waren noch mehr Gäste dort. Ich bestellte einen Kaffee bei einer Kellnerin in mittleren Jahren, meiner Schätzung nach 46–50 Jahre alt. Nähere Beschreibung kann ich nicht geben. Ich betonte noch, daß es ein starker Kaffee sein müsse, weil ich die Grippeerscheinung bezw. meine Erkrankung etwas niederschlagen wollte. Sie fragte noch, ob ich Mokka wolle, daraufhin sagte ich, Mokka brauche es nicht zu sein, ich verstehe da nicht sehr viel davon, weil ich wenig weggehe. Sie schlug daraufhin vor, ich solle dann einen doppelten Kaffee trinken. Ich sagte zu, und da äußerte die Kellnerin noch so für sich, also doch einen Mokka. Ich bekam dann nach etwa 3 bis 5 Minuten eine Tasse Kaffee. Es war eine normale Tasse. Ob es wirklich das doppelte Quantum Kaffee war, kann ich nicht beurteilen. Ich habe jedenfalls 1,60 DM dafür bezahlt. Während der Wartezeit habe ich links in der Gaststube an dem Tabakbüfett eine Zigarre gekauft. Der Verkäufer war ein Mann etwa 45 bis 50 Jahre alt. Die Zigarre kostete 0,80 DM, eine billigere hatte er nicht. Die Zigarre habe ich angebrannt. Den Kaffee habe ich sehr heiß getrunken, und zwar so heiß, daß ich Zahnschmerzen bekam ...

Daraufhin fuhr ich nach der Großen Fleischergasse. Zuvor, ehe ich den Pkw bestieg, sah ich in den haltenden Straßenbahnzug, ob die Kollegin Schulze evtl. schon darin war. Weiterhin sah ich nach der Ladentür des Lagers, welche zu war. Ob sie verschlossen war, konnte ich selbstverständlich von dort aus nicht feststellen. Das Licht im Lagerraum habe ich nicht festgestellt, ich konnte dies auch wegen des Blickwinkels nicht sehen. Die Lampen brannten aber vorher bestimmt, denn sonst hätte ich ja beim Schätzen nicht richtig sehen können.

In der Versammlung, die etwa gegen 17.35 Uhr begann, habe ich nicht beobachtet, ob die Kollegin Schulze anwesend war. Ich hielt das Referat und hatte deshalb keine Obacht darauf. Am Schluß der Belegschaftversammlung sagte mir der Kollege Hauptbuchhalter, daß die Kollegin Schulze noch nicht da sei. In der Annahme, daß sie vielleicht das Geld und die Abrechnungen der Hausmeistersfrau übergeben hatte, ist von mir nichts unternommen worden. Da wir anschließend als Genossen der Betriebs-Parteiorganisation uns noch über einige Vorbereitungsmaßnahmen zur Parteiwahl und andere Fragen unterhielten, ist mir die Angelegenheit Kollegin Schulze völlig entfallen. Am Schluß, etwa gegen 20.00 bis 20.15 Uhr, bat ich den Kollegen Merker zu warten, damit wir zusammen wenigstens einen Teil des Weges nach Hause fuhren, da es mir nicht gut war. Zu Hause bin ich dann gleich, nachdem ich ein Fußbad genommen hatte, zu Bett gegangen. Etwa nach einer viertel Stunde, gegen 22.00 Uhr, bekam ich den Anruf der Volkspolizei.«

Zur Zeit des Mordes war Fritz Erkeling in der Nähe des Tatorts. Logisch, daß die Polizei sein Alibi überprüft. Gesagt hat Genosse Erkeling, in der »Kümmelapotheke« hätte er Kaffee getrunken oder Mokka.

»Gewöhnlich ist es so, daß man sich nicht unmittelbar auf den Gast ›stürzt‹. Es vergeht erst eine gewisse Zeit, bis zur Entgegennahme der Bestellung des Gastes«, sagt die Bedienung der ›Kümmelapotheke‹. »Nach Entgegennahme der Bestellung wird an der Kasse gebont und der Bon in der Küche abgegeben. Die kürzeste Zeit beträgt mindestens zwei Minuten. Die Zubereitung des Getränkes mindestens 8 bis 10 Minuten. Somit dürften 20 Minuten vergehen, bis der Gast einen doppelten Kaffee erhalten, getrunken hat und abkassiert wurde.« Erkeling behauptet, 7 bis 10 Minuten in der Gaststube verweilt zu haben, trotz Grippe habe er dort auch geraucht. Grippeerscheinungen hat der staatliche Leiter tatsächlich und wird für nächste Tage krank geschrieben. Seine Aussage jedoch wird nicht bestätigt.

Auch auf dem ihnen vorgelegten Foto erkennen die Kellnerinnen den Gast nicht wieder. Sagt Erkeling die Wahrheit? Neun Minuten dauert die Fahrt von Eutritzsch ins Stadtzentrum zur Großen Fleischergasse. Zur Betriebsversammlung dort erschien der Leiter pünktlich. Trank Erkeling wirklich schnell einen doppelten Kaffee und die Kellnerinnen können sich nur nicht an ihn erinnern?

Daß seine Frau im Auto Erkelings nicht mitgefahren sein sollte, wundert Theo Schulze: »Meine Frau fährt sehr gern Auto und läßt sich keine Gelegenheit nehmen, mit dem Auto zu fahren. Ich kann es nicht verstehen, daß sie es abgelehnt haben soll, mit dem Auto zu fahren, bloß weil sie noch wenige Minuten zu tun hatte. Meine Frau, so wie ich sie kenne, hat dies niemals gemacht.«

Und Kollegin Erika Weber von der Buchhaltung des Gebrauchtwarenhandels weiß, »daß Erkeling, suchte er die Filiale am Eutritzscher Markt auf, stets die bis dahin vorhandenen Tageseinnahmen mit zur Hauptgeschäftsstelle nahm und mir damit die

Arbeit erleichterte.« Warum nahm Erkeling an jenem 11. Februar die Einnahmen entgegen seiner Gewohnheit nicht mit zur Hauptgeschäftsstelle? Oder nahm er das Geld? 130,00 DM fehlen aus der Kasse. Es war ein Raubmord, dem Ida Schulze zum Opfer fiel. Aber stiehlt der Vorgesetzte im eignen Betrieb auf so plumpe Weise? Oder gibt es andere Gründe, die den Tod der Filialleiterin forderten? Fritz Erkeling entlastet nichts.

Manfred Konstantin arbeitet ebenfalls im VEB Versteigerungshaus und meldet sich bei der Polizei. Auf das, was ihm passierte, kann sich Kollege Konstantin keine Erklärung machen, deswegen spreche er jetzt vor. Jede Beobachtung sei wichtig, vielleicht auch diese.

»Von der Mordsache wurde mir im Betrieb Mitteilung gemacht. Ich selbst konnte vorerst keine Hinweise geben. Am 23. 2. 58 erhielt ich meinen Lohn ausgezahlt. Ich bekam DM 115,35 ausgezahlt. Das Geld wurde mir von unserer Hauptkassiererin ausgezahlt. Es waren fünf Zwanzigerscheine, ein Zehnmarkschein, ein Fünfmarkschein und den Rest Kleingeld.

Am 24. 2. 58 fuhr ich in der Straßenbahn und mußte zum Fahrgeld einen Zwanzigmarkschein wechseln. Ich entnahm meiner Tasche einen Zwanzigmarkschein, welchen ich am Vortage als Lohn ausgezahlt erhielt. Außer diesem Lohngeld hatte ich kein weiteres Geld bei mir. Es handelt sich also einwandfrei um das Geld, was ich am Vortage als Lohn im Versteigerungshaus erhalten habe.

Beim Bezahlen dieses Scheines an die Schaffnerin stellte ich fest, daß an dem Schein einige Flecke waren, welche wie Blut aussahen. Diesem maß ich aber vorerst keine Bedeutung bei. Anschließend ging ich dann zu der HO-Sportartikel, Petersstr. und kaufte dort eine Luftmatratze. Hierbei stellte ich beim Bezahlen mit einem weiteren Zwanzigmarkschein, welchen ich meiner Freundin, beschäftigt in der HO, geben wollte, diese ihn aber nicht annahm, da die Matratze durch sie bezahlt war, ebenfalls Blut fest. Die anderen zwei Scheine, welche ich noch hatte (einen weiteren hatte ich bereits meiner künftigen Schwiegermutter gegeben), einer enthielt ebenfalls Blut, und der andere sah aus, als ob jemand darauf getreten hatte. Ich fühlte mich daraufhin verpflichtet, die Scheine der VP vorzulegen. Ich möchte nochmals betonen, daß es sich um die Geldscheine handelt, welche ich am 23. 2. 58, ich berichtige, es war am 22. 2. 58, als Lohn im Versteigerungshaus erhalten habe.« Weitere Angaben kann Manfred Konstantin nicht machen.

Blut auf den Geldscheinen in der Kasse des Gebrauchtwarenhandels – ist der Täter ein Mitarbeiter, der das Geld bei der Buchhaltung unbemerkt tauschte? Menschliches Blut wird tatsächlich auf den Geldscheinen Manfred Konstantins festgestellt.

Zur Person Fritz Erkeling ermittelt nunmehr die Polizei verstärkt. Die dunklen Haare kurz, macht der Mittvierziger einen soliden Eindruck. Leumundszeugnisse werden eingeholt. Erkeling ist in zweiter Ehe verheiratet. Seine erste Gattin zog mit einem amerikanischen Soldaten in dessen Heimat Übersee. Die Tochter aus dieser Verbindung blieb beim Vater Fritz Erkeling.

Auch die zweite Gattin, Gabriele, brachte ein Kind mit in die Ehe, einen Sohn. 1950 wurde der gemeinsame Sohn Michael geboren. Nachteiliges ist über den Genossen Erkeling nicht zu erfahren: »Der scheut sich vor keiner Arbeit, packt mit an.« Doch nachweisbar war Erkeling am Tatort, für die Minuten nach Ladenschluß wird sein Alibi von keinem bestätigt.

Erneut suchen die Ermittler die »Kümmelapotheke« auf. »Bei dieser Überprüfung wurde festgestellt, daß am 11. 2. 58 durch die Bedienung Nr. 6 zwei Mocca zum Verkauf gekommen sind. Beide Bons tragen die Nummer 6 und als laufende Nr. 161 und 247. Auf den Bons steht mit Bleistift das Wort ›Mocca‹ geschrieben und ist mit 1,60 DM abgezeichnet. Aufgrund, daß durch die Kollegin zwei Mocca zum Verkauf kamen, muß angenommen werden, daß der eine Mocca für den Skatspieler, an welchen sie sich noch erinnern kann, und der zweite Mocca für den Kollegen Erkeling war. Weitere einzelne Mocca wurden an diesem Tage nicht verkauft. Abschließend kann gesagt werden, daß durch diese Überprüfung erwiesen sein kann, daß Erkeling sich zur fraglichen Zeit wirklich in der benannten HO-Gaststätte aufhielt und einen doppelten Kaffee (Mocca) verzehrte.«

Das menschliche Blut auf den Zwanzigmarkscheinen des Kollegen Konstantin ist nicht das von Ida Schulze. Die Blutgruppen sind nicht identisch. Wie Blut auf das Geldscheinbündel kam, bleibt ungeklärt.

Von Raubmord gehen die Volkspolizisten aus. Ihre Ermittlungen konzentrieren sich auf folgende Fragen:
»1. Wie kommt der Täter auf dieses Geschäft? Warum keine anderen Verkaufstellen des Versteigerungshauses?
2. Woher stammen seine Kenntnisse von den Örtlichkeiten. Sein Vorgehen war zielstrebig. Wußte er, daß der Schulzes Tageseinnahmen am Vortage sehr hoch waren?«
Das schränkte den Täterkreis ein auf:
»1. Angestellte des Versteigerungshauses
2. Verwandte/Bekannte der Angestellten
3. Bekannte/Verwandte der Familie Schulze selbst
4. Zufallstäter
5. Tippgeber aus benanntem Personenkreis«
Erneut wird die Bevölkerung um Mithilfe gebeten. Für sachdienliche Hinweise bleiben 1000 DM Belohnung ausgeschrieben. Auch die Personenbeschreibung des Mannes mit den Narben wird nochmals veröffentlicht. Den Druck des Phantombildes und eines Fahndungsplakates lehnt die HDVP in Berlin ab.

Marianne Knauss, jene Zeugin, die glaubte den Täter später noch einmal gesehen zu haben, war 1958 bereits länger Kundin im Versteigerungs- und Gebrauchtwarenhaus; was sie zu Protokoll gibt, läßt die Polizei jetzt in anderer Richtung ermitteln: »Seit über 2 Jahren besuche ich das Versteigerungshaus am Eutritzscher Markt, wo ich billige Wäsche suche und auch schon gekauft habe«, sagt sie, »ich kannte auch die Frau Weber, welche vor der Frau mit der Brille (d. i. Frau Schulze) dort verkauft hatte. Ich weiß auch, daß diese Frau viele Männerbekanntschaften hatte, und ich habe mich auch nicht gewundert, als sie von einem verheirateten Mann ein Kind bekam. Seit einiger Zeit ist diese Frau krank, und ich kam auch mit der Frau mit der Brille (Name ist mir unbekannt) ins Gespräch. Ich frug sie, ob es sich überhaupt lohnt, hier diese gebrauchten Sachen zu verkaufen. Sie sagte daraufhin zu mir, daß sie Umsätze bis zu 2000,00 DM macht. Ich selbst komme aus einer Gastwirtschaftsfamilie, und es wunderte mich, daß man einfach Auskünfte über den Umsatz bekommt.« Auch die Aussage des Vorgesetzten Fritz Erkeling könnte in Richtung Kollegin Erika Weber weisen. Mehrmals, sagt er, sei bei ihm angerufen und gefragt worden, ob die Weber noch im Versteigerungshaus arbeitete. Man teilte ihm mit, daß ein übles Subjekt jetzt mit in der Wohnung seiner Angestellten lebe. Der Anrufer wollte noch im Betrieb vorsprechen und sich beschweren, getan hat er es nicht, sagt Fritz Erkeling.

Nachdem sie in die Filiale am Eutritzscher Markt versetzt worden war, hatte Ida Schulze gegenüber ihrem Gatten gesagt,»daß durch die Vorgängerin Frau Weber ein familiärer Charakter in das Versteigerungshaus getragen wurde. Es waren viele Kunden da, die sich etwas zurücklegen ließen. Dies bemerkte auch meine Frau«, berichtet Theo Schulze den Ermittlern,»denn sie äußerte öfter: ›Die Männer kommen immer erst um 17.00 Uhr, wenn ich Feierabend machen will, dann stehen sie herum und reden dummes Zeug!‹ Aber wer diese Personen sind, hat mir meine Frau niemals gesagt, sie hat mir natürlich auch keine Personenbeschreibungen gegeben ...«

Zu Zeit des Geschehens befindet sich diese Kollegin Weber im Schwangerschaftsurlaub. Ist sie schwanger von diesem »üblen Subjekt«, wie der Anrufer den Herrn bezeichnete? Ist der Täter einer aus dem Umfeld Erika Webers? Kannte er Gebäude und das Verhalten der Verkäuferin durch sie? Wußte der Täter von hohen Tageseinnahmen, wie auch Zeugin Marianne Knauss? Genau Punkt zwei des von der Polizei als Täter vermuteten Personenkreises:»Verwandte/Bekannte der Angestellten«.

Erika Weber wohnt im Leipziger Osten, Ludwigstraße 93. Zusammen mit ihr in der Wohnung lebt die neugeborene Tochter und ein Mann namens Lothar Markwart.

»Alibiüberprüfung Markwart, Lothar: Bei dem Vorgenannten handelt es sich um den Freund der Lagerleiterin Weber, Erika.

Markwart ist seit längerer Zeit mit der Weber befreundet und ist demzufolge mit den Örtlichkeiten des Tatortes vertraut, so daß eine Überprüfung erfolgen mußte. Der im Betr. Genannte ist z. Z. bei den Leipziger Verkehrsbetrieben als Arbeiter beschäftigt. Wegen Unterschlagung von DM 139,50 Straßenbahngelder wurde er im Januar 1958 zur Säureabteilung der Hauptwerkstätten Heiterblick strafversetzt.« Außerdem wird wegen des Verdachtes weiteren Diebstahls gegen ihn ermittelt. Daten in seinem Personalausweis wurden manipuliert. Allen Vorurteilen entspricht Lothar Markwart.

»Ich wohne seit dem 1. Oktober 1956 in der DDR. Ich zog an diesem Tage nach Leipzig und wohnte 14 Tage in der Biedermannstr. 64. Anschließend habe ich dann im Täubchenweg 52 b gewohnt. Am 24. oder 27. 1. 1957 lernte ich die Verkäuferin Weber, Erika kennen. Ich lernte sie im ›Papser‹ kennen. Aus der Bekanntschaft entwickelte sich im Laufe der Zeit ein Verhältnis. Die Frau Weber wurde von mir geschwängert und hat am 16. 1. 1958 eine Tochter geboren. Ich habe vom Jugendamt eine Vorladung bekommen wegen der Anerkennung der Vaterschaft. Ich hatte bereits schon die Absicht, die Vaterschaft anzuerkennen. Heiraten wollten wir beide nicht. Die Frau Weber wußte bereits, daß ich sie nicht heiraten konnte, weil ich in Westdeutschland bereits Familie habe. Ich habe dort eine Frau und drei Kinder.

Ich habe Westdeutschland verlassen, weil ich im Laufe eines Streites mit meinem Schwiegervater erfahren hatte, daß dieser wußte, daß ich bereits schon einmal verheiratet war und die zweite Ehe einging, bevor die erste Ehe geschieden war. Aus Angst vor Bestrafung wegen dieser Doppelehe und weil ich mich von meiner zweiten Frau auch wieder trennen wollte, bin ich nach der DDR verzogen ...

Im Mai 1957 trennte ich mich von der Frau Weber, den Grund dazu kann ich nicht sagen. Nach der Geburt unseres gemeinsamen Kindes schrieb sie mir, und seit dieser Zeit verkehren wir wieder zusammen. Seit etwa 14 Tagen wohne ich auch bei der Frau Weber, ohne dort gemeldet zu sein, Ich wollte dies heute alles nachholen.

Z. Z. arbeite ich bei der LVB Hauptwerkstatt Heiterblick und verdiene dort als Säurearbeiter monatlich DM 350,00 netto. Schulden habe ich nur einen Kredit in Höhe von DM 660,00 für einen Radioapparat und 1 Kinderwagen beim Konsum. Monatlich muß ich DM 35,00 abzahlen. Die erste Anzahlung von DM 35,00 leistete ich Anfang Februar. Weitere Ausgaben habe ich nur für meinen persönlichen Unterhalt. Für meine Kinder in Westdeutschland brauche ich nichts zu zahlen. Dies wurde mir vom Jugendamt in Leipzig mitgeteilt ...

Auf die Frage, ob mir bekannt ist, wann Frau Weber im Versteigerungshaus Eutritzscher Markt ihre Arbeit aufgegeben hat bzw. welche Kollegin sie von dieser Zeit ab dort vertreten hat, muß ich sagen, daß Frau Weber mir erklärte, daß sie kurz vor Weihnachten aufgehört hat mit arbeiten, sie hätte ihren Schwangerschafturlaub eingehalten. Den Namen der Kollegin, die nach ihr dort gearbeitet hat, kenne ich nicht, sie ist mir auch nicht bekannt. Ich bin auch späterhin nie wieder in dem Versteigerungshaus Eutritzscher Markt gewesen. Auch gestern am Dienstag, den 11. 2. 58 bin ich nicht dort gewesen.

Meine Angaben über den Verlauf des gestrigen Tages kann die Frau Weber bestätigen, gegen 17.30 Uhr verließ Frau Weber unsere Wohnung und kaufte im Lebensmittelgeschäft Hinzel, Hildergardstraße, verschiedene Nahrungsmittel ein. Es muß kurz vor 18.00 Uhr gewesen sein, als Frau Weber zurückkehrte. Nach der gemeinsamen Einnahme unseres Abendbrotes, etwa gegen 19.30 Uhr, kam eine Bekannte der Frau Weber, die im gleichen Hause wohnt, zu Besuch und verließ uns gegen 22.30 Uhr.

Auf Vorhalt gebe ich zu, daß ich in meinem Personalausweis sowie in meinem Arbeitsbuch bei der Jahreszahl 1929 meines Geburtstages aus der 9 eine 1 gemacht habe, indem ich mit dem Fingernagel soweit wegradierte, daß aus der 9 eine 1 zu lesen war. Mir ist klar, daß ich besonders im Personalausweis eine Fälschung begangen habe, doch möchte ich erklären, daß ich diese Änderungen nur deshalb vornahm, weil Frau Weber 1921 geboren ist, und ich nicht jünger als sie sein wollte. Weitere Angaben kann ich nicht machen. Selbst gelesen, genehmigt und unterschrieben: Lothar Markwart.«

Lebenskünstler und Filou? Mörder wegen 130,00 Mark? Erkennbar, Erika Weber liebt diesen Mann. Vertraut sie ihm blind?

»Markwart wurde am Mittwoch, dem 12. 2. 58 gegen 11.00 Uhr hiesiger Dienststelle zugeführt und zeugenschaftlich vernommen. Parallel mit der Vernehmung wurden im Wohngrundstück des Markwart und der Weber Alibiüberprüfungen durchgeführt. Diese Prüfungen ergaben, daß der Genannte als Tatverdächtiger ausscheidet, da er zur Tatzeit sich in der Wohnung der Weber befand, was von mehreren Bürgern bestätigt wird. Markwart wurde gegen 16.00 Uhr der Transportpolizei Abt. K übergeben, da dort gegen ihn ein Verfahren wegen Fahrraddiebstählen anhängig ist. Er steht im Verdacht, sich wegen Urkundenfälschung und Bigamie in Westdeutschland strafbar gemacht zu haben.«

Die DDR-weite Fahndung nach dem Narbengesicht bringt keinen Erfolg.

Theo Schulzes Verhalten wird nach dem Tod der Ehefrau von Nachbarn und Kollegen als ungewöhnlich und den sozialistischen Sitten widersprechend beschrieben. Theo Schulze benimmt sich in der Tat auffällig: »Ich möchte besonders bemerken, daß viel jetzt über mich gesprochen wird, und viele sagen, ich wäre der Mörder meiner Frau, ich hätte es auf das Sparbuch meiner Frau abgesehen. Dies wird hier gesprochen, und auch ein Kraftfahrer der Delikata, der für unser Objekt fährt, sagte jetzt: ›Die Polizei ist doch viel zu blöd, um den Mörder deiner Frau zu fangen.‹ Ich kenne diesen Fahrer nicht und habe mich nur gewundert, woher er wußte, daß ich der Schulze bin und meine Frau ermordet wurde.

Weiter habe ich in der Nacht zum 20. 2. 1958 einen Anruf von meinem Bruder Wilhelm gegen 23.00 Uhr bis 23.30 Uhr erhalten. Dieser teilte mir mit, daß ich der Mörder wäre und nur das Sparbuch haben wollte. Dies würde man auch in seiner Fabrik erzählen, wo er als BS (Betriebsschutz) angestellt wäre. Dazu kann ich nur folgendes sagen, ich habe mich niemals um unser Geld gekümmert, das lag immer in den Händen meiner Frau. Ich kann nicht einmal sagen, ob meine Frau überhaupt ein Sparkassenbuch hatte.«

Ida Schulze hatte ein Sparkassenbuch. Und sie hat am Tattag dreißig Mark davon abgehoben. Mittlerweile ist das Konto gesperrt, das Guthaben beträgt 1075 DM. Gefunden wird das Sparkassenbuch nicht. Auch die Versicherung zahlt die Police von 3280 DM nach dem Ableben der Mutter vorerst nicht an die Familie aus. Ist der Gatte vielleicht der Täter? Der schmale, fast abgehärmte Mann mit den aus der Stirn gekämmten, welligen Haaren?

»Wir waren einmal selbständig, ich hatte ein Schuhmachergeschäft, und wir lebten damals finanziell besser«, sagt Theo Schulze,»natürlich mußten wir uns jetzt nach dem Jahre 1955 finanziell etwas einschränken und konnten nicht mehr alles kaufen, was wir gerade gesehen haben. Ich habe da auch manchmal bei meiner Frau etwas stoppen müssen. Es wäre auch falsch von mir jetzt zu sagen, in unserer Ehe gab es keinen Streit, wir hatten auch Auseinandersetzungen. In den meisten Fällen hat mich dann aber meine Frau reden lassen und hat wenig dazu getan oder gar gesagt. Wir lebten sehr zurückgezogen, hatten keine Bekannten oder Verwandten, die uns besuchten. Ihre Schwester kam manchmal und auch einer meiner Brüder ...«

Theo Schulze ist Zivilangestellter der NVA. Er arbeitet als Magazinverwalter in den Kasernen der Georg-Schumann-Straße. Der Leiter der Dienststelle gibt an,»daß Schulze seine Arbeit im Allgemeinen zufriedenstellend erledigt. Er bezeichnet ihn als impulsiv. Nur wenn an Schulze helfende Kritik geübt wird, nimmt er diese nicht an und denkt, es handelt sich um Schikane.« Aber Theo Schulze arbeitet auch freiwillig länger, weil seine Frau länger arbeitet. Was soll er allein daheim?

Schulze ist Mitglied der Partei und im Besitz der Ehrenurkunde für treue Mitgliedschaft.»Auch wenn sein Verhalten aber nicht immer so ist, wie es sich unter Berücksichtigung vorgenannter Auszeichnung gehörte.« Wie in der Parteikreisleitung Nord bekannt ist, hat sich Schulze schon verschiedene»Schnitzer« geleistet, und es ist fraglich, ob dieser Mann überhaupt Platz in den

Reihen der SED hat. Eine Charakteristik von der Parteigruppe wird angefordert.

Die Beurteilung des Parteigruppenorganisators vom 26. 9. 58:

»Schulze, Theo war bei der Dienststelle 2615 der NVA als Lagerverwalter Verpflegung tätig. Sch. hatte sich diese Arbeitsstelle durch bewußt falsche Angaben erschlichen (Fragebogen: Strafe wegen Betrugs verschwiegen, Bewerbung: am 17. 6. 53 bei der Verteidigung der soz. Errungenschaften schwer verletzt – Lüge). Sch. ist im Besitz der Ehrenurkunde unserer Partei (25 Jahre).

Seit der Ermordung seiner Frau (Februar 1958) ließ Sch. seiner Meinung in negativer Hinsicht freien Lauf. Z. B. ›Den Mord an seiner Frau hat ein Russe durchgeführt, da ein Deutscher nicht so bestialisch morden kann. – Die Polizei deckt den Mörder, da es sich bei seiner Frau nur um eine Arbeiterfrau gehandelt hat.‹ Er versuchte laufend, einen Genossen gegen den anderen auszuspielen. Zivilangestellte (Frauen) weigerten sich, seine Lagerräume zu reinigen, da er sie des Diebstahls beschuldigt hatte, ohne dafür Beweise zu haben. Wurde Sch. daraufhin zur Rede gestellt, wich er einer Stellungnahme aus oder bestritt, derartige Beschuldigungen ausgesprochen zu haben. Sein engster Mitarbeiter (auch ein Lagerverwalter) wurde von ihm der falschen Ausgabe von Produkten (Mindergewicht) beschuldigt. Nach Untersuchung dieser Angelegenheit, stellte sich heraus, daß es Sch. selbst war. Plötzlich fiel ihm ein, daß er sich bei der Ausgabe der Produkte geirrt hatte.

Als er nach Leipzig-Wiederitzsch (Armee-Lazarett) zur stationären Behandlung mußte, war ihm das schon drei Wochen vorher bekannt. Schwieg bewußt darüber. Setzte davon die Sozialbevollmächtigte (Zivilangestellte) in Kenntnis und verbot ihr, darüber zu sprechen. Von seinen engsten Mitarbeitern (2 Lagerverwalter) verabschiedete er sich mit den Worten: ›Ich gehe mal schnell zum Arzt, um mir Medikamente zu holen, und komme gleich wieder.‹ Obwohl er wußte, daß er einige Wochen im Krankenhaus bleiben mußte. Er meldete sich auch bei keinem seiner Vorgesetzten ab.

Sch. beschritt in seiner ganzen Handlungsweise den ›goldenen Mittelweg‹. Benötigte Sch. zur Bekräftigung seiner Verbundenheit zur Arbeiterklasse die Ehrenurkunde der Partei, zeigte er diese vor. Sagte aber zu parteilosen Genossen, ›mein Parteibuch knalle ich denen bald vor die Beine.‹ Ganz so, wie es eben gebraucht wurde.

Sein negatives Verhalten steigerte sich so weit, daß er eine regelrechte Hetze betrieb, die Polizei (Mordkommission) als ›Rotznasen‹ bezeichnete und Offiziere der NVA als ›abgebrühte Schweine‹ und ›ausgekochte Hunde‹ beschimpfte.

Am 25. 09. 1958 waren drei Genossen Offiziere bei Sch., um sich von ihm den Arbeitsbefreiungsschein oder den SVK-Ausweis zeigen zu lassen, um in Erfahrung zu bringen, ob Sch. noch krank geschrieben ist. Sch. sagte zu uns: ›Ihr seid nur mißtrauisch, das geht euch nichts an, und meinen Ausweis zeige ich euch nicht. Wenn ich krank bin, merke ich das selbst, da brauche ich keinen Arzt, ich kümmere mich um nichts und brauche auch keinen von euch.‹ Als wir Sch. sagten: ›Wir wollen dir trotz allem helfen, damit du zu deinem Krankengeld kommst und in den Besitz eines Arbeitsbefreiungsscheines‹, sagte Sch. ›Ich scheiße auf euer Geld, ich brauche eure Hilfe nicht.‹ Danach schmiß er sich auf den Fußboden der Stube, trat mit den Füßen um sich und schrie: ›Macht euch raus, ihr könnt Menschen nur quälen!‹

Beispiele dieser Art könnten noch beliebig fortgesetzt werden. Es muß unbedingt etwas unternommen werden, damit Sch. seine negative Arbeit in der Öffentlichkeit nicht mehr fortsetzen kann.«

Diskussionswürdig ist die Beurteilung des Genossen. Focht er eine persönliche Fehde mit Theo Schulze aus? Keinerlei positive Bewertung von Schulzes Arbeit. Keinerlei Bezugnahme auf dessen persönliche Situation. Auszuschließen wäre nicht, daß ein so Beurteilter die Aufmerksamkeit staatlicher Sicherheitsorgane auf sich zog. Der Strafbestand der staatsfeindlichen Hetze war Theo Schulze durch diese Beurteilung nachgewiesen, es hätte kaum weiterer Befragungen bedurft. Und wer in der Dienststelle der

NVA hätte seine Meinung zugunsten des Witwers vertreten und die Einschätzung des Parteigruppenorganisators relativiert? Untersuchungen in dieser Hinsicht durch das Ministerium für Staatssicherheit sind in der Akte nicht protokolliert. Vielleicht in einer anderen? Entschieden Ermittler im Fall Theo Schulze menschlich, oder war es Zufall, daß dessen Verhalten keine weiteren Konsequenzen hatte? Nur die Vorgesetzten hatten gehandelt: Das Zivilangestelltenverhältnis bei der NVA wird Theo Schulze gekündigt. Fristlos.

Die Polizei befragt behandelnde Ärzte nach Theo Schulzes nervlichem Zustand:»Der Og. wurde während seines Lazarettaufenthaltes im Juni/Juli 1958 nicht neurologisch bzw. psychiatrisch untersucht. Es können also diesbezüglich keine diesbezüglichen Angaben über den damaligen Zustand des Pat. gemacht werden.

Am 6. 10. 1958 sprach der Pat. hier im Lazarett vor, um sich einen Überweisungsschein zum Nervenarzt, Herrn Dr. Veigel geben zu lassen. Er sei inzwischen von seiner Dienststelle wegen Beleidigung von Staatsfunktionären und Arbeitsbummelei fristlos entlassen worden.

Ich habe die Gelegenheit wahrgenommen, mich mit dem Pat. zu unterhalten. Eine umfassende gutachterliche Stellungnahme zum Verhalten des Pat. kann ich leider nicht abgeben, da mir der ganze Tatbestand, der offenbar zur Veranlassung einer solchen Begutachtung geführt hat, nur durch die subjektiven Angaben des Pat. bekannt geworden ist.

Bei der Untersuchung bot der Patient das Bild eines psychischen Verstimmungszustandes mit depressiven Zügen. Bei der Darstellung seiner Vorgeschichte, insbesondere den Ereignissen nach dem Tode seiner Frau, geriet er häufig in starke Erregung und brach auch mehrfach in Tränen aus. Nach Darstellung der Vorgänge, wie er sie gibt, erscheint sein Verhalten durchaus einfühlbar und so ein Verstimmungszustand als adäquate Reaktion auf die vorangegangenen Ereignisse. In manchen Dingen zeigte er sich jedoch verstandesmäßig vernünftigen Einwänden gegenüber uneinsichtig und fast etwas querulatorisch. Während der

Unterhaltung äußerte er mehrfach Selbstmordgedanken, die allerdings nicht ganz seriös vorgebracht wurden. So, wie der Pat. seine derzeitige Lebenssituation darstellt, gewinnt man den Eindruck, daß ihn gewisse materielle Schwierigkeiten stärker beeindrucken, als der Tod seiner Frau. Darüberhinaus hat er sich in den Gedanken verrannt, daß ihn von allen Stellen, seien es Behörden, Parteidienststellen oder auch ärztliche Untersucher, zu wenig Verständnis entgegengebracht wird. Für ein organisches Nerven- bzw. Gemütsleiden fand sich kein Anhalt. Unter Berücksichtigung der bestehenden Herzkreislauferkrankung erscheinen beginnende cerebrale Durchblutungsstörungen möglich. Ohne genaue Kenntnis der Persönlichkeit vor Eintritt des jetzigen Zustandes und eine eingehende Beobachtung in einer psychiatrischen Klinik lassen sich diese aber nur schwer verifizieren. Leiter neurol. Ambulanz Dr. Siemenroth«

Am 10. 6. 58 vermerkt die Akte die »Vorläufige Einstellung des Verfahrens«. 220 Hinweisen aus der Bevölkerung sei man erfolglos nachgegangen. »Der Ehemann der Geschädigten wurde von der vorliegenden Einstellung noch nicht in Kenntnis gesetzt.« Wann hat man es Theo Schulze mitgeteilt?

So wie sich Marianne Knauss erinnern kann, »war es noch in der ersten Hälfte des Monats Januar 1959, den genauen Tag kann ich nicht mehr angeben, als ein mir unbekannter Mann in meiner Wohnung erschien ... Er sagte zu mir, Frau Knauss, Sie kennen mich doch noch von der Gegenüberstellung bei der Mordkommission. Ich hatte ihn auch erkannt und sagte ja zu ihm. Ich wußte aber nicht, daß es der Ehemann von der ermordeten Frau Schulze war. Er sagte dann zu mir, daß die Ermordete seine Frau sei, und er nicht zur Ruhe kommen könne ... Er erzählte immer wieder, daß er damit nicht fertig werden könne und daß er die Volkspolizei schon gebeten habe, ihn einzusperren, aber die würden es nicht tun. Er sagte auch, daß er nach Berlin geschrieben hätte, wo er sich beschwert hätte, weil von der Volkspolizei nicht genug getan würde, um den Täter zu finden. Die Volkspolizei würde sich getroffen fühlen, weil er das getan hätte. Wir haben uns etwa eine Stunde unterhalten, und mir kam die ganze Sache wie eine Komödie vor. Er schimpfte auf Gott und alle Welt und war aber mit sich selbst auch nicht einig. Der Herr Schulze machte mir den Eindruck, als wenn er einmal jemand alles vom Herzen reden wollte. Es war mir, als wenn ihn etwas bedrückte, und er kam mir gar nicht geheuer vor. Wenn ich ihn richtig anguckte, so sah er weg und fing an, mit den Händen herumzuwirbeln. Während des Gesprächs fragte mich Herr Schulze, ob ich einmal den Mann mit den Narben gesehen habe ...«

Russenliebchen

Niederschlema 1952 – Mordfall Margitta Schmidt

Margitta Schmidt sieht dem Betrachter direkt in die Augen. Haare länger als bis zur Schulter, aus der Stirn gekämmt, lockig. Vielleicht ein ironisches Mundwinkelzucken? Auf dem Foto trägt sie einen dunklen Mantel. Ein Schal schützt den Hals. Margitta Schmidts Bild sieht man im Frühjahr 1952 auf Plakaten. MORD steht daneben links und 3000 DM Belohnung.

»Die Margitta Schmidt war mit mir zusammen im Personalbüro des Objektes 11 beschäftigt«, gibt Kollegin Annedore Kempe zu Protokoll, »später ging Margitta zu Objekt 33, wo sie, soviel mir bekannt ist, bis zu ihrem Tode beschäftigt war.

Ich weiß, daß sie viel Umgang mit sowjetischen Offizieren hatte. Sie lud auch mich oftmals ein, was ich aber immer ablehnte. Einmal erzählte sie mir, daß sie bald erschossen worden wäre, und zwar habe sie einen Offizier bestellt, und da sei ein früherer Liebhaber, ebenfalls ein Offizier, dazugekommen. Soviel mir bekannt ist, pflegte sie keine Liebschaften mit deutschen Staatsbürgern. Ich habe wenigstens derartiges nicht bemerkt.

Einmal hatte sie auch ein Verhältnis mit einem sowjetischen Soldaten, der Fahrer beim Bataillon in Schneeberg war. Er fuhr einen Wagen mit der Marke Pobeda. Mit diesem Soldaten ist sie oftmals weggefahren. Sie erzählte mir, daß sie in Zwickau gewesen sei und im dortigen Magazin Kleiderstoffe und dergleichen gekauft habe. Seit sie auf dem Objekt 33 beschäftigt ist, habe ich wenig Umgang mit ihr gehabt und kann nicht sagen, welche Verhältnisse sie in der letzten Zeit hatte.«

Margitta Schmidt wurde ermordet, der Täter niemals überführt. Spuren und Verdachtsmomente hat es gegeben. Der Mörder – ein höherer Dienstgrad der Roten Armee? Aufklärung von der Behörde nicht erwünscht? Wurde der Fall wider besseres Wissen und wegen eines Ermittlungsboykotts der Besatzer ungeklärt zu den Akten gelegt?

Wetterbericht 5. 3. 1952: »Nichts Gutes aus dem Osten: – Frische und böige Ostwinde, vorherrschend heiter, trocken und kalt. Tagsüber leichter, nachts mäßiger Frost. Temperaturen unter minus fünf Grad. Morgen Fortdauer des Frostwetters, Bewölkungszunahme.«

Max Ungelter wohnt in Wildbach und ist als Krankenpfleger »bei der Wismut A.-G. beschäftigt und zwar in der Poliklinik in Schneeberg II. Diese Woche habe ich Mittelschicht. Mein Dienst beginnt 14.00 Uhr. Von Wildbach bis Niederschlema muß ich laufen und hierzu benutze ich die direkte Straße, welche von Wildbach bis Niederschlema führt. Gestern, Mittwoch, den 5. 3. 52, gegen 11.45 Uhr, bin ich zu Hause weggegangen. Als ich noch ca. 150 m von der Hauptstraße, die nach Hartenstein führt, entfernt war, sah ich im Wald rechts von mir eine Person in gebückter Stellung. Ich habe mir dabei nichts gedacht und bin weiter gelaufen. Ich war der Annahme, daß dort jemand austreten ist. Heute mußte ich erfahren, daß dort an dieser von mir bezeichneten Stelle eine Frau tot aufgefunden wurde. Persönlich ist mir diese Frau nicht bekannt. Ich bin gestern an dieser Stelle nicht gewesen, da ich, wie schon erwähnt, der Annahme war, daß dort jemand austreten ist.«

Der diensttuende VP-Kommissar Fleischer meldet einen Tag später: »Am 6. 3. 1952 gegen 7.00 Uhr wurde durch den VPGP Niederschlema, dem VPKA Schneeberg, Abt. K. fernmündlich mitgeteilt, daß durch einen Buchhalter der Hilo-Werke Niederschlema eine weibliche Person im Poppenwald erhängt aufgefunden wurde. Unterzeichneter begab sich daraufhin mit dem Leiter der Abt. K. Komm. Mierisch und dem V.P.-Obwm. Buchenberger (Erkennungsdienst) mittels PKW zu dem Fundort Niederschlema, Poppenwald, Abt. 7. Dort wurde festgestellt, daß eine weibliche Person ca. 20–23 Jahre alt, in sitzender Stellung an einem

Baum festgebunden worden war. Besondere Merkmale wie Schleifspuren an den Beinen und Straßenschmutz an den Haaren deuten daraufhin, daß die Tote nicht freiwillig aus dem Leben geschieden ist. Auf Grund dieser besonderen Merkmale wurde sofort die Mordkommission Zwickau telefonisch benachrichtigt, die nun auch die weitere Bearbeitung übernimmt.«

»Am 6. 3. 52, gegen 8.30 Uhr, teilt der Leiter der Abteilung K Schneeberg dem Leiter der Abteilung K Zwickau fernmündlich mit, daß in Niederschlema, an der Straße nach Wildbach, eine erhängte weibliche Leiche aufgefunden wurde. Da den Umständen nach angenommen werden muß, daß es sich um ein Verbechen handelt, wird um das Erscheinen der Mordkommission gebeten.

Nach Eingang vorstehender Fernsprechmitteilung begab sich die MK, bestehend aus vier Personen unter Leitung von VP.-Oberrat Staßfurt, mittels Dienstkraftwagen über Schneeberg, Oberschlema nach Niederschlema zum Tatort. An diesem sind Angehörige der Abteilung K und S des VPKA Schneeberg anwesend.

Nach kurzer Information wird der Tatort besichtigt.

Dieser befindet sich an der Hauptstraße Niederschlema-Hartenstein. Von der Hauptstraße aus führt links eine Nebenstraße nach Wildbach. Es handelt sich hierbei um eine gut befahrbare etwa 5 m breite Straße ohne festen Bodenbelag, welche durch Mischwald führt. Ca. 150 m nach der Abzweigung von der Hauptstraße und 12 m von der Nebenstraße entfernt liegt links im dichten Unterholz von der Straße aus schlecht sichtbar, eine weibliche Leiche.

Links der Straße läuft Schmelzwasser den Graben hinab. Vor diesem, am Ende der Straße, ist der Sohlenabdruck eines Stiefels sichtbar. Eine etwa 1 m hohe Böschung, die sich an dem Graben anschließt, zeigt deutlich Schleifspuren im Waldboden. Auch dort, am Abhang der Böschung, ist wieder ein Stiefelabdruck in der Form des vorher bezeichneten sichtbar. 2 m von der Böschung entfernt liegt ein buntes Schaltuch, auf der rechten Seite, 9 m von der Sraße entfernt, liegt ein brauner Hut mit Schleier.

Die Leiche selbst sitzt auf dem Boden, der Oberkörper ist schräg rechts nach oben gerichtet, um den Hals ist der Gürtel eines Kleides geschlungen, der an einer etwa 10jährigen Fichte befestigt ist. Der Gürtel ist an der entgegengesetzten Seite des Stammes mit einem einfachen Knoten zusammengeknüpft, und an ihm befindet sich eine Sicherheitsnadel, die offen ist. Der Mund und die Augen sind geschlossen, an den Nasenlöchern zeigt sich ein geringer Schaumpilz. Der linke Arm liegt eingewinkelt in der Hüfte, der rechte ist auf dem Boden aufgestützt. Die Finger der rechten Hand sind zur Faust geballt. Am Mittelfinger derselben befindet sich ein Ring mit blauem Stein.

Die Leiche ist bekleidet mit einem schwarzen Pelzmantel, grauem, mit rötlichen Blumen bedrucktem Sommerkleid, braunen Schuhen, seidenen Strümpfen und der üblichen Unterwäsche. Der Pelzmantel ist um den Körper geschlungen und an der linken Schulter abgestreift, während sich der rechte Arm noch im Ärmel des Mantels befindet. Die Unterkleidung ist nach oben gestreift und vom Knie bis zum Rand der Schlüpfer ist die Leiche unbedeckt.

Sie ist über und über, von den Schuhen, Strümpfen, der Unterwäsche bis auf den Rücken mit Schmutz besudelt. Desgleichen sind die Haare vollkommen mit Straßenkot beschmutzt, ebenso das Gesicht. Nach Abnahme der Leiche zeigt sich, daß der Gürtel um den Hals verknotet ist, und der Knoten sich an der rechten Gesichtshälfte befindet. Weiterhin sind verschiedene Würgemale sichtbar.

Die Totenstarre ist vollkommen ausgeprägt, Leichenflecke sind sichtbar. Die Leiche wurde dem Pathologischen Institut beim Heinrich Braun Krankenhaus übergeben. Ein Sicherheitsoffizier der SKK wurde verständigt und erschien am Tatort.«

»Durch einen VP.-Hptwm. vom VPKA Schneeberg Abteilung K, wurde in Erfahrung gebracht, daß es sich bei der unbekannten Toten vermutlich um die Dolmetscherin Margitta Schmidt handeln könne. Aufgrund dieses Hinweises wurden die Kleidungsstücke der Schwester der Toten vorgelegt.«

Die Schwester, Marianne Walther, muß auf dem Polizeirevier sagen: »Die mir vorgelegten Kleidungsstücke erkenne ich als die meiner Schwester Margitta gehörig an, desgleichen ist mir der

Ring als Eigentum meiner Schwester bekannt.« Marianne Walther wird ihrer Mutter und den Verwandten vom Tod der Schwester berichtet haben. Sie mußte ihnen auch sagen: Es war kein natürliches Sterben. Margitta wurde ermordet.

»Die Sektion der Leiche der Schmidt, Margitta ergab folgendes«, schreiben die Obduzenten im Gutachten, »Blutergüsse am rechten Fußrücken und dem rechten Unterarm. Hautdefekte an beiden Beinen, der rechten Hand und besonders an der Vorderseite des Halses beiderseits der Mittellinie. Blutfülle aller Organe. Unsymmetrische Strangfurche am Hals mit Knotenlage am rechten Unterkieferast. Stauungsblutfülle des Kopfes mit punktförmigen, Bindehautsblutungen mäßigen Grades.

Die erhobenen Befunde machen es wahrscheinlich, daß die Schmidt infolge gewaltsamer Erstickung durch Erwürgen zu Tode gekommen ist und danach aufgehangen wurde.

Teile der Haut, der Eileiter, der Halsschlagadern und des Gehirns wurden zur histologischen Untersuchung entnommen. Das Gehirn, das Herz, die linke Lunge und die Geschlechtsorgane wurden zu ev. weiteren Untersuchungen zurückbehalten.«

Eindeutig: Die Todesursache ist unnatürlich. Selbstmord wird ausgeschlossen. Die Kriminalisten um VP.-Oberrat Staßfurt ermitteln in Sachen: Mord.

Margitta Schmidt wohnte zusammen mit Mutter und verheirateter Schwester in Schneeberg, Ernst-Thälmann-Platz 12.

Es ist ein Haus am Ende des Schneeberger Marktes. Ein Supermarkt verkauft heute im Erdgeschoß des renovierten Gebäudes. Rechts ist die hölzerne Tür. Leicht grün ist der Putz gestrichen, 1952 war er vielleicht grau.

Die Behörden der DDR hatten diesem Platz in der Euphorie eines jungen sozialistischen Staates den Namen des ermordeten deutschen KP-Chefs verliehen: Ernst Thälmann zu Ehrung und Angedenken. Ein Denkmal der Person ward bildgehauen an Ort und Stelle aufgestellt. Die Maidemonstrationen haben am Helden vorbeigeführt. Zu verordneten Anlässen legten Bürger und Honoratioren der Stadt am Sockel Blumen und Kränze nieder.

Das Denkmal steht nicht mehr am Platze. Und dieser heißt wieder Markt.

Das Schneeberger Rathaus steht an der unteren Seite, Straßen führen links und rechts von ihm hinauf und treffen sich am oberen Ende. Dort wohnte Margitta Schmidt 1952 im Haus Nr. 12. Es ist ein kurzer Weg bis zur mächtigen Kirche St. Wolfgang. Lehnt man sich aus dem Fenster, kann man den Marktplatz überblicken Vielleicht hat die Mutter gewinkt, als Margitta die Wohnung verließ.

Der Markt ist das Zentrum des Ortes. Geschäfte bieten ihre Waren. Fast in jedem Schaufenster Schnitzwerk. Nicht nur zur Weihnachtszeit wird die Kunst des Erzgebirges gezeigt und verkauft. Solch Handwerk hat Geschichte und den Namen Volkskunst erhalten. Vor Jahrhunderten war es Tätigkeit in der Freizeit, entstanden als Ausgleich zur harten Arbeit der Kumpel unter Tage.

Schneeberg hat Bergbautradition, wurde nur aus diesem Grund als Stadt gegründet. 1453 errichtete man auf dem Schneeberg ein erstes Bergwerk. Die Kumpel brauchten Wohnraum. Die Stollen der Erzgebirgsregion waren ergiebig.

»In ganz Deutschland ist in keiner Zeche jemals mehr gediegen Silber gehauen worden, als in der Grube St. Georg zu Schneeberg. Von dem Herzog Albrecht wird gemeldet, daß er auf diesem St. Georg 1477 angefahren sei. Darinnen habe er an einer großen, gediegenen Silberstufe wie auf einem Tische mit etlichen seiner Räte Tafel gehalten. Aus dieser Stufe sollen später 400 Zentner Silber gewonnen worden sein.«[3]

Doch nicht nur dieses Edelmetall barg das Gebirge. Uran – Grundstoff für den Bau vernichtender Waffen – konnte man vor Ort gewinnen. Nach dem Zweiten Weltkrieg interessierte sich die sowjetische Besatzungsmacht für diesen Rohstoff. Das amerikanische Atombombenmonopol war 1949 gefallen. Die Waffenarsenale zweier Weltmächte wuchsen. Auch die Depots der Massenvernichtungswaffen. Uran als Rohstoff wurde gebraucht.

70

Margitta Schmidt arbeitet als Dolmetscherin bei der SAG Wismut. Ausschließlich diese sowjetische Aktiengesellschaft betrieb den Uranbergbau auf dem Gebiet der DDR. Das geförderte Erz zählte zu den Reparationsforderungen der Sowjetunion an den deutschen Staat. Die Wismut war nicht die einzige Aktiengesellschaft der Besatzungsmacht, den anderen gegenüber jedoch nahm sie stets eine Sonderstellung ein. Die SAG Wismut unterstand nicht der SMAD in Deutschland, sondern staatlichen Stellen in Moskau. Auch wurde die Wismut im Jahr 1954 nicht wie andere SAGs an die DDR übergeben. Erst 1991 ging der 50prozentige sowjetische Anteil in den Besitz der Bundesrepublik über.

»Meine Tochter Margitta ist seit Ende Januar 1952 im Objekt 33 in Lauter als Dolmetscherin beschäftigt«, berichtet die Mutter, »früher war sie im Objekt in Oberschlema, Hotel Reinhardt, tätig. Sie hat ein Kind von einem Angehörigen der SKK, dieser ist aber schon lange in seine Heimat zurück. Häufig kam es vor, daß abends Angehörige zu meiner Tochter in die Wohnung kamen, um Übersetzungen zu bringen oder abzuholen. Warum dies nicht in der Dienstzeit erledigt wurde, weiß ich nicht.

Am Dienstag, den 4. 3. 52 kam sie wie gewöhnlich um 18.00 Uhr vom Dienst. Vorher hatten wir bereits darüber gesprochen, daß meine Tochter einmal nach Westberlin fahren sollte, um eine Geldangelegenheit für mich bei der Dresdner Bank zu regeln. Zu diesem Zweck habe ich ihr eine notarielle Vollmacht ausstellen lassen und zwar vom Rechtsanwalt Dr. Fries. Diese Vollmacht habe ich bereits seit dem 11. 2. 52 in meinem Besitz. Die Vollmacht war in meinem Besitz, und ich habe diese erst am Mittwoch früh meiner Tochter gegeben. Es handelt sich um Wertpapiere, die wir dort in Berlin zum Kauf anbieten wollten.«

Seit 1948 waren die Währungen der Besatzungszonen getrennt. Der Wert der Ostmark war geringer als der der Mark im Westen Deutschlands. Am 4. 3. hatte sich die Mark der DDR gegenüber dem Vortag leicht erholt:

»Verkauf: 100 Ostmark für 23.08 (22.71) DM-West.Ankauf: 460 (467,50) Ostmark für 100 DM-West.« [4]

Der Status Westberlins gestattete der DDR-Bevölkerung kürzere Wege in solchen Geldgeschäften. Aber im »Schaufenster der Freiheit« gab es auch Güter, die man in östlicher Provinz nie in Qualität so zu kaufen vermochte: Schuhe, Nylons, Schokolade, Kaffee, Zigaretten – Schwarzhandel blühte. Polizei war machtlos dagegen. Sicherlich wollte Margitta Schmidt für sich und Verwandte aus Westberlin einiges mitbringen. Extra vierhundert Mark des eigenen Geldes hatte sie eingesteckt. Nicht allzu oft konnte man sich aus dem Erzgebirge die Reise in den Westen leisten.

»Am Dienstag früh, bevor sie zum Dienst ging machten wir aus, daß sie mit dem 3.31 Uhr Zug ab Niederschlema fahren sollte«, sagt Margittas Mutter weiter den Polizisten. »Der Zug fährt über Zwickau und Leipzig. Am Mittwoch morgen, gegen 1.30 Uhr, stand ich mit meiner Tochter auf und gegen 2.00 Uhr verließ sie die Wohnung mit den nötigen Unterlagen. Desgleichen hatte sie noch 400,- DM Bargeld von ihrem letzten Gehalt bei sich. Sie hatte ein kleines, etwa 30 cm x 50 cm großes braunes Lederköfferchen bei sich, in dem sie ein Nachthemd, 1 Paar Schuhe, sowie Toilettengegenstände hatte. Weiterhin befand sich in dem Koffer ein kleines rotes Lederhandtäschchen, in dem sämtliche Papiere und Unterlagen waren, sowie 400,- DM Bargeld. Gegen 2.00 Uhr ließ ich sie zur Haustür hinaus, und meine Tochter begab sich auf den Weg nach Niederschlema.« Es sind mehr als fünf Kilometer zum Bahnhof. Margitta hätte straff durchlaufen müssen, um den Zug zu erreichen. Ist sie über den Marktplatz gelaufen? Nahm sie eine Abkürzung hinter den Häusern? Hatte Margitta Angst nachts allein auf der Straße?

»Wenn ich gefragt werde, ob meine Tochter durch einen Kraftwagen abgeholt wurde, so muß ich dies verneinen, ich habe es nicht gesehen. Weiterhin weiß ich auch nicht, ob noch jemand, außer uns beiden, Kenntnis von ihrer Fahrt nach Berlin hatte. Nur ihr Chef, der ihr den Personalausweis gegen Rückgabe des Wismutausweises ausgehändigt hatte und ihr den Fahrschein ausstellte, wußte von dieser Fahrt.«

Hätte Margitta nur die Geldgeschäfte der Mutter erledigt? Oder hätte die Vierundzwanzigjährige etwas mehr vom Leben im anderen Deutschland erfahren wollen? Wäre sie ins Kino gegangen? Für östliche Grenzgänger boten Lichtspielhäuser günstigen Eintritt: zweieinhalb Groschen.

Hildegard Knef war Star des jungen deutschen Films und hatte gerade nackt Skandal als »Die Sünderin« erregt. Marianne Koch und Curdt Jürgens hatten »Talent zum Glück«. »Tanz ins Glück« versprach Johannes Heesters. Hardy Krüger, Sonja Ziemann behaupteten »Schön muß man sein«. O. W. Fischer war neuer deutscher Star und Liselotte Pulver. Jeder dritte Berliner hatte bereits Curt Goetz' moralische Komödie »Das Haus in Montevideo« gesehen. Hätte auch Margitta gelacht?

Das Astor Ku'damm Ecke Fasanenstraße kündigte an jenem 5. 3. 1952 eine Premiere an: »Herz der Welt« mit Hilde Krahl als Bertha von Suttner. »Mann ihres Herzens« war Dieter Borsche. Den »Freund ihrer Seele« gab Matthias Wiemann als Alfred Nobel. Den »Feind ihres Lebens« spielte Werner Hinz. Möglicherweise hätte Margitta Schmidt bedauert, diesen Film am Freitag nicht sehen zu können. Sie wäre zwei Tage zuvor in Berlin gewesen: Mittwoch.

Oder hatte Margitta Schmidt eher Sympathie für Marlon Brando in »Endstation Sehnsucht«? Stand sie auf Reißer wie Hitchcocks »Die rote Lola« mit Marlene Dietrich? Diesen Film zeigte man in einem Kino am Rande der Stadt. Hätte Margitta Vittorio de Sicas »Wunder von Mailand« den Vorzug gegeben? Die Plakate zu Danny Kayes nächster Komödie »Das Doppelleben des Herrn Mitty« waren geklebt.

Oder hätte Margitta Schmidt sich auf die Kritik verlassen. Die Zeitungen rezensierten an jenem Tage: »Aufregend wie selten zuvor ist Henry Hathaway's neuster Großfilm mit Paul Douglas und Richard Basehart«. Ein Thriller mit dem Titel »14 Stunden« – »Die Handlung des Filmes ist nicht erfunden. Sie beruht auf Tatsachen. Darum packt und fesselt dieser Film bis zur letzten Minute«.

»Auf dem Fenstersims steht ein Mann. Im 10. Stockwerk eines Wolkenkratzers. Der Verkehr stockt und der Atem der Menschenmauer im Abgrund der Straßenflucht. Nur eine Frage ist noch wichtig: Springt er, oder springt er nicht? Radio, Fernsehen und Zeitungen sind aufgefahren wie die schweren Waffen im Kampf um die öffentliche Meinung. New Yorks Polizei läßt alle Drähte und Fäden spielen, und doch kann keiner eingreifen. Allein der Mann auf dem Fenstersims hat es zu entscheiden, ob er springen will oder nicht.

Wie kam er dahin? Der Film läßt die Frage offen. Nur soviel steht fest: er ist ein Psychopath, der aus Angst vor dem Leben in den Tod fliehen will, für diesen Schritt aber ein Publikum braucht. Wird er es enttäuschen? Denn die Menschen hoffen beinahe, als Lohn für ihr Warten, daß er springt.

14 Stunden lang hielt diese Frage New York in Spannung, zwei Stunden lang nagelt sie das Publikum im Metropol (so heißt jetzt die Neue Scala am Nollendorf-Platz) auf die Plätze. Und ab Sonnabend wird – so hoffen wir – der Tatsachenbericht im ›Abend‹ auch Sie von einem Tag zum anderen fiebern lassen.

Springen oder nicht springen? Der Film hat beide Möglichkeiten offengelassen. Einmal stürzt der Selbstmörder ab, im anderen Teil wird er im letzten Moment gerettet. Gestern testete man, welchen Schluß das Publikum wünscht. Das Ergebnis 53% wollen ihn leben lassen. 47% hielten den Daumen nach unten. Tatsächlich ist der Mann damals gesprungen. Im Film springt er nicht mehr. Wie wird's bei uns in der Zeitung ausgehen?

Der Film steigt sofort in die konkrete Situation. Von Anfang bis Ende ist der Schauplatz das Fenster eines Hotelzimmers und ein kleiner Mauervorsprung, auf dem der Mann steht. Eine erstaunliche Leistung vom Hauptdarsteller Richard Basehart als auch vom Regisseur Henry Hathaway. Der hat mit einer hervorragenden Kamera- und Schnittarbeit das durchorganisierte Gewühl von Polizisten, Reportern und Sensationslustigen hart und mit dem Schuß sozialer Selbstkritik hingeknallt, die Sie jetzt immer mehr in den neuen amerikanischen Filmen finden werden. Ein kaltschnäuziger Film in der Billy-Wilder-Manier, mit dem auskalkulierten Nervenkitzel gemacht. Auf diesem Feld ist Hollywood nicht zu schlagen. Es hat neben dem naiven Sinn für Spannung die Darsteller, die ausdrucksstark und unbekannt genug sind, um den Reportagecharakter solcher Filme zu treffen. Noch

Russenliebchen

nie sah man Paul Douglas, und plötzlich gelingt ihm hier als angeseilten Verkehrspolizisten die packendste Leistung. 14 Stunden steht ein Mann. Raucht, und springt nicht. Elf Kippen auf dem Sims und kein Entschluß. Unten aber brodelt die Menge. Scheidungen werden rückgängig gemacht. Bekanntschaften geschlossen und Wetten verloren. Nervenkitzel - vor der Kulisse New Yorks.«[5]

Hätte Margitta sich diesen Nervenkitzel entgehen lassen? Das Kino in Schneeberg zeigte Filme aus der UdSSR und vielleicht Streifen der DEFA:»Modell Bianca« mit Edith Hanke und Margit Schaumäker oder Wolfgang Staudtes»Der Untertan«. Seltener sah man im Erzgebirge und der DDR Produktionen des westlichen Auslands oder des zweiten deutschen Staates.

Vielleicht aber hätte Margitta gern am Ku'damm gesessen. Ein Stückchen Torte genossen, eine Zigarette geraucht und auf Männer geschaut? Vielleicht hätte sie in der Zeitung gelesen und abgewartet, ob sie jemand anspricht.

»Stürzt die Berliner Regierung?

Die Berliner Koalitionskrise erreichte am Dienstag nachmittag ihren Höhepunkt. Nach schweren Meinungsverschiedenheiten über die Berufung der noch fehlenden Senatsdirektoren in der Abteilung des Inneren und der Kultusabteilung verließen Bürgermeister Reuter und die SPD-Senatoren ostentativ eine Sondersitzung des Senats. Eine Senatssitzung am Dienstag vormittag war bereits wegen derselben Meinungsverschiedenheiten abgebrochen worden.

Wieder Stromkrieg

Seit gestern abend um 19 Uhr ist der Stromaustausch zwischen dem Sowjetsektor und Westberlin unterbrochen. Wenige Stunden vorher war der Westberliner Bewag von der Ost-Bewag mitgeteilt worden, daß ›Störungen im Netz der DDR‹ eine Abschaltung der noch vom Sowjetsektor versorgten Westberliner Gebietsteile erforderlich machten. Zunächst wurden die zum amerikanischen Sektor gehörenden Stadtteile Rudow und Buckow West durch die Ost-Bewag von der Stromversorgung abgeschnitten. Beide Gebietsteile konnten jedoch nach 45 Minuten an das Westberliner Netz angeschlossen werden.

Als Gegenmaßnahme hat die Westberliner Bewag die bisher von Westberlin versorgten Teile der zum Sowjetsektor gehörenden Bezirke Treptow und Weißensee abgeschaltet. Auch die Energieversorgung der ›Reichsbahn‹ durch die Westberliner Bewag ist eingestellt worden. Die Ostbewag setzte den ganzen Abend über die Abschaltung von Westberlin fort. Jeweils wurden die entsprechenden Teile des Sowjetsektors vom Westberliner Netz getrennt. Die Umschaltpause in Westberlin dauerte nur wenige Minuten. Der Bewagdirektor Wisell sagte, daß die Westberliner Stromversorgung nicht gefährdet sei.

Sie husteten auf die SED

Eine propagandistische Einführungsrede vor der gestrigen 50. Aufführung von Gogols ›Revisor‹ hielt ›Nationalpreisträger‹ Wolfgang Langhoff im Deutschen Theater in Ostberlin. Der 100. Todestag des russischen Dichters Gogol sei ›nicht nur ein Gedenktag, sondern ein Kampftag für alle Friedensfreunde‹.

Auf diesen unerwarteten Prolog reagierten die Besucher mit immer lauterem Husten. Bei Langhoffs ›heißen Glückwünschen an die große Sowjetunion‹ steigerte sich dieser Husten zu einer derartigen Lautstärke, daß der Redner mit seinen Schlußsätzen nicht mehr zu hören war.

Die Besucher des Deutschen Theaters folgten damit dem Beispiel der Weimaraner. Dort wollte vor 14 Tagen eine FDJ-Funktionärin im Nationaltheater eine kommunistische ›Friedensrede‹ halten. Aber das sofort einsetzende Hustenkonzert steigerte sich in wenigen Minuten zum Orkan.

Der blaublusigen Friedenskämpferin blieb nichts übrig, als hinter den Vorhang zu flüchten.

Nur Iwan zahlt nicht

Die Soldaten der drei westlichen Besatzungsmächte müssen seit dem 1. März auf den Verkehrsmitteln der BVG den normalen Fahrpreis bezahlen. Bisher hatten die Militärbehörden für die Freifahrten von Besatzungssoldaten einen Pauschalbetrag an die BVG gezahlt. Im Sowjetsektor benutzen die Rotarmisten heute noch alle Verkehrsmittel kostenlos.

USA-Studenten gegen Niemöller

Zwischen den Studenten und dem Dekan des Southern College in Lakeland (Florida) ist es wegen dreier Vorträge von Kirchenpräsident Niemöller zu scharfen Auseinandersetzungen gekommen.

Schon nach dem ersten Vortrag protestierten etwa 100 Studenten beim Dekan dagegen, daß man ihnen die Teilnahme zur Pflicht gemacht habe. Es sei eine Zumutung, Niemöllers ›antiamerikanische Darlegungen‹ anzuhören.

Es kam zu erregten Auseinandersetzungen mit dem Dekan, der Niemöller als ›führenden christlichen Märtyrer unserer Zeit‹ bezeichnete.

Die Studenten nahmen vor allem an Äußerungen Niemöllers Anstoß, in denen er die Gefahr eines sowjetischen Angriffs bestritt. Er habe in der Sowjetunion niemanden getroffen, der für einen Krieg sei, erklärte Niemöller.

Briefträger mit der roten Stoppuhr

Auch die Briefträger in der Sowjetzone sind jetzt aktiviert worden. Nach einer Verfügung des sowjetdeutschen ›Ministers‹ für Post-

und Fernmeldewesen Burmeister (Sowjet-CDU) erhalten sie zukünftig ihre Bezahlung nach Aktivistensätzen.

Die Zahl der als Norm auszutragenden Briefe ist in dieser Verfügung ebenso festgesetzt wie die zulässige Höchstzeit. Pro Landhaushalt wurden drei Minuten, pro Mietskaserne fünf Minuten Höchstzeit bewilligt. Für das Sammeln von Zeitungsabonnements erhalten die Briefträger Sonderprämien.

Gleichzeitig sind in der gesamten Sowjetzone eine Reihe von Jugend-Postämtern errichtet worden, obwohl die beiden ›Musterämter‹ in Chemnitz von der Bevölkerung boykottiert werden.

Auch in den neuen Jugend-Postämtern sollen Kinder im Alter von 13 bis 16 Jahren die gesamte Postverteilung, den Schalterdienst und die Aufsicht durchführen.

›Volkspolizisten‹ entwaffnet

Auf dem Polizeirevier 221 in Buckow meldeten sich in der Nacht zum Dienstag drei Bewohner der Sowjetzone und ein Westberliner und gaben einen Karabiner, eine Pistole und mehrere Patronentaschen ab. Sie sagten aus, sie seien an der Zonengrenze in Rudow von zwei ›Volkspolizisten‹ verhaftet und in Richtung Waltersdorf weggebracht worden. Unterwegs hätten sie sich jedoch losreißen und die beiden ›Volkspolizisten‹ überwältigen können. Die Neuköllner Kriminalpolizei nahm die Männer vorläufig fest, um ihre Aussagen zu prüfen.«[6]

In einem Satz meldete »Der Abend«: »Seit 1945 wurden in der Sowjetzone insgesamt 19 562 Buchtitel verboten.«

»Erna Berger singt Wiener Strawinsky-Premiere

Erna Berger ist von ihrer Amerika-Tournee nach Berlin zurükkgekehrt und bereitet sich hier auf ihre nächste Premiere in Wien vor. Sie singt dort die Partie der Ann in Strawinskys Oper ›The Rake's Progress‹, die Anfang April unter Stabführung von Cle-

mens Krauß und in der Regie von Gustav Gründgens zur Erst-
aufführung gelangt.«[7]

Hätte jemand Margitta Schmidt angesprochen? Ihr vielleicht
Kaffee und Kuchen bezahlt?
Vielleicht wäre Margitta nach der Zeitungslektüre und einem
Gespräch an den Schaufenstern vorbeigebummelt?

»Auf die Raffung kommt es an

Es müssen keine Wolkenstores und schweren Vorhänge mehr sein.
Nur auf die Raffung kommt es an, ob die Gardine mehr ist als ein
Vorhang. Einfache, bedruckte oder uni Dekorationen und leicht
getönte Gitter- oder Tüllstores eignen sich besonders gut, um
unsere Zimmer mit den Anbaumöbeln oder häufig zusammen-
komponierten Einrichtungen zu einer eigenen kleinen Welt ab-
zuschließen. Die Gardinenausstellung bei Karstadt am Hermann-
platz gibt für alle Fensterecken einer Wohnung Anregung und
Beispiel.«

Hätte die junge Frau mit ihrem Bargeld gerechnet und überlegt,
was sie sich kauft und ihrem Kind? Ein Kleid? Bausteine? Ein Steif-
Tier? Wäre Margitta in die Hallen der großen Geschäfte gegangen, wäre vorbeigeschlendert an den Angeboten der westlichen
Welt?
Vielleicht hätte Margitta vor den Leuchtreklamen der Bars gestanden und ihr Glück versucht? Vielleicht hätte Margitta in Berlin übernachtet und zu Hause gesagt: Mutter, deine Geschäfte
waren nicht einfach zu regeln? Hätte sie den ihr bekannten Offizier der Roten Armee in Berlin-Grünau besucht? Bei ihm geschlafen? Ein Nachthemd hatte sie in ihren Koffer gepackt.
Margitta ist jung, lebenslustig – warum, wenn sich die Möglichkeiten bieten, sie nicht nutzen? Wann denn wäre sie wieder in
die Metropole, nach Berlin/West gekommen? Evelyn Künneke
sang »Caramba, Senores« und Werner Haas den »Pinguin-Mam-
bo«. Was hätte Margitta Schmidt in der großen Stadt sich erhofft?

Vom Bahnhof Niederschlema fahren die Fernzüge. Von Schneeberg aus liegt er bergab. Vor Ort fahren Züge nicht mehr. Den
Fahrbetrieb auf der Strecke nach Schneeberg mußte die Deutsche Reichsbahn 1952 einstellen: Durch den Bergbau der Wismut
hatten sich die Gleise gesenkt.

Der Bahnhof Niederschlema liegt im engen Tal. Züge fahren
heut selten. Das Bahnhofsgebäude wird ein halbes Jahrhundert
später nicht mehr bewirtschaftet. Kein Restaurant, kein Wartesaal
hat geöffnet. Schalter bleiben geschlossen. Es riecht im Haus und
Fußgängertunnel zum Bahnsteig unangenehm nach Urin. Die
Menschen der Gegend vertrauen derzeit eher ihrem Automobil,
um zu reisen. Anno 1952 reiste man Zug.

Es sind Kilometer, die Margitta Schmidt in dieser Nacht zum
Bahnhof laufen muß. Lief sie wirklich? Lief sie allein? Kam sie am
Bahnhof Niederschlema auch an?

»Ich habe in der Nacht vom Dienstag, den 4. 3. 52, zum Mittwoch,
den 5. 3. 52 Schalterdienst im Bahnhof von Niederschlema durchgeführt«, sagt Helga Pohl, »soweit ich mich erinnern kann, kam
am Mittwoch früh 3.32 Uhr eine Frau und wollte mit dem 3.31
Uhr Schnellzug nach Berlin fahren. Der Zug war aber bereits abgefahren. In ihrer Begleitung befand sich ein Kraftfahrer, den ich
namentlich kenne, es handelt sich um den Holter aus Niederschlema, ich berichtige mich, er wohnt in Oberschlema. Ich glaube, er hat das Kino Capitol. Die Frau war sehr erregt, weil der Zug
schon weg war, und sie unbedingt nach Berlin wollte, und sie fragte den Fahrer, ob er sie nicht nach Zwickau fahren könne, um den
Zug noch zu erreichen, was dieser mit der Begründung ablehnte,
sie würden es doch nicht mehr schaffen. Er fragte mich dann noch,
wann der Zug in Werdau abfährt. Nachdem ich diese Auskunft
gegeben hatte, fuhren die beiden wieder los in Richtung Hartenstein.

Die Frau kann ich wie folgt beschreiben: Mittlere Größe, kor-
pulent, trug einen schwarzen Pelzmantel (Hänger), braune Schuhe mit Kreppsohle, ausgesprochene Kreppsohlen typisch West.
Sie trug einen Hut mit Schleier, die Farbe desselben ist mir nicht
bekannt, nach meinem Dafürhalten war sie etwa 40-45 Jahre alt.

In der Hand hatte die Frau einen kleinen Koffer und eine Stadttasche. Die Kofferfarbe weiß ich nicht, die Handtasche hatte eine helle Farbe, zwei Henkel, und oben war sie durch einen Reißverschluß zu verschließen. Über die Zähne befragt kann ich keine Auskunft geben, es ist mir so, als ob ich einen Goldzahn gesehen habe. Sie trug einen Trauring, und darüber hatte sie einen Ring mit mehreren kleinen grünen Steinen. Der Mann trug Stiefel, und nach meinem Dafürhalten eine graue Hose. Ich glaube, er war ohne Kopfbedeckung.«

Ähnlich sieht diese Beschreibung der aufgefundenen Toten nicht. Margitta Schmidt hat die Frau hinter dem Schalter nicht gesehen.

Der Fahrer ist schnell ermittelt.»Aufgrund der Aussagen der Pohl wurde der Holter in seiner Wohnung in Oberschlema, Lindenstraße, aufgesucht, allerdings war er nicht anzutreffen. Gegen 21.00 Uhr wurde von der Dienststelle der Bergkripo Holter telefonisch verständigt, daß er nach dem Bahnhof Oberschlema kommen solle. Dort informatorisch zur Sache befragt, gab H. an, daß er am 5. 3. 52, 3.32 Uhr mit einer gewissen Frau Lehnhardt aus Oberschlema, die nach Leipzig fahren wollte, auf dem Bahnhof in Niederschlema war. Da der Zug bereits abgefahren war, fuhr H. mit seinem Taxi die Lehnhardt über Hartenstein zum Bahnhof Zwickau. Die protokollarische Vernehmung des H. wird noch durchgeführt.«

Kraftfahrer Georg Ernst Holter gibt daraufhin zu Protokoll:»Ich habe ein Mietfuhrgeschäft in Oberschlema ... Am Dienstag, den 4. 3. 52, rief eine Frau Lehnhardt aus Oberschlema, Obere Mühlenstr., bei mir fernmündlich an, ich solle sie am Mittwoch morgen, 3.10 Uhr nach Niederschlema auf den Bahnhof fahren, da sie mit dem Schnellzug 3.31 Uhr wegfahren wolle. Ich hatte aber den Wecker überhört, und die Tochter kam dann zu mir in die Wohnung, weckte mich. Dies war bereits 3.20 Uhr. Ich machte mich schnell notdürftig fertig und fuhr die Frau Lehnhardt nach dem Bahnhof. Wir kamen aber zu spät, der Zug war bereits abgefahren. Frau Lehnhardt bat mich, sie nach Zwickau zu fahren, um dort den Zug noch zu erreichen. Aus Gefälligkeit tat ich dies auch und fuhr vom Niederschlemaer Bahnhof in Richtung Hartenstein davon nach Zwickau. Allerdings war der Zug in Zwickau ebenfalls schon weg.

Wenn ich gefragt werde, ob ich zu dieser Zeit an der Kreuzung nach Wildbach oder auf meiner Fahrt nach Zwickau irgend ein Fahrzeug gesehen habe bzw. begegnet bin, so muß ich dies verneinen. Bemerken möchte ich noch, daß um diese Zeit dichter Nebel war und sich die Sicht dadurch naturgemäß sehr beschränkte.«

Kennt der Taxifahrer die Dolmetscherin Margitta Schmidt? Dazu befragt, erklärt Holter: «... die Margitta Schmidt ist mir bekannt und zwar dadurch, daß ich sie schon zweimal gefahren habe, und zwar von ihrer Dienststelle Oberschlema nach Hause, nach Schneeberg. Dies kann aber 2–3 Monate zurückliegen ... Über den Umgang mit der Schmidt befragt, kann ich eigentlich nichts sagen, ich habe nur von Leuten gehört, daß sie keinen guten Leumund habe.

Zu erwähnen wäre höchstens noch, daß an der Sperre in Hartenstein der Posten geöffnet war, und ein sowjetischer Soldat mich passieren ließ.« Am Morgen des 5. März hat Ernst Holter Margitta Schmidt nicht gesehen und nicht zum Bahnhof gefahren. Ist Margitta überhaupt am Bahnhof Niederschlema gewesen?

»Aufgrund der Beschreibung, die die Pohl über die Frau abgab, wurden ihr die Schuhe sowie der Hut der Geschädigten vorgelegt. Hierbei erklärte die P., daß diese Sachen keinesfalls der Frau gehören, welche am Mittwoch früh mit dem T. im Bahnhof Niederschlema war. Sie brachte nochmals zum Ausdruck, daß es ausgesprochene Westschuhe gewesen sind, die die Frau trug ... Die mir auf dem Lichtbild gezeigte Frau ist nach meiner Ansicht nicht die gewesen, die bei mir am Schalter war.« Auch Helga Pohl hat die Ermordete an diesem frühen Morgen nicht gesehen. Und den Zug nach Berlin bestiegen hat Margitta Schmidt nie.

Zwar, stellt die Polizei fest, wurde eine Fahrkarte nach Berlin zwischen 5.00 und 6.00 Uhr verkauft. Von wem, kann nicht ermittelt werden. Margitta allerdings ist es nicht gewesen.

Sicher ist, daß Margitta Schmidt am 5. 3. 1952 nicht auf dem Niederschlemaer Bahnhof anlangte. Die Schalterbeamtin Helga Pohl hat sie nicht wiedererkannt. Und man fand Margitta Schmidt gut fünfzehn Minuten des Fußweges vom Bahnhof entfernt. Naheliegt, daß einer sie in jener Nacht chauffierte und über das Ziel hinausfuhr. Ernst Holters Taxi war es nicht, nachgewiesenermaßen. Zwar kann ein zufälliger Täter nicht ausgeschlossen werden, doch konzentrieren sich die Ermittlungen auf den privaten Bereich. Wer hätte Margitta chauffieren können? Offiziere der Sowjetarmee, ihre Vorgesetzten im Betrieb. Kraftfahrzeuge besitzt die SAG Wismut. Besitzen die Soldaten der Besatzungsmacht.

Margittas Schwester Marianne: »Soweit mir bekannt ist, ist sie laufend mit den Angehörigen der SKK verkehrt. Es waren mehrere, und deshalb kam es schon oftmals in der Wohnung zu Auseinandersetzungen. Sie hat auch ein Kind von einem sowjetischen Staatsbürger. Sie erzählte mir einmal, daß sie nach Berlin-Grünau wollte, zu einem Major, der sie einmal angerufen haben soll. Näheres ist mir allerdings nicht bekannt.

Am Dienstag, den 4. 3. 52, gegen 18.00 Uhr, kam Margitta wie gewöhnlich vom Dienst und sagte zu mir, daß sie in der Nacht nach Saalfeld muß, das neue Objekt ansehen. Wie spät sie weggegangen oder weggefahren ist, kann ich nicht angeben.«

Der Schwester gegenüber gebraucht Margitta eine Lüge: Saalfeld. Wollte auch die Mutter nicht, daß Marianne Walther, die eigene Tochter, erfuhr, daß Margitta in Westberlin ein Geldgeschäft für die Familie regelte? Wer wußte davon? Kollegen? Liebhaber? Warum überhaupt diese Geheimnistuerei?

Auch dem Schwager ist bekannt, »daß bei meiner Schwägerin sowjetische Staatsangehörige verkehrt sind, da diese Dolmetscherin war. Ich erinnere mich eines Vorfalls, der sich Ende voriger Woche zugetragen hat. Ich kam 22.15 Uhr von der Schicht und wollte die Haustür öffnen, als vor dieser ein sowjetischer Soldat stand, ich glaube, es war ein Gefreiter. Wenn ich mich recht entsinne, habe ich einen Streifen über der Schulter gesehen. Er hatte eine

Pelzmütze auf und das Koppel über dem Mantel. Pistole trug er nicht, lediglich an der linken Seite ein Messer in einer Scheide. Er sagte, er wolle zur Dolmetscherin, zur Margitta, nur 2 Minuten. Ich schloß die Tür auf, und er betrat sofort das Haus. Ich ging in den Hof, um nicht kundzutun, daß ich ebenfalls in der Wohnung wohne. Ich hörte dann von unten, wie er klingelte. Da mir dies zu lange dauerte, es war ca. 1/4 Stunde, ging ich nach oben, und als ich die Vorsaaltür öffnete, trat er ebenfalls ein und klopfte an die Wohnungstür meiner Schwägerin. Diese war aber verschlossen und wurde auch nicht geöffnet, obwohl sie zu Hause war. Ich gab ihm zu verstehen, daß meine Schwägerin da sei, und letzten Endes ging er auch wieder. Es war das erste Mal, daß ich diesen Soldat hier gesehen habe.« Weiteres kann auch Karl-Joswig Walther nicht sagen. Seltsam der Kontakt in dieser Familie.

Margittas Schwester Marianne erinnert sich, »daß am 4. 3. 52, gegen 22.00 Uhr, das Telefon im Nebenzimmer klingelte. Meine Schwester war gerade bei mir, und wir haben Abendbrot gegessen. Sie ging daraufhin ins Nebenzimmer an den Apparat, und ich konnte durch die Tür hören, daß sie russisch sprach. Als sie wieder das Zimmer betrat, fragte ich sie, mit wem sie gesprochen habe, sie antwortete lediglich ›der Alte‹. Soviel mir bekannt ist, meint sie mit dem ›Alten‹ den Oberstleutnant Andrejew in Schneeberg. Was gesprochen wurde, weiß ich nicht. Dieser Oberstleutnant war auch schon hier in der Wohnung, und ich erinnere mich, daß es da eine Eifersuchtsszene gegeben hat, weil nämlich, als er kam, der Oberleutnant Wolodja bei meiner Schwester in der Wohnung war. Ich habe damals nur lautes Streiten gehört. Ferner weiß ich von einer Bekannten, deren Namen ich nicht nennen will, daß sich meine Schwester und der Oberstleutnant Andrejew gegenseitig mit einer Geschlechtskrankheit angesteckt haben. Die Bekannte will dies ganz genau wissen, es soll vorige Woche gewesen sein.«

Es »wurde festgestellt, daß die Sch. am Tage vor ihrem Tode, also am Dienstag, den 4. 3. 52, im Ambulatorium in Schneeberg erschien und sich dort Hilfe gegen eine Geschlechtskrankheit erbat. Die Krankenschwester Elisabeth Krug, die mit der Familie

Schmidt eng befreundet ist, stellte der Sch. zwei Blankorezepte über Penizillin aus, welche die Schmidt angeblich zu ihren Verwandten nach Westberlin geschickt habe. Die Krug erklärte, sie sei zu dieser an sich höchst pflichtwidrigen Handlung durch die Schmidt gezwungen worden, indem sie ihre Beziehungen zur SKK hervorhob und erklärt haben soll, daß sie die Macht habe, die Krug auf irgendeine Art und Weise, wenn sie die Ausstellung des Rezeptes verweigere, unmöglich zu machen. Nach Aussagen der Krug leidet die Schmidt an einer Lues, die bereits ihre zersetzende Wirkung im Gehirn begonnen habe. Die Schmidt habe sich immer und immer wieder der Behandlung entzogen und auch rücksichtslos weiter Geschlechtsverkehr ausgeführt.«

Wollte sich Margitta Schmidt auf dem Schwarzmarkt Penicillin kaufen, um sich selbst zu behandeln? Medikamente waren knapp, Behandlungen teuer. Und wer sprach offen von Geschlechtskrankheiten unter Soldaten und im kleinen Ort?

»Auf Anraten des sowjetischen Sicherheitsoffiziers von Niederschlema wurde folgendes festgestellt: Oberstleutnant Andrejew wohnt Schneeberg, Scheunenstr. 16. Das Bataillon liegt im Seminar in Schneeberg. Andrejew ist etwa 36 Jahre alt, 1,80 bis 1,85 m groß, dunkle Haarfarbe. Oberleutnant Wolodja ist etwa 1,70 m groß, blond, schwarzen Streifen an der Mütze, Schulterstücke schwarz eingefaßt, spricht gut deutsch. Die Eifersuchtsszene, wie sie in der Vernehmung mit Frau Walther geschildert wurde, hat sich nach ihren Aussagen bei nochmaliger Befragung in der Woche vom 16. bis 22. 12. 51 abgespielt. Andrejew und Wolodja hätten beide auch Schlüssel zur Wohnung.«

»Bei einem nochmaligen Besuch in der Wohnung der Ermordeten erklärte die Mutter, daß sie gestern, also am Sonnabend, den 8. 3. 52, gegen 21.00 Uhr, am Schreibtisch saß, als kleine Steine an das Fenster geworfen wurden. Dann habe sie die Korridortür schließen hören, und zu dieser Zeit ging der auf dem gleichen Korridor wohnende Lothar Mehnert auf Schicht. Als dieser die Haustür aufgeschlossen hatte, seien zwei Offiziere eingetreten und versuchten, zu der Schmidt in die Wohnung zu gelangen. Sie habe aber abgeschlossen, und es sei lange an der Tür gepocht worden. Nach etwa 10 Minuten seien die beiden wieder gegangen. Sie habe ihre Tochter geweckt, die die Polizei verständigt habe. Durchs Fenster habe sie gesehen, wie die beiden über den Marktplatz gerannt wären. Die Tochter, Frau Walther, behauptet, der Oberleutnant Wolodja sei dabei gewesen. Sie habe ihn vom Fenster aus im Mondschein deutlich gesehen. Auch würde, seit die Tochter tot ist, laufend das Telefon klingeln, und wenn der Hörer abgenommen würde, um zu sprechen, würde der Teilnehmer auf der anderen Seite auflegen.«

Oberleutnant Wolodja weiß nichts vom Tod der Margitta Schmidt, legen die Beobachtungen der Mutter nah. Hat Oberstleutnant Andrejew an jenem Morgen des 5. 3. Margitta Schmidt doch abgeholt, wie er versprach? Er konnte ein Auto organisieren, vielleicht fuhr er einen personengebundenen Dienstwagen. In der Scheunenstraße wohnte er in einer Villa, nicht in einer Kaserne oder in einem Gemeinschaftsquartier. Keine fünf Minuten hätte die Fahrt zum Ernst-Thälmann-Platz 12, zu Margitta, gedauert. Hätte der Oberstleutnant die Geliebte wirklich bei Nacht und Nebel zum Bahnhof in Niederschlema laufen lassen?

Aktenvermerk am 9. 3. 1952: »Bei einer am heutigen Tag stattgefundenen Rücksprache auf der sowj. Dienststelle in Aue wurde der Vorschlag gemacht, eine Veröffentlichung über den Mord durch die Presse erfolgen zu lassen. Dieser Vorschlag wurde abgelehnt.« Gründe dafür sind nicht angegeben.

Aktenvermerk am 12. 3. 1952: »Heute wurden Herr und Frau Walther auf der Straße nach Aue getroffen. Sie erklärten, daß die sowj. Dienststelle aus Aue bei ihnen in der Wohnung gewesen sei und erklärt habe, der Mordkommission seien keine weiteren Hinweise zu geben, da sie die Sache bearbeiten würden.«

Werden die Ermittlungen der Volkspolizei bewußt durch Vertreter der sowjetischen Besatzungsmacht erschwert? Vermuten auch Offiziere den Mörder Margitta Schmidts in ihren Reihen der Roten Armee?

Auch in anderer Richtung wird ermittelt. So konnte »in der HO-Gaststätte in Schneeberg festgestellt werden, daß die Schmidt in der Woche vor ihrem Tode mit einem gewissen Heinz Clausnitzer zu Gast gewesen sei.«

Clausnitzer ist 37, verheiratet, hat 1 Kind (8 Jahre) und ist Angestellter bei der DHZ Holzabfuhr. Er gibt an: »Meines Erachtens war es am 28. oder 29. Februar. Wir hatten eine kleine Abschiedsfeier im Betrieb, und ich wollte mit dem Bus nach Neustädtel, welcher 22.45 Uhr ab Aue fährt, fahren. Im Bus stand eine junge Dame, der ich meinen Platz anbot, und im Laufe der Fahrt kam ich mit ihr ins Gespräch. Es stellte sich heraus, daß sie ebenfalls nach Schneeberg wollte, und ich lud sie ein, noch eine Tasse Kaffee mit mir in der HO in Schneeberg zu trinken, was sie auch annahm. Dort traf ich mich mit meinem ehemaligen Meister, Herrn Baumann, der jetzt Betriebsleiter der HO ist, und ich trank noch einige Bier.

Nach 24.00 Uhr verließ ich mit der besagten Dame die HO und begleitete sie bis an ihre Wohnung, Ernst-Thälmann-Platz 12. Ich wollte mich dort verabschieden, aber sie sagte zu mir, ob ich noch eine Tasse Kaffee bei ihr trinken wolle. Ich nahm dieses Anerbieten an und ging mit in ihre Wohnung. Dort erfuhr ich, daß sie Margitta heißt. Sie erzählte mir auch, daß sie von einem sowj. Staatsbürger ein Kind habe, welches sie aus dem Nebenzimmer holte, und brachte weiter zum Ausdruck, daß sie deshalb in der Nachbarschaft geächtet würde. Ich möchte bemerken, daß ich besagte Margitta schon einmal, es war, wenn ich mich recht entsinne, in den Jahren 1945 oder 1946, im Hotel ›Blauer Engel‹ mit sowjetischen Offizieren gesehen habe. Dies kam mir allerdings erst ein paar Tage später in Erinnerung. Wie das so ist, haben wir uns natürlich nicht über Familienangelegenheiten und dergleichen unterhalten, so daß ich nicht sagen kann, welchen weiteren Umgang sie noch pflegte. Sie sagte mir lediglich, als ich mich gegen 5.00 Uhr von ihr verabschiedete, ich könne sie einmal anrufen, sie gab mir auch ihre Nummer bekannt. Ich habe später einmal versucht, sie telefonisch zu erreichen, was mir aber nicht gelang. Es ist möglich, daß ich die Nummer, die ich mir nicht aufgeschrieben habe, nicht mehr genau wußte.

Ich wohne an sich in Wildenthal, gehe aber des weiten Weges wegen nicht jeden Tag nach Hause, sondern schlafe öfters nachts bei meinen Eltern in Neustädtel. Deshalb benutze ich den Bus bis Schneeberg. Das Zusammentreffen mit dieser Margitta war ein rein zufälliges, und ich hatte nicht die Absicht, mit ihr irgendein Verhältnis anzufangen.

Wenn ich gefragt werde, ob ich im Besitz eines Kraftfahrzeuges bin, so muß ich dies bejahen. Ich habe zu Hause einen DKW pol. Kennzeichen SL 59 - 0356, den ich gewöhnlich zu Hause in Wildenthal stehen habe, und mit diesem Wagen wegen Benzinmangels nicht jeden Tag nach Hause fahren kann.

Wenn mir gesagt wird, daß die Margitta ermordet aufgefunden worden sei, so ist dies für mich zunächst unfaßbar. Ich selbst kann versichern, daß ich mit dieser Tat nichts zu tun habe.« Von einer Reise Margitta Schmidts nach Berlin weiß Heinz Clausnitzer nichts. Aber, erinnert er sich, Margitta Schmidt sprach in der HO-Gaststätte auch mit einer auffallend großen Person: »Der ist Fahrer bei uns«, antwortete sie damals auf die Frage Clausnitzers. In der Woche des Tattages, gibt der Zeuge zu Protokoll, hat er zu Hause geschlafen. Seine Gattin könne dies bestätigen. Aber diese sagt aus: »Wenn ich gefragt werde, ob mein Mann vorige Woche, also vom Montag, den 3. 3. 52, ab nach Hause gekommen ist, so kann ich dies nicht mit Bestimmtheit sagen. Es kommt vor, daß mein Mann gleich bei seinen Eltern übernachtet, weil er nicht soviel Benzinzuteilung erhält, um jeden Tag in seine Wohnung zu fahren. Wie gesagt, kann ich nicht mehr mit Bestimmtheit sagen, ob er daheim war, ich glaube aber, er war zu Hause.«

Clausnitzer hat ein Auto. Fuhr er Margitta Schmidt am 5. 3. frühmorgens zum Bahnhof? Der Ermittler vermerkt zum Vorgang: »Der Clausnitzer machte einen sehr ordentlichen Eindruck. Da sich seine Aussagen mit den Feststellungen in der HO-Gaststätte decken, dürfte er als Täter ausscheiden.«

Die Ermittlungen im Mordfall Margitta Schmidt ergaben noch immer keine heiße Spur. Kein Verdacht erhärtet sich. Deshalb genehmigt die sowjetische Militäradministration am 22. 3. 1952 doch den öffentlichen Aufruf mit der Bitte um Mithilfe in der

»Freien Presse«. Noch am gleichen Abend»erschien die Witwe Gebert, Hedwig, wohnhaft in Zwickau, Bahnhofstr. 55 und brachte eine Kassette mit verschiedenen Briefschaften. In dieser Kassette lag u. a. auch ein Zettel, auf dem mit Tinte geschrieben die Worte ›Margitta Sch Schneeberg‹ standen. Es konnte festgestellt werden, daß es sich bei der Schrift auf diesem Zettel um die der Ermordeten Schmidt handelt. Die G. gab an, daß die Kassette ihrem früheren Untermieter, nämlich dem Esche, Johannes, geb. 7. 7. 1929 in Kolbermoor, Krs. Aibling, zuletzt wohnhaft gewesen in Zwickau, Bahnhofstr. 55 gehöre.

Esche ist am 17. 12. 51 aus dem Zuchthaus Waldheim entlassen worden, wo er eine 17monatige Strafe wegen Einbruchsdiebstahls zu verbüßen hatte. Nach seiner Rückkehr aus dem Zuchthaus hat er sich in verschiedenen Logis aufgehalten und ist keinerlei Arbeit nachgegangen. Am 26. 2. 52 hat er, nachdem er alle verfügbaren Sachen zu Geld gemacht hat, Zwickau angeblich in Richtung Magdeburg verlassen.

Esche hat, soweit festgestellt werden konnte, vor seiner Inhaftierung auf dem Objekt 11 in Obeschlema gearbeitet, wo auch die Ermordete als Dolmetscherin tätig gewesen war. Es besteht der Verdacht, daß E. die Schmidt aus dieser Zeit kennt und auch in nähere Beziehungen zu ihr getreten ist. Es wird vermutet, daß Esche am 26. 2. 52 erneut Verbindungen mit der Schmidt aufgenommen hat. Verdächtig ist sein plötzliches, spurloses Verschwinden. Aus diesem Grunde wird gebeten, den Esche zur Justizfahndung zu stellen.«

Zur Person des Esche gibt die Vermieterin Hedwig Gebert an: »Am 15. 2. dieses Jahres zog der Esche, Johannes, zu mir in Untermiete. Er sagte, er käme von der Bergschule in Freiberg und sei Steiger. Es fiel mir jedoch auf, daß er in der Zeit, in der er bei mir wohnte, keiner Arbeit nachging.

Am 26. 2. erschien bei dem Esche ein junger Mann, und beide verließen dann mit einem Koffer die Wohnung. Am gleichen Tage, in den Nachmittagsstunden, war er nochmals in der Wohnung, ich habe aber nicht mit ihm gesprochen. Er ging dann weg, und seit dieser Zeit habe ich ihn nicht mehr gesehen. Am gleichen Tage gegen 19.00 Uhr kam auch der Altwarenhändler Löhlein vom alten Steinweg und wollte sich Möbel ansehen, die der Esche ihm verkauft habe. Da ich annahm, er wolle meine Möbel verkaufen, habe ich die Polizei verständigt. Später habe ich dann in einer Kassette einen kleinen angerissenen Zettel gefunden, auf dem die Worte ›Margitta Sch Schneeberg‹ standen. Nachdem ich nun am Sonnabend den Aufruf der Polizei über den Mord in Niederschlema gelesen hatte, kam mir die Sache verdächtig vor, und ich meldete diese Wahrnehmungen bei der Kriminalpolizei.

Wo sich der Esche jetzt befindet, weiß ich nicht, ich weiß nur, daß er früher bei einer Familie Geier in der Werdauer Str. gewohnt hat. Befragt, wie er sich bei mir aufgeführt hat, kann ich ihm kein gutes Zeugnis ausstellen. Laufend hat er Damenbesuch empfangen. Auch machte er einen sehr verlogenen und großsprecherischen Eindruck.«

Johannes Esche hat Margitta Schmidt gekannt, nur durch Zufall wird der Zettel nicht in seinen Besitz gelangt sein. Auch Esche eine Zufallsbekanntschaft der jungen Frau mit schlechtem Leumund?

Nachweisbar erkundigte sich Johannes Esche am 26. 2. nach einer Zugverbindung nach Magdeburg und verließ Zwickau vermutlich am 27. 2. Kam er zurück? Ist er überhaupt gefahren? Wußte Margitta Schmidt von Esches unrechtem Tun? Half sie mit und verdiente sich etwas zum Lohn? Gefunden und befragt wurde Johannes Esche nie.

VP-Oberrat Staßfurt faßt die bisherigen Ermittlungsergebnisse zusammen: »Am 6. 3. 52, gegen 06.30 Uhr, wurde in Niederschlema, an der Straße nach Wildbach, die Dolmetscherin Margitta Schmidt ermordet aufgefunden. Die Leiche war in sitzende Stellung mit dem Gürtel ihres Kleides an eine etwa 10-jährige Fichte gebunden. Die Schmidt war als Dolmetscherin auf Objekt 33 bei der Wismut A.-G. in Lauter beschäftigt.

Am 5. 3. 52, 02.00 Uhr morgens, verließ sie ihre Wohnung, um, wie von ihren Angehörigen angegeben wurde, nach Westberlin zu fahren. Normalerweise hätte sie somit, wenn sie zu Fuß gegangen wäre, um 03.00 Uhr morgens auf dem Bahnhof in Niederschlema ankommen müssen. Wie festgestellt wurde, ist sie jedoch auf dem Bahnhof nicht gewesen. Eine Fahrkarte nach Berlin wurde lediglich in der Zeit von 05.00 Uhr bis 06.00 Uhr morgens gelöst. Wer diese Karte gelöst hat, konnte nicht mehr ermittelt werden.

Die Sch. wurde, wie aus der Übersichtskarte zu ersehen ist, etwa 15 Minuten Fußweg vom Bahnhof entfernt und zwar darüber hinaus, in Richtung Hartenstein, aufgefunden. Nach hiesigem Dafürhalten muß bei der Tat ein Kraftfahrzeug eine Rolle spielen. Es ist kaum anzunehmen, daß die Sch. zu Fuß 15 Minuten über den Bahnhof hinausgegangen ist. Ihr Zug nach Berlin fuhr 03.31 Uhr, und wenn sie also um 03.00 Uhr auf dem Bahnhof gewesen wäre, wäre sie wohl kaum noch 15 Minuten über den Bahnhof hinaus gegangen, da sie sonst praktisch den Zug versäumt hätte.

Die Tat kann sich demnach nur wie folgt zugetragen haben: Als Dolmetscherin hatte die Sch. einen ziemlich großen Freundeskreis, was auch von allen Befragten bestätigt wurde. Ihr Verhalten auf sittlichem Gebiet kann nicht als einwandfrei bezeichnet werden. Bereits in den Jahren 1945 bis 1947 wurde sie laufend durch die Volkspolizei Ärzten zugeführt, da sie mehrmals geschlechtskrank war. Auch zur Zeit ihres Todes wurde sie noch auf Lues behandelt.

Aufgrund ihrer Beziehungen wurde zunächst nicht angenommen, daß sie den Weg von ihrer Wohnung zum Bahnhof zu Fuß zurückgelegt hat. Die Richtigkeit dieser Annahme wurde dadurch bestätigt, daß sie tatsächlich am Tage vor ihrem Tode, also am Dienstag, den 4. 3. 52, gegen 21.00 Uhr, ein Telefongespräch in russischer Sprache führte. Es hat sich herausgestellt, daß sie dabei einen ihr bekannten Offizier anrief und bat, ihr einen Kraftwagen für Mittwoch früh 02.00 Uhr zu schicken. Dieser Wagen konnte jedoch wegen Maschinendefektes nicht erscheinen.

Wie bereits erwähnt, wollte die Sch. nach Berlin, um für ihre Mutter auf der Dresdner Bank in Westberlin eine Erbschaftsangelegenheit zu regeln. Gleichzeitig wollte sie einen ihr befreundeten Offizier aufsuchen. Von ihrer Fahrt hatte, soweit festgestellt werden konnte, lediglich ihre Mutter, ihr Vorgesetzter vom Objekt 33, der den deutschen Personalausweis gegen Rückgabe des

Wismutausweises der Sch. aushändigte und jener Offizier, den sie um einen Kraftwagen bat, Kenntnis.

Obwohl bei dem Auffinden der Leiche ihr Gepäck, bestehend aus einem kleinen Koffer mit verschiedenen Toilettengegenständen und u. a. auch 400 DM Bargeld fehlte, kann den Umständen nach nicht angenommen werden, daß die Tat aus Gründen der Bereicherung ausgeführt wurde. Es sollte lediglich die Fahrt nach Berlin verhindert werden.

Der oder die Täter wußten genau, daß die Sch. um diese Zeit von ihrer Wohnung weggeht und haben sie unterwegs ›zufällig‹ getroffen. Mit einem Kraftfahrzeug wurde dann die Sch., da ja noch Zeit bis zur Abfahrt des Zuges vorhanden war, über den Bahnhof hinaus gefahren und vermutlich im Fahrzeug erwürgt. An der Auffindungsstelle wurde sie aus dem Fahrzeug gezogen und, wie die Spuren beweisen, die Böschung hinaufgeschleift. Dies geht eindeutig aus der vollkommen verschmutzten Kleidung hervor. Um ganz sicher zu gehen, wurde die evtl. bereits Tote noch mit dem Gürtel ihres Kleides am Hals an einen Baum gebunden. Beim Schleifen aus dem Auto dürfte der leblosen Sch. der Hut vom Kopfe gerissen worden sein, den der oder die Täter dann über die Straße in den Wald warfen. Ein Stiefelabdruck wurde dort, wo die Leiche die Böschung hinaufgeschleift wurde, gefunden und, da nicht anders auszuwerten, fotografisch festgehalten.

Die Ermittlungen wurden in enger Zusammenarbeit mit den Dienststellen der SKK geführt. Am 22. 3. 52 wurde von der genannten Dienststelle genehmigt, einen Aufruf in der Presse zu veröffentlichen. Daraufhin meldete sich eine Frau Gebert aus Zwickau und überbrachte eine Kassette mit verschiedenen Briefschaften, in denen u. a. auch ein Zettel mit der Aufschrift ›Margitta Sch Schneeberg‹ vorgefunden wurde. Es wurde festgestellt, daß es sich um die Schrift der Sch. handelt.

Besagter Zettel befand sich im Besitz eines erst vor kurzem aus dem Zuchthaus Waldheim entlassenen Johannes Esche. Selbiger ist seit dem 26. 2. 52 plötzlich aus seiner Wohnung in Zwickau verschwunden und muß irgendwie mit der Sch. in Verbindung gestanden haben. Nach Rücksprache mit dem Herrn Oberstaatsanwalt wurde Esche am 28. 3. 52 zur Justizfahndung gestellt. Weiter wurden durch den Herrn Oberstaatsanwalt entsprechende Aufrufe erlassen. Bis zur Stunde waren jedoch alle Hinweise aus der Bevölkerung negativ. Der Vorgang wird vorläufig zum Abschluß gebracht. Im Erfolgsfalle wird nachberichtet.«

Am 28. 3. 1952 bittet der leitende Zwickauer Oberstaatsanwalt die Landesstaatsanwaltschaft Sachsen um die »Auswerfung einer Belohnung bei der Ermittlung des Mordfalles Margitta Schmidt, Schneeberg« und wiederholt tags darauf seine Bitte. »Am 28. 3. 52 gaben wir eine erste Meldung über den Mord an der Margitta Schmidt, die Dolmetscherin beim Objekt 33 in Lauter war. Die Mordkommission Zwickau, die sich fast täglich mit diesem Fall beschäftigt, unterstützt durch sowjetische Offiziere, die gleichfalls Ermittlungen tätigen, hatte aber bis heute noch keinen Erfolg bringen können und verspricht sich einen solchen durch das Auswerfen einer Belohnung auf eine Bekanntmachung.

Es hat sich bisher gezeigt, daß viele Menschen deshalb keine Anzeige erstatten, weil sie mit den Verhören bei der Kriminalpolizei bzw. beim Gericht nichts zu tun haben wollen. Diese Hemmungen entfallen aber, wenn sie dafür eine Belohnung in Aussicht haben, und ich schlage deshalb vor, eine solche von 3-5000,- DM zu bewilligen unter gleichzeitiger Übernahme der Druckkosten von 1000 Bekanntmachungen im Din A 3-Format.

Bei der Bedeutung dieses Falles und zur Vermeidung von Verzögerungen in der Ermittlung wird um möglichst umgehende Erledigung gebeten.«

Die Antwort aus Dresden erfolgt: »Es wird hiermit die Genehmigung gegeben, die Zahlung einer Belohnung in Höhe von 3000,- DM zur Aufklärung des o. g. Mordfalles in Aussicht zu stellen. Weiterhin geben wir die Genehmigung, 1000 Bekanntmachungen in dem von Ihnen vorgeschlagenem Format bei einer dortigen Druckerei in Auftrag zu geben. Die Bezahlung der Druckkosten hat aus dem Sachkonto 554 vorläufig zu erfolgen.«
Am 3. 4. 1952 werden die Plakate angeschlagen.

»MORD – 3000 DM Belohnung

nebenstehend abgebildete Schmidt, Margitta 24 Jahre alt, zuletzt wohnhaft gewesen in Schneeberg, Ernst-Thälmann-Platz 12, wurde am 6. März 1952 in Niederschlema, im sogenannten Poppenwald, an der Straße nach Wildbach, ca. 150 m von der Hauptstraße Niederschlema-Hartenstein entfernt, ermordet aufgefunden.

Die Schmidt verließ am Mittwoch, dem 5. März 1952, gegen 2 Uhr morgens ihre Wohnung in Schneeberg, um sich nach dem Bahnhof Niederschlema zu begeben. Dort ist sie jedoch nicht angekommen, sondern wurde an der oben bezeichneten Stelle ermordet aufgefunden. Die Tat ist vermutlich am Mittwoch, dem 5. März 1952, in der Zeit nach 2 Uhr morgens verübt worden.

Die Schmidt trug bei sich:
einen etwa 50 mal 30 cm großen dunkelbraunen Lederkoffer mit zwei blanken Schlössern und braunem Ledergriff, der innen mit dunkelbraunem Futter ausgeschlagen war, in der Innenseite des Deckels war eine Tasche eingearbeitet.
Im Koffer befanden sich folgende Gegenstände:
ein rosafarbiges Charmeuse-Nachthemd mit schwarzen Schleifen am Kragen und Saum und schmalem Gürtel,
ein Paar karminrote, fast neue Lederpumps, Gr. 40, mit hohem Absatz; das Oberleder war durchlöchert,
eine kirschrote Saffianhandtasche mit rotem Futter und einer breiten Lederschlaufe zum Verschließen,
400 DM Bargeld in 20-DM-Scheinen,
Personalausweis auf den Namen Margitta Schmidt und eine Vollmacht.
Der Koffer der Toten wurde nicht mehr vorgefunden.

Wer hat Margitta Schmidt am Mittwoch, dem 5. März 1952, in der Zeit ab 2 Uhr morgens gesehen? In wessen Begleitung befand sie sich? Wer hat um die fragliche Zeit auf der Hauptstraße von Niederschlema nach Hartenstein, hauptsächlich an der Abzweigung nach Wildbach, verdächtige Wahrnehmungen gemacht? Wer kann Angaben über den Verbleib des Koffers und Inhalts machen? Wo wurde dieser gesehen? Wem wurden die Gegenstände (Nachthemd, Schuhe, Handtasche) zum Kauf angeboten?

Für Hinweise aus der Bevölkerung, die zur Ergreifung des Täters führen, wird eine Belohnung von 3000 DM ausgesetzt.

Meldungen nimmt jede VP-Dienststelle, insbesondere die Kriminalpolizei Schneeberg und die Mordkommission Zwickau entgegen.
Die Auszahlung erfolgt unter Ausschluß des Rechtsweges.

Zwickau, den 3. April 1952
Der Oberstaatsanwalt des Bezirkes Zwickau i. Sa.«

Erfolg ist auch dieser Aktion nicht beschieden. Am 8. 4. 52 übergibt die Staatsanwaltschaft Zwickau die Akten dem Oberstaatsanwalt des Bezirkes Chemnitz.
Am 9. Mai 1952 schreibt der dortige Oberstaatsanwalt einen letzten Sachstandsbericht im Mordfall Margitta Schmidt. Dieser Bericht enthält neue, bislang unbekannte Verdachtsmomente.

»... außerdem soll die Schmidt im Besitze einer Geldsumme von ca. DM 20.000 gewesen sein. (Angabe des Herrn StA. Biskupek). Diese Summe habe sie von Angehörigen der SKK erhalten, um in Berlin für diese einzukaufen.
Der vorn an der Brust zerschnittene Brusthalter und Unterrock lassen vermuten, daß die Sch. die große Summe am Körper und unter diesen Kleidungsstücken trug. Von diesem Gelde wußte selbst die Mutter der Sch. nichts.«

Eine neue Spur? Beauftragten Besatzungsoffiziere Margitta Schmidt, für sie in Westberlin einzukaufen? Ersatzteile für russische Technik? Genusswaren, Schnaps, Kakaopulver, Feuerzeuge?
Aussagen von Angehörigen der Besatzungsmacht, Aussagen von Oberstleutnant Andrejew und Oberleutnant Wolodja sind der Akte Margitta Schmidt nicht beigefügt. Auch zu den Er-

mittlungen der SKK findet sich keine Notiz. Waren VP-Oberrat Staßfurt diese Ermittlungen untersagt? Haben die Angehörigen der sowjetischen Truppen die Zusammenarbeit mit der deutschen Polizei verweigert? Haben sie den Mörder in den eigenen Reihen gedeckt? Diese Vermutung liegt nah. Es bleibt bei der Vermutung: die Akte birgt keine Antwort.

Der Mörder Margitta Schmidts wurde seiner Tat nie überführt.

Kind im Schutt

Wiederitzsch 1961 – Mordfall Rüdiger Hölzig

Es ist Juni, es ist Samstag, und die Schule ist aus. Wochenende. Die Kinder von Wiederitzsch genießen Sonne und Freizeit. Auch der 14jährige Heinz Wollner ist unterwegs mit den Kumpels. »Gegen 17.45 begaben wir uns alle in Richtung ›Affeninsel‹, so nennen wir einen kleinen Berg, der sich in der Nähe des Kornfeldes befindet. Dort ist schon ein kleiner Trampelpfad, denn er wird von vielen Arbeitern des Holzveredelungswerkes (HVW) benutzt. Als wir den Pfad entlanggingen, sah ich und die anderen Jungens auf dem Erdboden einen Blutfleck in Größe 30 x 30 cm. Das Blut war noch frisch und noch nicht angetrocknet. Daneben lag ein großer Stein, etwas größer wie der Blutfleck. An dem Stein erkannte ich den Abdruck von vier menschlichen Fingern. Der Stein selbst war ebenfalls mit Blut verschmiert. Ich konnte deutlich die Fingerabdrücke im Blut auf dem Stein erkennen. Die anderen Jungens haben es ebenfalls gesehen. Wir liefen den Pfad weiter in Richtung HVW und fanden an einem Strohhalm und auf dem Erdboden wiederum Blutflecken. Es waren einzelne Blutspritzer, die ungefähr 8–10 mtr. von dem Stein entfernt waren. Wir standen erstmal und wußten nicht, was wir machen sollten. Wir begaben uns ca. 2 mtr. zurück, wo ebenfalls ein kleiner Pfad in das Kornfeld führte. Dort war ein kleiner freier niedergetretener Platz im Felde, wo sich ebenfalls Blutflecken befanden. Der Hartmut Brenner hatte plötzlich einen Schuh in der Hand. Wir hatten keine Ahnung, wem der Schuh gehören könnte. Es war ein brauner Kinderhalbschuh, an dessen Sohle ebenfalls Blutflecken waren. Wir nahmen diesen Schuh und begaben uns sofort in die Gemeinde, um die VP zu verständigen. In der Gemeinde trafen wir aber niemanden an und gingen zur Sparkasse, dort trafen wir aber auch niemanden. Uns wurde aber durch einen Mann gesagt, daß wir zu dem ABV Hermann gehen sollten, der war aber selbst nicht zu Hause, und wir begaben uns deshalb nach Hause. Der Hartmut Brenner hat dann den Schuh mit in unser Haus genommen, wo er ihn in der Waschküche abgelegt hat.«

Den Polizeiposten im Leipziger Vorort Wiederitzsch hatten die Staatsorgane kaum ein halbes Jahr vordem geschlossen: Keine Notwendigkeit.

Auch bei Familie Hölzig ist dieser Samstagnachmittag, der 3. Juni 1961, nicht außergewöhnlich. Die vier Söhne sind in Kindergarten und Schule. Der achtjährige Rüdiger besucht die Klasse 2 b der POS. Sonnabend war bis Mittag Unterricht. Vielleicht hörte Rüdiger im Musikunterricht Prokowjews »Peter und der Wolf« oder das Lied »Unsre Heimat sind nicht nur die Städte und Dörfer.« Worte: Herbert Keller, Musik: Hans Naumilkat. Vielleicht las die Klasse 2 b im Deutschunterricht das Märchen vom dicken, fetten Pfannkuchen, der – kantipper, kantapper – vorm Gefressenwerden davonrannte und rannte. Oder die Lehrerin sprach belehrend von den Tieren, die des Schutzes bedürfen. Zeugnisausgabe und Ferien begannen keinen Monat später. Die Schüler in Wiederitzsch verbrachten Stunden ihrer Freizeit außer Haus und waren nicht beengt wie Kinder der nahen Großstadt. Schlagt euer Lesebuch auf auf Seite dreißig, hätte sie sagen können, Rüdiger liest laut. »Quält die Tiere nicht« von Johanna Kraeger:

> »Igel tut man nicht in Taschen,
> sie soll'n lieber Mäuse naschen,
> auch auf Feldern die Insekten,
> die sonst Halm und Blatt bedeckten.
>
> Laßt die Vögel schön im Neste,
> denn das Futter ist das beste,
> das sie von der Mutter kriegen,
> und – wer lernt im Bauer fliegen?

Werft die Katzen nicht mit Steinen,
reißt die Fliegen nicht an Beinen,
quält die Tiere nicht mit Scherzen,
denn auch sie empfinden Schmerzen!«[8]

Vielleicht hat man von den Hühnern und Feldmäusen, dem Wellensittich und dem Hausschwein gesprochen, den Erfahrungen der Kinder gemäß; mancher hielt in Wieperitzscher Haus und Garten Nutztiere wie auf Bauernhöfen. Vielleicht aber schrieb die Mathelehrerin auch eine Klassenarbeit. Und im Werken mußte das Buntpapier genau auf Linie geschnitten werden, was Rüdiger schwerfiel. Und er hat wie die anderen überlegt, was er wohl am Nachmittag tut: Fußballspielen und Verstecker, Exkursion, ein Streifzug durch die Gegend? Mittags war die Schule aus. Das Wochenende begann, Hausaufgaben konnten warten. In die Ecke den Ranzen! Raus! Anderthalb Tage nicht an die Schule gedacht.

Die vier Jungen Hölzig spielen im Ort und der Umgegend. 17 Uhr sollten sie daheim sein, denn samstags am Abend wurde gebadet. Jede Woche, das wissen die Brüder Torsten und Rüdiger, Manfred und Jens. Extra dafür wird literweise Wasser auf dem Ofen gekocht. Extra wird die Wanne in die Küche gestellt. Einer nach dem anderen darf für Minuten im Badewasser weichen. Das ist wöchentlich ein Vergnügen. Die Wanne wartet zu Hause und die Oma und die große Schwester Juliane. Aber erst nachmittags fünf.

Mutter Irene Hölzig muß sich derzeit einer Operation unterziehen, sie liegt im Schkeuditzer Krankenhaus. Ihr Gesundheitszustand ist nicht stabil. Der Vater Erich besucht sie an jenem Nachmittag des 3. Juni mit seiner Mutter, der Erfurter Omi. Die ist gekommen, um den Jüngsten, Jens, mit nach Erfurt zu nehmen. Das entlastet die Familie ohne Mutter. Bei den Arbeiten im Haushalt hilft in diesen Tagen die Wieperitzscher Oma, Elsa Gablenz, und auch Julianes Verlobter Klaus Wolski.

»Am vergangenen Samstag bin ich kurz vor 12.30 Uhr zusammen mit meiner Braut von der Arbeit kommend zu Haus eingetroffen«, sagt Klaus Wolski, »beim Eintreffen in der Wohnung befanden sich die Kinder nicht dort, sondern sie befanden sich alle vier im Hofe und spielten. Ihre Schultaschen hatten sie, da sie keine Schlüssel zur Wohnung haben und die Oma nicht da war, vor der Wohnungstür abgestellt. Etwa nach 30 Minuten nach unserem Kommen erschien auch die Oma. Ich habe dann in der Wohnung die Hausarbeiten verrichtet und meine Braut ging einkaufen. Ich weiß nicht genau, wann es war, es waren aber der Torsten und noch ein Kind zweimal in der Wohnung und holten sich etwas zum essen und sind dann wieder in den Hof gegangen. Rüdiger war auch mal mit oben und hat in der Wohnung etwas gegessen und hat dann den Ascheeimer mitgenommen und schaffte ihn runter in die Aschegrube. Beim Verlassen der Wohnung sagte Rüdiger noch, daß er den Eimer nicht sofort wieder hochbringt, sondern erst dann, wenn er erneut hoch käme. Dies kann etwa gegen 15.00 Uhr gewesen sein.

Nachdem ich die Wohnung soweit mit gereinigt hatte, bin ich in den Garten gegangen. Ich kann nicht mehr sagen, wann es zeitmäßig war, aber kurze Zeit vorher kam eine Tante, die Schwester der Oma, Minna Gablenz. Ich bin dann mit dem Rad in den Garten gefahren, um dort Rettiche zu holen. Ich habe mich etwa eine Stunde im Garten aufgehalten und bin unter Mitnahme von Radieschen, Rettichen, Blumen und Petersilie wieder nach Hause gefahren. Ich kann mich nicht genau festlegen, mir ist es aber, als haben sich die Kinder bei meinem Weggang bzw. Wegfahrt im Hofe befunden. Alle sind es, aber glaube ich, nicht gewesen.

Jetzt fällt es mir ein: Ich bin, bevor ich weggefahren bin, erst noch im Keller gewesen und habe Holz hochgeholt, um damit das Badewasser erwärmen zu können. Da ich den Arm voller Holz hatte, habe ich gerufen, damit eines der Kinder die Kellertür verschließen solle ... Am Abend, als das Gespräch auf den fehlenden Rüdiger kam, sagte mir Torsten, daß Rüdiger schon nicht mehr anwesend war, als ich im Keller war. Nachdem ich aus dem Garten zurück war, war Tante Minna auch noch da, und diese hat verschiedenes Frischgemüse mitgenommen.

Kurze Zeit danach wurden die Kinder durch meine Braut oder die Oma hochgerufen, damit sie gebadet werden sollten. Torsten wurde gefragt, wo sich der Rüdiger befände, weil er nicht mit in der Wohnung erschienen war. Torsten sagte, er sei auf den Sportplatz gegangen ... U. a. erzählte Torsten, daß er mit einem gewissen Naumann, Bohl, Martin oder Martini und dem Rüdiger in einem alten Garten war, wo sie sich Kirschen holen wollten. Dort wurden sie von einem Herrn gesehen, und er schimpfte auf sie, und alle sind ausgerissen. Dieses hat auch eine Frau gesehen, die ebenfalls dort einen Garten besitzt. An der Stelle, wo die Kinder eingedrungen sind, ist nur Naumann herausgekommen, und wo die anderen Kinder hin sind, war dem Torsten nicht bekannt. Torsten selbst war nicht mit im Garten, sondern will haußengestanden haben, um aufzupassen, wenn jemand kommt.

Nachdem habe ich mein Rad genommen und fuhr zum Sportplatz. Dies ist kurz vor 18.30 Uhr gewesen, denn ich fuhr am Rathaus vorbei und habe dort auf die Uhr gesehen. Ich selbst besitze keine Uhr. Ich fuhr die Straße der DSF bis zur Karl-Liebknecht-Str. und dann die Asphaltstraße bis zum Sportplatz, und da ich dort den Rüdiger unter den spielenden Kindern nicht sah, bin ich umgekehrt und fuhr die anderen Seitenstraßen, welche zur Karl-Marx- und Apitzstraße führen, durch ... Ich bin dann die benannten Straßen durchgefahren bis nach Hause. Am Hause angekommen, habe ich unten geklingelt und gefragt, ob Rüdiger da sei. Meine Braut guckte nicht am Fenster, sondern kam herunter und sagte mir, daß Rüdiger noch nicht da sei und daß sie vom Torsten das mit den Kirschen erfahren habe. Daraufhin bin ich zu dem besagten Garten und der nächsten Umgebung gefahren und habe dort nach Rüdiger gesucht. Dieses aus dem Grunde, weil ich annahm, er ist irgendwie eingesperrt worden, und dieses eventuell durch den Mann, der geschimpft hatte. Ich wußte ja noch nicht, wer es war, dieser Mann ...

In der Karl-Liebknecht-Str. traf ich ein mir unbekanntes Kind und fragte es, ob es den Rüdiger Hölzig kenne und ob es ihn gesehen habe. Dieser Junge, den Namen kenne ich nicht, sagte mir, daß er den Rüdiger nicht gesehen habe. Vordem hatte ich schon zwei andere Kinder erfolglos angesprochen, weil sie den Rüdiger nicht kannten ... Dann bin ich wieder nach Hause gefahren. In dieser Zwischenzeit war der Herr Hölzig mit der Oma aus Erfurt gekommen, und Rüdiger hatte sich noch nicht eingefunden. Wie spät es zu dieser Zeit war, weiß ich nicht.

Meine Braut fragte mich, ob ich schon am Dorfteich und der Bahn gesucht hätte, und die im Grundstück wohnhafte Frau Temmel sagte noch, daß die Kinder auch viel auf dem Hundeabrichtplatz gewesen sind. Daraufhin fuhr ich zum Dorfteich und zum Hundeabrichtplatz ... Auf der Rückfahrt bin ich durch das alte Dorf gefahren und kann jetzt nicht sagen, was es für Straßen sind, da ich sie so nicht kenne. Ich bin wieder zum Wohnhaus gefahren, und meine Braut rief mich hoch, um zu essen. Ich bin hochgegangen, und oben berieten wir, was weiter werden soll. Ich fuhr nachdem nochmals los und bin nochmals zum Sportplatz, bin dann die Karl-Liebknecht-Str. bis zur Prof.-Dr.-Koch-Str. in die benannte Straße eingebogen und an die Wohnung der Frau Gablenz, Minna gegangen. Da wir annahmen, Rüdiger hätte es mit der Angst zu tun bekommen und hätte sich eventuell bei der Tante Minna aufgehalten. So habe ich diese befragt, und sie konnte mir auch keine Mitteilung geben.

Auf der Rückfahrt dann traf ich meinen zukünftigen Schwiegervater an der Telefonzelle der Gemeinde, dies muß kurz nach 20.45 Uhr gewesen sein, denn die Minna Gablenz sagte mir vordem die Zeit, und er ließ sich mein Rad geben und wollte nochmals auf die Suche. Auf der Straße traf ich dann meine Braut, und sie wollte zur Polizei gehen. Ich sagte ihr aber, daß es keinen Zweck habe, da niemand da ist, und da sind wir zum Naumann in die Wohnung, um uns mit ihm zu unterhalten. Mit dem kleinen Naumann konnten wir nicht sprechen, da er schon im Bett liegt. Durch einen jungen Mann, den ich nicht kenne, wurde bekannt, daß dieser Naumann seit 15.30 Uhr nicht wieder mit den Kindern zusammen war, sondern sich mit einem Familienangehörigen in einer Imbissstätte befunden haben soll. Bis wann er sich dort aufgehalten hat weiß ich nicht. Wir waren gerade im Begriff wieder zu gehen, wurden aber zurückgerufen. Wir konnten dann von der Treppe auch hören, wie die Mutter den Naumann nach Rüdiger fragte, und im schlaftrunkenen Zustand sagte das Kind, daß der Rüdiger mit dem Torsten zur Straßenbahn gegangen sei. Dieses müßte nach der Kirschensache gewesen sein. Zeiten gab das Kind nicht an.

Abschließend sind wir wieder nach Hause, und da trafen wir die Oma auf der Straße ... Die Oma sagte, daß Herr Temmel mit dem Torsten zum Garten fahren wollte. Ich verwarf diesen Vorschlag, weil Torsten weinte und von der Oma immer eingeredet bekam, daß er den Rüdiger mitbringen hätte müssen. Da ich nun wußte, wo der Garten war, habe ich veranlaßt, daß Torsten zu Hause bleibt, und bin selbst mit Herrn Temmel nochmals zu dem Garten gefahren. Es war auch Herr Hölzig, meine Braut und Frau Temmel mit. Bevor wir aber weggefahren waren, haben wir die Volkspolizei telefonisch vom Sachverhalt in Kenntnis gesetzt. Im Garten haben wir nochmals alles abgesucht. Die Frauen blieben im Auto, und ich bin in den Garten eingestiegen. Hölzig und Temmel blieben vor der Gartentür. Zu dieser Zeit hatte der Regen schon begonnen. Dann sind wir wieder zur Wache gefahren ... und sprachen ab, was zu tun sei. Herr Hölzig und Herr Temmel fuhren dann zum VPKA Leipzig. Ich bin dann mit meiner Braut in unsere Wohnung gegangen. Meine Braut machte den Vorschlag, nochmals zur Bahn zu gehen, und zu dieser Zeit war das starke Gewitter, und wir sind nach dort gegangen. Anschließend sind wir in die Wohnung und warteten auf die Rückkehr von Hölzig und Temmel.«

»Am 3. 6. 61 gegen 23.20 Uhr erschien beim KND (Kriminalnotdienst) der Vater des vermißten Kindes Hölzig, Wolfgang, geb. 29. 12. 1929 in Weißenfels, wohnhaft in Wiederitzsch, Straße der DSF Nr. 40, und gab an, daß sein Sohn seit dem Nachmittag aus dem Elternhaus abgängig ist. Es handelt sich hier um das Kind Hölzig, Rüdiger, geb 19. 12. 1952 in Leipzig, wohnhaft ebd.

Beschreibung: ca. 1,10-1,15 m groß, kräftige Gestalt, volles Gesicht, hellblondes Haar. Trägt rotkariertes Hemd, kurze blaue Hose, grüne Kniestrümpfe, braune Halbschuhe. Hölzig, Rüdiger wurde am 3. 6. 61 gegen 17.00 Uhr auf dem Sportstadion in Wiederitzsch gesehen. Der Vater des Kindes wurde für Montag, den 5. 6. 61, zur Vermißtenstelle Zi. 351 bestellt. Rundspruch wurde abgesetzt.«

Eine nächste Notiz ist die tel. Mitteilung des mit Hölzigs im Mietshaus wohnenden Wolfgang Temmel am Tage darauf: Es ist Sonntag, der 4. 6. 1961: »Kollege Temmel teilt gegen 11.00 Uhr mit, daß der vermißte Rüdiger Hölzig bis jetzt noch nicht wieder nach Hause gekommen ist.«

Julianes Verlobter Klaus Wolski: »Am Sonntag gegen 09.30 Uhr wurde die Suche erneut aufgenommen. Wir fuhren als erstes nochmals in den Garten und suchten wieder ab. Da waren Herr Temmel und ich allein. Torsten war auch noch mit. Durch zwei hinzukommende Männer erfuhren wir, wer geschimpft hatte am Tage zuvor, und dadurch wurde uns auch der Herr bekannt, der die Kinder beim Kirschenklauen erwischte. Nachdem wir den Garten verlassen hatten, haben wir den Naumann und Bohl aufgesucht. Wen zuerst, weiß ich jetzt nicht.

Durch den Bohl erfuhren wir dann, daß Rüdiger mit ihm auf dem Sportplatze war, und er mit ihm bis zur Georg-Schumann-, Ecke Karl-Marx-Straße gegangen ist. Dort haben sie sich getrennt, und jeder sei seiner Wege gegangen. Dies soll gegen 17.15 Uhr gewesen sein. Ob Bohl eine Uhr mithatte, weiß ich nicht. Rüdiger hat auch keine Uhr, und ich kann nicht mal sagen, ob er überhaupt die Uhrzeit lesen kann. Wir sind dann wieder in den Betrieb und trafen dort Herrn Hölzig, welcher zuvor die Erfurter Oma und den Jens zum Bahnhof gebracht hatte.

Durch meine Braut wurde ich gebeten, mit zum Kornfeld zu kommen. Ich ging mit, und meine Braut sagte, ich solle mal das Getreide durchsuchen. Sie blieb haußen, und ich ging rein. Ich bin alle Gänge abgelaufen und auch quer durch das Getreide gelaufen. Ich kam an den Gärten raus und bin dann zurück zu meiner Braut. Dort traf ich ... den bei uns im Hause wohnhaften Sohn der Temmels, Peter Temmel, und er sagte mir, daß man einen Schuh gefunden habe. Wer ihn gefunden hätte, sagte er nicht, Ich bin zu der bezeichneten Stelle gelaufen und traf dort Temmel und Hölzig an, und sie sagten mir, daß ein Schuh gefunden worden sei, eine Blutlache und eine Schleifspur ins Getreide. Daraufhin sind wir sofort zum VPKA gefahren und haben dieses mitgeteilt.«

»Am heutigen Tage gegen 11.30 Uhr erscheint der Kindesvater Erich Hölzig in Begleitung seines Kollegen Wolfgang Temmel und eines Bekannten (Klaus Wolski, Str. der DSF Nr. 40) und teilt folgendes mit:

Er habe gestern noch alles mögliche unternommen und unter anderem auch die in der Nähe wohnhaften Pioniere in Bewegung gesetzt. Heute vormittag wurde ihm von dem Pionier Gebhardt mitgeteilt, daß der Pionier Brenner an einem Getreidefeld einen hellbraunen Lederhalbschuh gefunden habe. Der Hölzig begab sich deshalb zu dem Brenner und und nahm einen Halbschuh in Empfang, den er als seinem vermißten Sohn gehörig erkannte. Daraufhin wurde der Fundort aufgesucht, der sich etwa 100 m von der Seehausener Str. entfernt liegt und ein großes Getreidefeld ist. Dort wurde an der von den Pionieren bezeichneten Stelle ein Blutfleck von etwa 8 cm Durchmesser sowie eine Einstichöffnung in den Erdboden festgestellt. Weiterhin ging von dem besagten Fundort aus eine Art Schleifspur in das Getreidefeld, als wenn jemand dort entlang gezogen worden sei. Die Spur wurde jedoch nicht weiter verfolgt, da der Kindesvater ein Verbrechen vermutete. Einige Pioniere sowie ein Jugendlicher wurden beauftragt, keine weiteren Personen an die besagte Stelle zu lassen ... Von diesem Zeitpunkt an übernahm die Volkspolizei die weitere Suchaktion.«

»Das sind die Gesetze der Jungen Pioniere
Junge Pioniere achten den Menschen.
Junge Pioniere lieben ihre Heimat.
Junge Pioniere sind Freunde der Sowjetunion.
Junge Pioniere halten Freundschaft mit anderen Völkern.
Junge Pioniere achten ihre Eltern.
Junge Pioniere lieben die Wahrheit.
Junge Pioniere lernen gut.
Junge Pioniere helfen überall mit.
Junge Pioniere sind zuverlässig.
Junge Pioniere halten ihren Körper sauber und gesund.
Junge Pioniere schützen die Natur.
Junge Pioniere sind einander Freund.
Junge Pioniere halten ihr blaues Halstuch in Ehren.«
Unser Lesebuch, Zweite Klasse, Seite 34

Rüdiger Hölzig ist verschwunden! Es hat sich in Wideritzsch schnell herumgesprochen. Schulkameraden, andere Pioniere und Jugendliche überlegen, wann und wo sie Rüdiger letztmalig sahen. Es ist unerklärlich, wo der Achtjährige bleibt. Einfach nicht nach Hause gekommen ist er noch nie, sagen Verwandte. Noch möchte keiner an Schlimmstes denken. Freunde, Nachbarn und Einwohner helfen, suchen und fühlen mit Vater Hölzig und seiner Familie. Man kennt einander. Wiederitzsch ist nicht groß.

Die Polizei arbeitet nach festgelegtem Ablaufplan. Routine allerdings läßt dieser Fall auch bei den Ermittlern nicht zu.

»Maßnahmen zum Verschwinden des Hölzig, Rüdiger

- Anrufe beim K-Leiter und U-Leiter erfolglos, es meldet sich niemand. Der Stellv. K-Leiter wird über Vorkommnis und Meinung des Unterzeichneten telef. informiert. Er gibt bekannt, daß er sofort zur Dienststelle kommt.
- Op-Stab wird in Kenntnis gesetzt und ersucht FStW zum Stellv. K-Leiter und Diensthabenden der KT zu schicken, um sie umgehend zur Dienststelle zu holen. Weiterhin soll das Schnellkommando zwecks Einweisung für späteren Einsatz zur Tatortsicherung umgehd. zum VPKA kommen.
- Die Leipziger Wollkämmerei wird ersucht, den Hundeführer des VPKA Oschatz – Fährtenhundeführer – an das Telefon zu holen. Dieser teilt mit, daß er zu Sportzwecken in Leipzig weilt und sein Diensthund in Oschatz ist und von dort erst geholt werden müßte. (Der Dienststellenleiter sei mit dieser Regelung einverstanden gewesen.)
- Die beiden Fährtenhundeführer des VPKA konnten nicht erreicht werden.
- Stellv. K-Leiter wird telefonisch über bisherige Maßnahmen verständigt.
- VPKA Oschatz wird telef. aufgefordert, sofort Pkw mit Fährtenhund zum VPKA Leipzig in Marsch zu setzen.
- Stellv. K-Leiter erscheint, wird nochmals mündlich über die Lage informiert. Übernimmt Leitung des Einsatzes. Begibt sich mit SK (1/10) und einem FStW, sowie einem Genossen

des KDD zum Tatort. Weitere Verbindung wird per Funk über Op-Stab aufrecht erhalten.

· BdVP Abtl. K wird in Kenntnis gesetzt.
· Der erste Fährtenhundeführer erscheint, hat den zweiten Gen. verständigt, der kurz darauf ebenfalls erscheint, und die nun zum Einsatzort fahren.
· VPKA Oschatz wird angemahnt, Fahrzeug ist bereits unterwegs. Trifft gegen 13.25 Uhr ein und wird zum Einsatzort gesandt.«

»Durch den Op-Stab wird bekannt: Einsatzkräfte des Schnellkommandos sowie FStW und Fährtenhunde am Einsatzort eingetroffen. Gelände (Getreidefeld und Gartenanlagen) werden abgekämmt. Der Leiter des Op-Stabes setzt sich mit der Bereitschaft Essener Str. über BdVP in Verbindung, wo ebenfalls eine Kompanie zur Abkämmung des Geländes angefordert wurde.

Sämtliche Krankenhäuser der Stadt – sowie des Landkreises wurden abgefragt, ob der H. oder evtl. ein unbekannter Junge eingeliefert wurde. Ergebnis verlief negativ. Durch Op-Stab VPKA Delitzsch, mit welchem ebenfalls Verbindung aufgenommen wurde, wurde gleiches ebenfalls ohne Ergebnis durchgeführt.

Auf Anforderung des Op-Stabes wurde die MUK zum Einsatzort beordert. Der Diensthabende teilt mit, daß auf Anweisung des Chefs der BdVP der K-Leiter und der BdVP Major d. VP Himmelreich zum Einsatzort fuhr. Bis 17.00 Uhr verliefen alle durchgeführten Maßnahmen ohne Erfolg. 17.45 Uhr kam die Kompanie der Bereitschaft im Einsatzort zum Einsatz.

Der Diensthabende des Revier West wurde angewiesen, ein Zimmer sehr stark zu heizen, um dort nach Beendigung des Einsatzes alle Gen. des Skdo. unterzubringen. Ein FStW wird die entsprechenden Decken nach dort mitbringen. Inwieweit eventuell noch Maßnahmen eingeleitet werden müssen, um eine zweite Uniform für die Einsatzkräfte zu holen, wird nach Beendigung des Einsatzes geklärt. Kaffee wird ebenfalls durch das Revier West bereitgestellt.«

»Betr.: Bearbeitung eines vermißten Kindes, wo Verbrechensverdacht besteht. 4. 6. 61

Der unterz. Sachbearbeiter setzte sich mit dem eingesetzten Schnellkommando gegen 12.20 Uhr in Marsch, wo sie gegen 12.35 Uhr eintrafen. Der Vater des Kindes war hierbei zugegen und gab die notwendige Unterstützung bei der anschließenden Untersuchung.

Der Leiter des Op-Stabes leitete hierbei die Untersuchungen in Verbindung mit dem im Anschluß eingetroffenen Gen. von der KT, wo der Fährtenhund eingesetzt wurde.

Der Fundort des Schuhs ist hierbei das Kornfeld in Wiederitzsch an der Seehausener Straße gegenüber dem VEB Holzveredelungswerke gelegen. Am Fundort wurde der Zeuge (Finder des Kinderschuh) angetroffen, es handelt sich um das Kind Brenner, Hartmut. Dieser machte folgende Ausführungen dazu: Am gestrigen Tage, dem 3. 6. 61, hat er im Gelände des Kornfeldes am Seehausener Weg oder Straße in Wiederitzsch gespielt. Dabei hat er auch einen Trampelpfad betreten und diesen Kinderschuh des Vermißten Rüdiger Hölzig gefunden. Er hat ihn mit nach Hause genommen, und erst am nächsten Tag erhielt der Vater des vermißten Kindes Kenntnis von dem Schuh, wo dieser ihn als den von Rüdiger wiedererkannte. Darauf erfolgte auch die erneute Meldung beim Kriminaldienst durch den Vater.

Der Einsatz des unterzeichneten Sachbearbeiters mit dem Schnellkommando durch Absuchen des Kornfeldes und der gegenüberliegenden Gärten an der Karl-Marx-Straße verlief ohne Erfolg. Hierbei wurden Schuppen, Lauben, Dunggruben und andere Schleuseneinrichtungen überprüft, da gegebenenfalls ein Unglücksfall vorliegen konnte.

Der Fährtenhundeinsatz verlief ebenfalls ohne Erfolg, da durch die Kinder am Fundort und dessen Umgebung innerhalb des Kornfeldes weitere Spuren verursacht wurden, durch zusätzliche Trampelpfade.

An einer erhöhten Stelle inmitten des Kornfeldes, wo sich ein Holzschuppen befindet, wurde in unmittelbarer Nähe ein mittlerer Feldstein im Gras gefunden, der erhebliche Blutspuren aufzeigt. Im Gras selbst sind auch noch gute Blutspurenträger sichtbar, die gesichert werden konnten. Am Abend zuvor soll nach den Ausführungen des Zeugen Brenner eine größere Blutlache sich dort befunden haben, die durchaus durch den Regen über Nacht verwaschen worden ist.

Ein weiterer Zeuge wurde ermittelt, es handelt sich hierbei um den Oberschüler Bohl, Volker. Dieser ist am Tage zuvor, den 3. 6. 61, in den Nachmittagsstunden mit dem Vermißten auf dem Sportplatz in Wiederitzsch gewesen. Mit diesem hat er auch am selben Tag gegen 17.00 Uhr den Heimweg angetreten, wo sie sich gegen 17.15 Uhr an der Karl-Marx-Str. / Ecke Georg-Schumann-Str. trennten. Er will sich nicht mehr entsinnen können, in was für eine Richtung sich der Vermißte begeben hat. Selbst ist er am Zaun längs des Getreidefeldes entlang gelaufen, um unten im Ort in Wiederitzsch an der Gastätte ›Erholung‹ noch eine Portion Eis zu essen. Der Vermißte soll vor seinem Weggang noch zu ihm gesagt haben, daß seine Eltern auf ihn warten, da das Badewasser um die Zeit fertig wäre.

Einem Verdachtshinweis einer Bürgerin gegen 15.00 Uhr in Wiederitzsch an der Seehausener Straße wurde stattgegeben, die gehört haben will, daß eine Frau Krug, Elisabeth, Schreie in der Nacht gegen 1.30 Uhr gehört haben will. Diese wurde befragt und dabei festgestellt, daß sich vermutlich zwei angetrunkene männliche Personen auf dem Fußweg vor dem Haus gezankt hätten. Bei den gehörten Schreien hat es sich nicht um Hilfeschreie gehandelt. Dieser Hinweis kann als erledigt angesehen werden.

Bei dem gefundenen Kinderschuh handelt es sich um einen braunen Kunstlederhalbschuh, Größe 26 – 28.

Gegen 14.45 Uhr erschien die MUK der BDVP. Gegen 16.00 Uhr erschien der K-Leiter der BDVP Gen. Oberstltn. Himmelreich in Wiederitzsch. Von diesem wurde angewiesen, die VP-Bereitschaft (Essener Straße) mit zwei Zügen einschließlich dem Schnellkommando durch ein genaues Durchkämmen des Getreidefeldes einzusetzen. Der Einsatz derselben erfolgte gegen 17.35 Uhr bei strömendem Gewitterregen. Hierbei wurde ein weiterer Schuh des vermißten Kindes im Korn gefunden, zuzüglich ein grüner Strumpf, der vollkommen durchnäßt war. Die Suchaktion mit den angeführten Kräften wurde dann gegen 19.30 Uhr in Wiederitzsch beendet.

Von KT wurden die beiden gefundenen Schuhe des vermißten Kindes sowie der Strumpf mitgenommen. Der mittlere Feldstein sowie Gras mit Blut und Spurenträger ebenfalls von KT sichergestellt.

Nach dem Abschluß der Untersuchungen wurde im Anschluß bei dem Kriminaldienst eine Spitzenmeldung an die BDVP in Leipzig, Abt. K, abgesetzt. Der Fundort wurde skizziert.«

»Nach Prüfung der vorliegenden Unterlagen wird am 4. 6. 61 ein Ermittlungsverfahren gemäß StPO eingeleitet zur Klärung eines Sachverhaltes.

Begründung: Seit dem 3. 6. 61, gegen 17.15 Uhr wird der achtjährige Schüler Rüdiger Hölzig aus Wiederitzsch, Straße der DSF 40 vermißt. Am gleichen Tage gegen 18.00 Uhr wurde im Kornfeld nördlich der Seehausener Straße ein Schuh des Vermißten gefunden und Blutspuren an einem Stein sowie im Gras und am Getreide festgestellt. Bei einer Suchaktion der VP wurde am 4. 6. 61 im gleichen Kornfeld der 2. Schuh und ein Strumpf des Vermißten aufgefunden. Auf Grund dieses Sachverhaltes besteht der dringende Verdacht einer strafbaren Handlung. Bearbeitung der Vermißtensache erfolgt durch die MUK der BDVP Leipzig.«

Alle sofort eingeleiteten Maßnahmen bleiben erfolglos. Nicht nur bei den Familien der Ermittler wird das Verschwinden Rüdigers Gesprächsstoff gewesen sein. Mitgefühl mit den Hölzigs wird man haben, jedoch vermeiden, darüber nachzudenken, wie sich die Hölzigs wirklich fühlen. Helfen kann keiner der Unbeteiligten. Die Polizei tut Mögliches.

Wie schaut man Vater und Geschwistern Hölzig in die Augen? Begegnen wird man ihnen im Ort, auf der Arbeit. Findet man Worte oder schleicht sich abgewandten Gesichtes vorbei? Ein Schulterklopfen: Wird schon! Der Rüdiger ist doch ein aufgewecktes Kind, weiß sich zu helfen. Wie sprechen die Lehrer am nächsten Morgen darüber, daß der Platz Rüdigers in der Klasse

2 b der Wiederitzscher POS leer ist? Vielleicht auch leer bleibt? Gedanken kann keiner hindern.

Am Montag wird Erich Hölzig, der Vater des Vermißten, gebeten, die Familienverhältnisse und den Verlauf des Samstags zu schildern: »Ich bin seit dem 2. 6. 1951 mit der Irene, geborene Braun, verw. Liebscher verheiratet. Der Ehemann, also der erste Ehemann, meiner Frau ist im zweiten Weltkrieg gefallen. Aus unserer Ehe sind insgesamt vier Kinder hervorgegangen. Es handelt sich hierbei um

Torsten Hölzig, geb. 26. 11. 1951
Rüdiger Hölzig, 29. 12. 1952
Manfred Hölzig, geb. 10. 5. 1954
Jens Hölzig, 8. 3. 1956
Aus erster Ehe meiner Frau stammt noch die
Juliane Liebscher, geb. 9. 2. 1942.

Alle diese benannten Kinder wohnen in meinem Haushalt. Weiterhin befindet sich in meinem Haushalt noch der Verlobte meiner Stieftochter Klaus Wolski.

Meine Ehefrau befindet sich zur Zeit im Krankenhaus Schkeuditz b. Lpg., wo sie wegen einer Operation in stationärer Behandlung seit 9. 5. 1961 einliegt. Seit sich meine Frau im Krankenhaus befindet, habe ich meine Schwiegermutter, die Elsa Gablenz, mit in der Wohnung, meine Schwiegermutter wohnt, wie ich schon angegeben habe, sonst in der Karl-Marx-Str. und ist nur für die Zeit des Krankenhausaufenthaltes meiner Frau bei mir wohnhaft.

Mein Kind Rüdiger Hölzig wurde in meiner Wohnung von meiner Frau entbunden, also hat in keiner Klinik gelegen. Das Kind entwickelte sich normal und mußte noch in keinem Krankenhaus untergebracht werden. Mein Sohn hat, außer Erkältungskrankheiten und den üblichen Kinderkrankheiten, keine ernstlichen Krankheiten gehabt. Die Behandlung in solchen Fällen wurde immer durch Dr. med. Buhse aus Wiederitzsch vorgenommen, welcher gleichfalls verantwortlicher Arzt für Schule, Hort und Kindergarten ist. Auch meine anderen Kinder werden von diesem Arzte betreut. Auf die Frage, ob mir bekannt ist, was mein Junge für eine Blutgruppe hat oder ob dieses durch einen Arzt festgestellt worden sein könnte, muß ich sagen, daß ich dessen Blutgruppe nicht weiß, und ob es ärztlicherseits irgendwie verankert ist, weiß ich nicht.

Die Entwicklung meines Sohnes ist, wie ich schon angegeben habe, ganz normal verlaufen, und ich hatte weder in geistiger noch in anderer Hinsicht mit ihm irgendwelche Schwierigkeiten. Rüdiger besucht zur Zeit die Politechn. Oberschule in Wiederitzsch und ist in der Klasse 2 b bei dem Klassenleiter Frau Gabriel. Auch seitens der Schule sind mir über den Jungen keinerlei Schwierigkeiten bekannt. Soweit ich überblicken kann, kommt er mit den schulischen Leistungen nach und beherrscht auch den gebotenen Stoff. Die Lieblingsbeschäftigung meines Sohnes kenne ich nicht. Er befaßt sich mit allerlei Dingen entsprechend seines Alters. Besonders ist ihm anzurechnen, daß er sehr hilfsbereit ist. Dies kommt nicht nur im Verwandten- und Bekanntenkreis zum Ausdruck, sondern auch gegenüber fremden Personen. Es ist mehrmals vorgekommen, daß er alten Leuten, besonders Frauen, die Einkaufstaschen nach Hause getragen hat. Dies aber nur zwischenzeitlich, so daß er pünktlich zu Hause war. Ich will also dazu sagen, daß er nie dadurch zu spät nach Hause gekommen ist oder gar gelogen habe, daß er jemandem geholfen habe, und nur dadurch sein Zuspätkommen entschuldigen wollte.« Weiter könne er über die Vorgeschichte seines Sohnes nichts sagen.

»Ich werde nun die Angelegenheit vom vergangenen Samstag schildern. Mein Sohn wurde morgens gegen 6.00 Uhr durch meine Schwiegermutter geweckt. Wurde anschließend versorgt und begab sich in die Schule. In der Schule ist er bis gegen Mittag gewesen. Hierzu ist aber zu sagen, daß mein Junge vor Schulbeginn, sie beginnt um 7.45 Uhr, und danach in den Hort geht. Er ist also nach Schulende wieder in den Hort gegangen und kam dann nach 13.00 Uhr nach Hause. Ich war zu dieser Zeit noch nicht zu Hause und kam erst gegen 13.45 Uhr nach Hause. Als ich nach Hause kam, befand sich mein Junge nicht in der Wohnung, sondern befand sich zum Spielen. Ich weiß nicht, ob ich dieses durch meine Schwiegermutter erfahren habe oder ob es für mich selbstverständlich war, daß er spielen ist. Wo er sich nun aufgehalten

Kind im Schutt

hat, weiß ich nicht. Nach Angaben meiner Schwiegermutter, Stieftochter und deren Verlobten wurde mir gesagt, daß sich mein Junge bis gegen 15.00 Uhr in Nähe unseres Wohngrundstückes aufgehalten hat. Gegen 15.00 Uhr sei mein Sohn mit den anderen Geschwistern in die Wohnung gekommen und dort haben sie etwas gegessen. Zu dieser Zeit war ich schon wieder weg und befand mich auf dem Hauptbahnhof in Leipzig und habe dort meine Mutter abgeholt, die 15.12 Uhr mit dem D-Zug von Erfurt gekommen ist, und dies deshalb, weil sie meinen jüngsten Sohn hier abholen wollte, um meine Schwiegermutter diesbezüglich zu entlasten. Vom Hptbhf. bin ich um 16.13 Uhr mit meiner Mutter nach Schkeuditz gefahren und habe dort meine Frau besucht, wo ich mir schon am vergangenen Mittwoch die Genehmigung dazu geholt habe. Im Krankenhaus weilte ich bis gegen 18.00 Uhr und bin von Schkeuditz um 18.33 Uhr nach Wiederitzsch mit dem Zug gefahren und war mit meiner Mutter kurz nach 19.00 Uhr zu Hause. Zuhause wurde mir durch meine Schwiegermutter, Stieftochter gesagt, daß der Torsten, Manfred und Jens bereits gebaden sind, und der Klaus, Verlobte meiner Stieftochter, den Rüdiger suche. Ich weiß nicht, ob meine Schwiegermutter dem Rüdiger sagte, daß er gegen 17.00 Uhr zum Baden zu Hause sein soll. Ihm ist bekannt, daß in der Regel sonnabends zwischen 17.00 und 18.00 Uhr immer gebadet wird, und er ist auch immer z. Zt. zu Hause gewesen.

Daß mein Junge zu diesem Zeitpunkte noch nicht in der Wohnung weilte, war mir aus zwei Gründen unverständlich. Erstens, weil er wußte, daß die Erfurter-Oma kommt, und alle Kinder die Erfurter-Oma sehr gern haben, und zweitens, weil er wußte, daß er abends mit seiner Wiederitzscher-Oma zusammen schlafen durfte, deren Liebling er ist, und er bereits gesagt hatte: ›Komm aber nicht erst um 9 oder 1/2 10 ins Bett!‹ Diese zweite Angabe weiß ich von meiner Schwiegermutter.

Etwa zwischen 19.30 und 19.45 Uhr kehrte der Verlobte meiner Stieftochter wieder nach Hause zurück, und ich habe mich auf mein Rad gesetzt und habe die Suche fortgesetzt. Als ich unterwegs war, begegnete ich meiner Tochter und deren Verlobten, sie sagten, daß sie bei einem Dietmar Naumann waren, mit dem er nach Angaben meines Sohnes Torsten zusammen gewesen sein sollte. Wir haben die Suche dann gemeinsam weiter fortgesetzt bis gegen 21.30 Uhr. Zur besagten Zeit haben wir das VPKA in Leipzig angerufen und wurden mit dem Revier in Wahren verbunden. Von diesem Zeitpunkt an hat sich an der Suche und den weiteren Maßnahmen der Genosse Wolfgang Temmel, mein Wohnungsnachbar und Arbeitskollege, beteiligt. Wir haben uns den Wagen unserer Betriebsfeuerwehr genommen und sind zunächst zu Volker Bohl gefahren, welcher ebenfalls nach Angaben meines Sohnes Torsten mit ihm zusammen gewesen sein soll, und dieser Junge sagte, nach Befragung seitens des Vaters, er wäre gegen 17.00 Uhr mit Rüdiger vom Sportplatz nach Hause gegangen. Rüdiger wäre neben dem Rade hergerannt und an der Karl-Marx-Str. Ecke Schumann-Str. hätten sie sich verabschiedet, um nach Hause zu gehen, da das Badewasser auf sie wartet. Da war Torsten nicht mit dabei.

Torsten wußte, daß Rüdiger mit dem Bohl zusammen war, daher, weil sie nachmittags, etwa gegen 15.00 Uhr in einem alten Garten waren, wo sie sich Kirschen holen wollten. Torsten sagte, daß Rüdiger, Manfred und Jens sowie der benannte Bohl und Naumann und ein gewisser Martin oder Martini mit waren. Aus dem Garten wurden sie von einem älteren Mann verjagt, und von dort aus trennte sich Torsten mit Manfred und Jens von Rüdiger und den anderen drei Benannten. Daraus schließt, daß Torsten wußte, daß Rüdiger zuletzt mit den drei Jungens zusammen gewesen ist. Deswegen haben wir auch die Jungens aufgesucht und sie befragt. Den Martin oder Martini haben wir nicht aufsuchen können, da wir nicht wissen, wo er wohnt, und uns auch der Bohl und Naumann nichts sagten, weil wir sie nicht danach gefragt haben.

Als wir bei dem Bohl waren, war ich, meine Tochter, ihr Verlobter, Genosse Temmel und dessen Ehefrau dabei. Mitgenommen hatten wir ein Handlampe der Feuerwehr, um im dunklen nochmals die uns bekannten Stellen abzusuchen, da wir einen Unfall vermuteten. Es konnte ja sein, daß das Kind irgendwo eingeschlafen war. Wir waren an dem berüchtigten Garten, der Verlobte meiner Tochter stieg über den Zaun. Er hat mit der Handlampe den ganzen Garten abgesucht und auch an die dort befindlichen zwei Lauben stark geklopft und gerufen. Anschließend sind wir in das Gelände unserer AWG, wo der letzte bisher begonnene Bauabschnitt aus dem Keller heraus ist, und haben mit der Handlampe sämtliche Kellerräume nachgesehen. Dann sind wir wieder an die Betriebswache des Werkes gefahren. Von hier aus haben im Regen meine Tochter und Verlobter die Suche fortgesetzt und sind nach ihren Angaben noch gewesen an dem Bahnbogen. Auf Grund des starken Regens haben sie ihre Suche dann abgebrochen, weil sie sich nicht mehr in das kleine Wäldchen zwischen Krankenhaus und Bahnlinie getrauten.

Genosse Temmel, dessen Frau und ich fuhren mit mir zum VPKA, und dort haben wir eine ordentliche Vermißtenanzeige aufgegeben. 23.30 haben wir das Gebäude des VPKA wieder verlassen und sind nach Hause gefahren. Vergessen habe ich noch, daß wir während der Suche ebenfalls bei meiner Schwiegermutter im Kaninchenstall waren, um also auch dort zu sehen, ob sich der Junge dort versteckt hat.

Am Sonntagmorgen ist dann die Suche in Verbindung meiner Tochter und des Genossen Temmel fortgesetzt worden. Ich hatte in der Zwischenzeit meine Mutter und den Jens zum Bahnhof gebracht, da beide nach Erfurt fuhren. Nachdem bin ich 10.30 Uhr wieder an der Betriebswache gewesen. Hier wurde mir durch Genossen Temmel und den Verlobten meiner Tochter gesagt, was sie bisher noch alles unternommen hatten.

Als wir an der Betriebswache standen, kamen zaghaft am Tor zwei Schüler. Wir riefen sie an herzukommen, und wir sagten, daß sie doch bestimmt zu uns wollen und etwas zu sagen hätten. Darauf sagten sie: ›Herr Hölzig, Sie suchen doch ihren Rüdiger. Hat der ungefähr solche Schuhe angehabt wie ich?‹ Worauf ich ja sagen mußte. Sie waren neuer als die meines Sohnes, aber in der Art ebenso. Darauf sagten die Jungen, daß sie einen solchen Schuh und Blutspuren entdeckt hätten und sich der Schuh bei Hartmut Brenner in der AWG befindet. Genosse Temmel und ich haben die beiden Schüler mit ins Auto genommen und sind zu Hartmut Brenner gefahren. Dessen Mutter öffnete uns und sagte, daß ihr Sohn in der Badewanne säße, und auf unsere Bitte gab sie uns den Schuh, welcher im Fahrradkeller des Hauses lag. Ich erkannte diesen Schuh sofort als den meines Sohnes, da an der Seite die Naht gerissen war, und ich beabsichtigte, diese zum Nähen zum Schuster schicken zu lassen. Daraufhin gingen wir mit den beiden Jungen dort hin, wo sie den Schuh gefunden haben wollen. Dort fanden wir auch wirklich Blutspuren, trotz des in der Nacht vorher gewesenen starken Regens.

Die Kinder führten noch an, daß sie schon am Abend mit dem Schuh auf der Polizei in Wiederitzsch gewesen sind, und dort sei niemand dagewesen. Auch wollen sie beim Sparkassenchef gewesen sein, wo nur seine Frau da war, und ebenfalls beim Genossen ABV, wo auch nur seine Frau anzutreffen gewesen sein soll. Daraufhin hätten sie es aufgegeben und wollten den Schuh vormittags zur Polizei bringen und haben uns dann aufgesucht, weil sie auf der Wache niemanden angetroffen haben. Mit diesem Schuh ist der Genosse Temmel, der Verlobte meiner Tochter und ich sofort zum VPKA gefahren und waren genau 11.30 Uhr dort. Wir wußten dies deshalb so genau, da wir genau 12 Stunden vorher das VPKA verlassen hatten. Alles weitere wurde dann durch die Genossen des Kriminaldienstes durchgeführt.«

Was hat Rüdiger Samstag nach Schulschluß getan? Wo und mit wem hat er gespielt? Wer hat Rüdiger Hölzig zuletzt gesehen? Die Polizei sucht Zeugen.

Heinz Wollner ist Klassenstufe 6 und berichtet: »Am Sonnabend, den 3. 6. 61 hatte ich 12.30 Uhr Schulschluß und begab mich sofort nach Hause in die Wohnung meiner Eltern. Unterwegs habe ich den Rüdiger Hölzig mit ein paar Jungen gesehen. Die Jungens sind mir namentlich nicht bekannt, gehen aber ebenfalls in die Oberschule in Wiederitzsch. Die Jungens haben den Hölzig geärgert und versuchten, ihm immer wieder seinen Ranzen herunterzureißen. Ich habe mich aber nicht weiter darum gekümmert, sondern begab mich nach Hause ...« Später am Nachmittag ist Heinz Wollner unter denjenigen, die Rüdigers blutigen Schuh im Kornfeld finden.

Die Brüder haben Rüdiger seit dem Kirschenklau im fremden Garten nicht mehr gesehen. Denn von dort ist Rüdiger ja mit dem Naumann, dem Bohl und einem Martini zum Sportplatz gegangen. Die Polizei findet die Spielkameraden, sie werden befragt:

Der vierzehnjährige Bernhard Gutschlich schildert den Nachmittag so: Als der Rüdiger Hölzig kam, setzte er »sich in unmittelbare Nähe auf die Wiese und sah uns beim Fußballspielen zu. Kurze Zeit später machten wir ein anderes Spiel, und Hölzig frug den Volker Bohl, ob er mitspielen könnte. Wir waren aber alle der Ansicht, daß der Hölzig für dieses Spiel noch zu klein war. Der Volker Bohl nahm aber den Hölzig als sogenannte Deckung vor seinen Körper und schützte sich somit vor dem Ball. Der Hölzig wurde auch mehrere Male von einem Ball getroffen, was ihm aber nichts ausmachte, sondern er lachte noch darüber. Auf einmal flog dem Hölzig plötzlich der Schuh weg, und alle anderen spielten mit dem Schuh Fußball und haben ihn umher geworfen. Ich habe nicht gesehen, daß jemand den Schuh von Hölzig diesem ausgezogen hat. Kurze Zeit später sah ich, wie der andere Schuh von Hölzig umher geworfen wurde, ich konnte nicht feststellen, ob er durch jemand Hölzig vom Fuß gezogen wurde. Ich sah bloß, wie der Volker Bohl beide Schuhe von Hölzig nahm und sie über den Zaun warf. Geheult hat Hölzig darüber nicht, sondern wollte sie sogar selbst zurückholen.«

Michael Pfundt erinnert sich: »Wir spielten ›Kanone‹, den Ball mit den Beinen abwehren. Zuerst waren wir bloß 4 Mann zum Spielen, dann kamen aber immer noch welche dazu. Der Letzte muß der Rüdiger Hölzig gewesen sein. Der Bohl, Volker hatte den Rüdiger Hölzig vor sich hingesetzt, damit dieser für ihn die Bälle mit den Füßen abwehrt. Der Rüdiger wollte aber nicht mehr. Aus Spaß zog der Volker ihm die Schuhe aus und warf diese fort. Einer flog in den Garten und der andere davor. Der Rüdiger lief dann noch in Strümpfen herum und wollte sich seine Schuhe nicht selber holen. Er sagte zum Volker Bohl: ›So, die holst du wieder!‹ Geholt hat sie dann aber der Dieter Schmidt. Warum der sie geholt hat, kann ich nicht sagen. Rüdiger Hölzig zog dann wieder seine Schuhe an. Volker Bohl wollte dann mit dem Fahrrad nach Hause fahren, und da kam der Rüdiger und fragte, ob der Volker ihn mitnimmt. Volker wollte erst nicht, aber er nahm ihn dann doch mit. Ob der Volker Bohl den Hölzig, Rüdiger auf das Fahrrad genommen hat, kann ich nicht sagen.‹

Andere bestätigen:»So gegen 16.00 Uhr kam der Rüdiger Hölzig dazu. Er wollte mitspielen und spielte auch mit. Wir spielten so für uns und dösten dann noch rum und zogen auch dem Rüdiger seine Schuhe aus und warfen diese rum ... Geschimpft hat der Rüdiger nicht wegen der Schuhe. Auch zum Bohl hat er nichts gesagt.«

Ein Samstagnachmittag wie jeder andere im Juni auch? Mütter beim Hausputz und im Garten. Väter beim Waschen der Automobile? Kinder an der frischen Luft bei Verstecker, Fußball, Schwarzer Mann und»Kanone«. Was sollen sie auch zu Hause sitzen. Die Jungen am Sportplatz Wiederitzsch spielten. Im Streit seien sie nicht auseinandergegangen. Und was heißt Streit? Nicht immer sind alle mit den Regeln der Großen einverstanden, das ist nun mal so. Aber Rüdiger Hölzig sei mitnichten wütend gewesen, das bestätigen alle, die bei»Kanone« dabei waren. Dann hat Rüdiger heimgehen müssen, gemeinsam mit Volker Bohl hat er sich auf den Weg nach Hause begeben. Der fünfzehnjährige Volker Bohl ist der letzte, der Rüdiger Hölzig lebend sah.

Volker Bohl wird am Montag in der Schule befragt. Er besucht die Klasse 9 b II der Leibniz-EOS am Leipziger Nordplatz.

»Ich wurde darauf hingewiesen, daß ich die Wahrheit zu sagen habe und bei wissentlich falschen Angaben bestraft werden kann«, weiß der Junge und unterschreibt es.»Im Jahre 1953 kam ich mit meinen Eltern aus Westdeutschland, aus Nierstein am Rhein in die DDR nach Leipzig. Seitdem wohne ich zusammen mit meinen Eltern und Geschwistern in Leipzig Wiederitzsch, Karl-Marx-Str. 19. In der jetzigen Wohnung wohnen wir seit ca. 2 Jahren.

Ich kann nicht genau sagen, seit wann ich den Rüdiger Hölzig aus Wiederitzsch kenne, seit 1957 bestimmt. Ich bin 1957 bis 1960 zusammen mit ihm in den Kinderhort in Wiederitzsch gegangen. So kam es auch vor, daß wir manchmal zusammen gespielt haben. Direkt ernsthaft gezankt habe ich mich mit ihm nicht, obwohl der Rüdiger manchmal ziemlich frech war. Er war immer sehr vorlaut

Kind im Schutt

und ließ sich von seinen Kameraden nicht viel sagen. Er war sehr von sich eingenommen und sehr pfiffig. Ich kann nicht genau sagen, wann ich vor dem 3. 6. 61 das letzte Mal mit ihm zusammen war. Das heißt, direkt zusammen war ich mit ihm nicht, habe ihn aber ab und zu mal gesehen im Kino oder auf der Straße. Ich kann nicht sagen, wen der Rüdiger alles als Freunde hatte. Ich bin ja weniger mit ihm zusammen gekommen.

Am Sonnabend, den 3. 6. 1961 bin ich mit meinem Fahrrad gegen 15.00 Uhr nach dem Sportplatz gefahren von der BSG Aufbau Nord Leipzig, Wiederitzsch. Ich wollte dort mal mit den anderen Kindern Fußballspielen. Mir war bekannt, daß dort öfters mal Kinder spielen. Als ich dort ankam, war niemand dort, so daß ich weiter fuhr. Ich sah aber, daß direkt vor diesem Sportplatz auf den Anlagen Kinder Ball spielten und stieg dort vom Fahrrad. Der Rüdiger war aber noch nicht mit dabei. Wir wechselten dann, weil ein Mann schimpfte, da wir auf dem Gras spielten, von dieser Anlage auf den Sportplatz über. Auf dem Sportplatz waren der Bernhard Gutschlich, er geht ins 6. Schuljahr der Schule Wiederitzsch, Martin Voß, er geht ins 8. Schuljahr, Schule Wiederitzsch, ein Junge aus der Fichtesiedlung in Wiederitzsch, den ich namentlich nicht kenne, er muß ins 3. oder 4. Schuljahr gehen, dann noch zwei Jungen aus Wiederitzsch, deren Namen ich auch nicht kenne, die aber ziemlich klein sind. Der ganz Kleine davon geht noch nicht zur Schule, er ist taubstumm. Die anderen gehen alle in Wiederitzsch zur Schule. Wir waren also 4 Kinder, die sich am Fußballspiel beteiligten, die anderen 2 Kinder sahen zu. Der Junge aus der Fichtesiedlung sah zu, und der Junge, der taubstumm ist. Gegen 16.00 Uhr hörten wir auf zu spielen, und ich fuhr mit meinem Fahrrad erst einmal nach Hause, um etwas zu trinken. Ich fahre vom Sportplatz bis zu meiner elterlichen Wohnung höchstens fünf Minuten.

Als ich nun wieder auf dem Sportplatz ankam, war der Rüdiger Hölzig auf dem Sportplatz und der Hans-Jörg Buttgereit, wohnhaft gegenüber vom Sportplatz. Es spielten nun der Hans-Jörg Buttgereit, Bernhard Gutschlich, ein Junge namens Martin, ich weiß nicht genau, ob er Voß heißt, und ich selbst Fußball. Rüdiger Hölzig und noch andere kleine Jungen sahen vom Rande des

Sportplatzes aus unserem Spiel zu. Wir spielten bis gegen 16.45 Uhr Fußball, bis gegen 17.00 Uhr spielten wir Kanone, dies ist auch ein Ballspiel. Die letzten 15 Minuten arteten ein bißchen aus, und es kam zu einer Zeckerei bzw. Neckerei. Dabei kam es auch, daß wir dem uns zusehenden Rüdiger Hölzig die Schuhe auszogen, welche er aber gleich wieder anzog.

Die Bekleidung des Rüdiger war ein rotkariertes Hemd, eine helle Popeline-Hose, was er für Strümpfe anhatte, weiß ich nicht, und ein paar Halbschuhe, hellbraun, geschlossen, zum Schnüren.

Geschlagen haben wir uns auf dem Sportplatz und bei dieser Neckerei nicht. Ich habe auch zu diesem Zeitpunkt noch nicht bzw. nicht gesehen, daß Rüdiger Hölzig irgendwo blutete oder sich aufgeschrammt hatte.

Es muß kurz nach 17.00 Uhr gewesen sein, als mich der Rüdiger Hölzig fragte, wie spät es wäre. Ich sah nach meiner Armbanduhr und gab ihm Auskunft, daß es kurz nach 5 Uhr sei (17.00 Uhr). Da sagte Hölzig, daß er um 5 Uhr (17.00 Uhr) zu Hause sein müßte zum Baden. Ich sagte ihm, daß er gleich mit mir fahren könne, ich wollte auch heim. Ich bot ihm an, daß er auf dem Gepäckträger meines Fahrrades Platz nehmen solle, was er auch machte. Da dies aber nicht ging, der Gepäckträger drückte aufs Hinterrad, ich habe keine Schutzbleche, mußte Rüdiger wieder absteigen. Ich fuhr nun langsam weiter und Rüdiger lief neben mir her.

Vom Sportplatz aus sind wir die Sportplatzstraße, von dieser links zur Karl-Liebknecht-Straße und von dieser rechts in die Georg-Schumann-Straße. Die Georg-Schumann-Straße gingen bzw. liefen Rüdiger und ich bis zum Ende. Das heißt, Rüdiger lief neben mir, und ich fuhr mit meinem Fahrrad. Die Georg-Schumann-Straße endet bzw. mündet auf ein Getreidefeld. Vor diesem Feld verläuft von links nach rechts ein Feldweg, es ist nur ein schmaler Weg. Nach links führt er, glaube ich, in die Heinrich-Heine-Straße bzw. endet dort und nach rechts kommt man zu den neuen Häusern der AWG oder zur Straße der DSF.

In verlängerter Richtung der Georg-Schumann-Straße führt dann durch dieses Getreidefeld schräg verlaufend ein Trampelpfad. Ich weiß, daß dieser Trampelpfad schon längere Zeit existiert. Ich habe ihn schon längere Zeit vorher bemerkt. An diesem Getreidefeld angekommen, bog ich mit meinem Fahrrad nach rechts ab, um nach der elterlichen Wohnung zu gelangen. Ich kann nicht sagen, wo Rüdiger in diesem Moment war, als ich nach rechts einbog. Obwohl er zuvor rechts neben mir hergelaufen war, befand er sich, als ich rechts einbog, nicht rechts an meiner Körperseite. Es kann sein, daß er etwas zurückgeblieben war. Ich drehte mich auch nicht nach dem Rüdiger um, sondern fuhr unbeirrt weiter. Während der Wegstrecke bis zu diesem Getreidefeld, ich meine vom Sportplatz an bis zu dem Punkt, wo ich nach rechts abbog, habe ich mich mit Rüdiger nicht unterhalten. Es wurde zwischen uns kein Wort gesprochen.

Ich habe dann nicht aufgepaßt, wo der Hölzig weitergelaufen ist. Um nach seiner Wohnung zu gelangen, hätte er entweder den Trampelpfad durch das Feld oder den Weg, den ich gefahren bin, gehen können. Beide Wege sind meiner Meinung nach gleich lang. Ich habe den Hölzig erstmalig vermißt, als ich von der Georg-Schumann-Straße am Getreidefeld rechts abbog. Ich habe aber nichts weiter darauf gegeben und auch mich nicht nach ihm umgesehen.«

Die Wiederitzscher Oma hat Zweifel.»Mich wundert, daß der Rüdiger den Heimweg durch das Feld genommen haben soll. Ich weiß, daß er sonst dort hinten die Straßen Arno-Burchhardt-Straße, Apitzstraße und am HO in die Artur-Hoffmann-Straße eingebogen und nach der Karl-Marx-Straße und diese entlang nach der Straße der DSF gegangen ist. Dieses war der Weg von allen Jungen, wenn sie auf den Sportplatz oder den Spielplatz, der dort vor dem Sportplatz sich befindet, gegangen sind. Es wundert mich noch mehr, weil der Bohl, mit dem er noch zuletzt zusammen war, in der Karl-Marx-Straße neben dem Bäcker Döring wohnhaft ist, wo mein Rüdiger immer dort diesen Weg genommen hat.«

Bohl bleibt dabei: Er hat Rüdiger Hölzig nicht mehr gesehen. Aber er hat ja auch nicht auf ihn geachtet. Und Eis essen wäre Rüdiger bestimmt nicht mit ihm gegangen, er mußte ja heim. »Auf diesem Weg, den ich nun entlang gefahren bin, kam ich auf die Straße der DSF. Dort befindet sich eine Eisdiele, und ich kaufte mir Eis. Ich habe dort niemand bekanntes gesehen. Die Eisverkäuferin kenne ich, ich weiß nicht, ob sie mich kennt, vom Ansehen bestimmt, denn ich hole dort viel Eis. An der Eisbude war ich schätzungsweise gegen 17.15 Uhr. Nach meiner Uhr habe ich nicht gesehen. Ich sah erst wieder nach der Uhr, als ich zu Hause ankam, da war es 17.30 Uhr. Ich bin von der Eisbude gleich nach Haus gefahren.«

Ganz schlüssig erscheinen den Ermittlern Volker Bohls Angaben nicht. Aß der Fünfzehnjährige wirklich Eis? Sieht er seinem kleinen Freund nicht nach, sagt nicht mal: Tschüs, schönen Sonntag. Kommst du raus spielen?

Volker Bohl muß Zeugen für die weiteren Stunden finden, die seine Angaben bestätigen. »Auf dem erwähnten Sportplatz hatte ich ein Nicki rotgelb gestreift, Streifen waagerecht, eine Lederhose, schwarz-rot-braune Socken und braune Halbschuhe an. Kopfbedeckung hatte ich keine auf. Als ich zu Hause ankam, war mein Vati da. Ich habe dann, gleich kurze Zeit später nach meinem Eintreffen, die elterliche Wohnung wieder verlassen. Ich fuhr mit meinem Fahrrad wieder auf die Straße und traf dort meinen Freund Klausjürgen Wecker, 16 Jahre alt, geht mit mir in eine Klasse. Wir fuhren zusammen mit unseren Fahrrädern nochmals zur Eisdiele und trafen dort einige Mädchens aus unserer früheren Klasse.

Der Klausjürgen und ich, wir beabsichtigten nun, nach dem Flugplatz Mockau zu fahren, da wollte ich mir eine neue Flugzeughalle ansehen. Den Vorschlag, zum Flughafen zu fahren, machte ich. Klausjürgen war damit einverstanden. Wir befuhren von der Straße der DSF aus die Seehausener Straße in Richtung Dübener Landstraße. Da kamen wir an dem erwähnten Getreidefeld vorbei, dieses lag nun linksseitig von uns. Es muß gegen 17.35 gewesen sein, als wir an diesem Feld vorbeifuhren. Auf der Seehausener Straße herrschte Radfahrer- und Fußgängerverkehr. Ich kann mich an die einzelnen Fußgänger und Radfahrer nicht mehr besinnen. Etwas Verdächtiges ist mir an diesen nicht aufgefallen. In Richtung des Getreidefeldes habe ich kein Rufen oder sonstige Schreie oder Worte gehört, ich habe auch nicht darauf geachtet.

Kind im Schutt

Auf dem Flugplatz waren wir ebenfalls nur kurze Zeit. Ich war schon gegen 18.00 Uhr wieder zu Hause. Den Rückweg fuhren wir wieder die Seehausener Straße entlang, bogen dann aber in den Schwarzen Weg ein. Da sind wir nicht an dem Getreidefeld vorbeigekommen. Vor unserem Haus haben wir uns verabschiedet. Im Auftrage meiner Mutti bin ich dann kurz nach 18.00 Uhr zu meiner Tante gefahren und habe dort Kartoffeln geholt. Gegen 18.30 Uhr war ich wieder zu Hause und habe die elterliche Wohnung an diesem Abend nicht wieder verlassen ...

Am gleichen Tage gegen 23.00 Uhr erfuhr ich durch meine Mutti, daß der Rüdiger Hölzig nicht nach Hause gekommen war. Zu meiner Mutti war Herr Hölzig und noch zwei andere Männer gekommen und hatten sie gefragt, ob ich zu Hause war, sie hätten erfahren, daß der Rüdiger Hölzig mit mir zusammen gewesen wäre. Danach hat mich mein Vati, der es durch Mutti erfahren hatte, gefragt, und ich erzählte es ihm.

Wo der Rüdiger nun geblieben ist, weiß ich nicht. Auf dem Sportplatz war keine Person, die sich speziell mit dem Rüdiger unterhalten hatte, auch kein Erwachsener. Rüdiger hat auch mir nichts gesagt, ob er sich nach dem Verlassen des Sportplatzes mit noch jemanden verabredet hatte, im Gegenteil, er sagte ja, er müsse heim baden ... Wir haben uns nicht geschlagen und gezankt ... Weitere Angaben kann ich nicht machen. Selbst gelesen, für richtig empfunden und unterschrieben Volker Bohl.«

Zeugen bestätigen Bohls Aussagen. Auch Klausjürgen Wecker.»In Wiederitzsch traf ich am Konsum den mir bekannten Volker Bohl, mit dem ich auch gemeinsam die hiesige Schule besuche. Mit dem Rade sind wir zur Eisdiele gefahren, die sich in der Straße der Deutsch-Sowjetischen Freundschaft befindet. Anschließend, dies kann zwischen 17.15 und 17.30 Uhr gewesen sein, sind wir zum Flugplatz gefahren. Dort haben wir uns nicht lange aufgehalten und sind wieder zurück nach Wiederitzsch, da Volker Bohl um 18.00 Uhr zu Hause sein mußte.

Als wir zum Flugplatz gefahren sind, sind wir auch an dem berüchtigten Getreidefeld vorbeigefahren. Da wir eisessenderweise mit dem Rade fuhren, kann es kurz vor 17.30 Uhr gewesen sein, als wir dort vorbeigefahren sind. Auf dem Rückweg sind wir auch durch die Seehausener Straße, also an dem Getreidefeld vorbeigefahren. Auf dem Wege zum Flugplatz und auch auf dem Rückweg haben wir keine uns bekannten Personen getroffen. Es sind zwar viele Leute auf der Straße gewesen, und es war aber niemand dabei, den ich kenne.

Am Samstag bin ich auch schon zu dieser Angelegenheit gefragt worden, ich möchte mich verbessern, es war am Sonntag, und da habe ich angegeben, daß wir gegen 19.00 Uhr den Rückweg angetreten haben. Ich habe mich also um eine Stunde verrechnet. Es war wirklich so, wie ich jetzt angegeben habe, es war gegen 17.30–18.00 Uhr, wo wir zum und vom Flugplatz gefahren sind. Eher ist es keinesfalls gewesen. Ich möchte nochmals verbessern, es ist nicht der Sonntag gewesen, als die Polizei mich befragte, sondern es war gestern, also am Montag. Dies ist nun aber wirklich so gewesen.

Am Samstag hat mir Bohl von dieser ganzen Angelegenheit nichts erzählt. Am Sonntag traf ich ihn, und er erzählte mir folgendes: Er wäre mit dem Kleinen auf dem Sportplatz gewesen, und dieser hätte um 17.00 Uhr zu Hause sein müssen. Er hätte ihn auf seinem Gepäckträger nehmen wollen, und da sich dieser durchbog, mußte er wieder absteigen und sei neben ihm hergelaufen. So wären sie gemeinsam bis zum Felde an der Karl-Marx-Str. gekommen, und dort hätten sie sich getrennt, und anschließend traf er ja mich. Sonst erzählte Bohl nichts weiter von dieser Sache.

Die von mir angegebenen Uhrzeiten bauen sich auf Vermutungen von mir auf, da ich, obwohl ich meine Armbanduhr bei mir hatte, nicht nach ihr gesehen habe. Ich kann mich nicht entsinnen, daß ich irgendwie nach der Uhr schaute. Auch Bohl hat mir keine Zeit bekanntgegeben. Meine Zeitrechnung geht von der Warte aus, weil er mir sagte, daß er um 18.00 Uhr zu Hause sein müsse, und der Kleine um 17.00 Uhr. In der Zwischenzeit liegt also die Zeitspanne, wo ich mit Bohl zusammen war. Am Samstag sagte mir Bohl natürlich noch nichts davon, daß er auf dem Sportplatz war und sich mit dem Kleinen abgegeben hat. Das hat er mir erst am Sonntag erzählt.«

Das sagt Klausjürgen Wecker. Sagte Volker Bohl wirklich die Wahrheit?

Wer ist dieser Volker Bohl? Ein Polizeiprotokollvermerk vom 5. 6. 61:»In der erweiterten Leibniz-Oberschule wurde vom Direktor und dem Klassenlehrer eine Einschätzung über den Bohl, Volker gegeben. Bohl kam 1954 aus WD (Westdeutschland) mit seinen Eltern in die DDR. Sein Vater, Kurt Bohl, ist vom Beruf Bäcker, seine Mutter Verkäuferin in einer Konsumverkaufsstelle. Bohl selbst wird in seiner Klasse als etwas überheblich und voreingenommen hingestellt. Der Klassenlehrer hat bis jetzt noch keinen richtigen Kontakt zu ihm finden können. Die Leistungen des Bohl sind zufriedenstellend, jedoch hat er in letzter Zeit etwas nachgelassen. Bohl ist zum Teil sehr jähzornig, vor allen Dingen, wenn er nicht machen kann, was er will. Dies bringt er auch seinen Klassenkameraden gegenüber zum Ausdruck. Organisiert ist er in der FDJ und ist für die Wandzeitung seiner Klasse verantwortlich. Diese Aufgabe erfüllt er zur vollsten Zufriedenheit seines Lehrers. Gegenüber seinen Lehrern ist er nicht offen und ehrlich. Er sieht sich unter seinen Schulkameraden gern als sogenannter Führer. Als Durchschnittsnote hat Bohl die 2 bis 3. Sein Wunsch ist es, Chemiearbeiter zu werden und evtl. auf diesem Gebiet die Ingenieurlaufbahn zu beschreiten.«

»Durch die Hortleitung konnte noch in Erfahrung gebracht werden, daß der Volker Bohl auch durch den Kinderhort gegangen ist und jetzt nur noch dessen drei Geschwister im Hort sich befinden. Der Volker Bohl war ein Junge, der immer Anführer werden und spielen wollte. Er hatte auch Geschick in dieser Form, wenn sie bzw. er mit den jüngeren Kindern im Hort Volkspolizei oder Volksarmee spielten. Jetzt befinden sich noch die Zwillinge der Familie Bohl und der Hansjörg Bohl im Hort. Festgestellt wurde, daß zuletzt der Rüdiger Hölzig mit dem Hansjörg Bohl einen guten Faden gesponnen haben. Differenzen bestanden zwischen den Kindern der Familie Hölzig und der Familie Bohl nicht.«

Ausschließen kann man den Verdacht gegen den älteren Schulkameraden Rüdigers nicht. Obwohl »die Besichtigung des Fahrrades des Bohl, mit welchem er am Sonnabend, dem 3. 6. 61 auf dem Sportplatz war und mit dem Hölzig den Heimweg angetreten hatte, keine Anhaltspunkte auf die Ausführung eines Gewaltverbrechens ergab. Es waren an diesem keine Spuren von Blut, verbogene Teile usw. vorhanden. Im hinteren Zahnkranz hatte sich jedoch eine Ähre verklemmt, die auf ein Vorbeifahren oder Durchfahren eines Getreidefeldes schließen konnte. Nach Angaben des Bohl hatte er aber am Freitag, den 2. 6. 61 mit seinem Fahrrad im Getreidefeld gespielt, wo sich dabei vermutl. diese Ähre verklemmt hatte.

Eine Befragung der Eltern des Bohl ergab, daß diese sich auf die Zeiten, wo ihr Sohn Volker am Sonnabend, den 3. 6. 61 nach Hause kam, nicht genau besinnen können. Jedoch stimmte der Ablauf des Tages, wie ihn Bohl selbst geschildert hat, mit den Angaben der Eltern überein. Mit Bestimmtheit konnten diese sagen, daß ihr Sohn Volker ab 20.00 Uhr die elterliche Wohnung nicht wieder verlassen hat.«

Volker Bohl erklärt freimütig: »Am Freitag, den 2. 6. 1961, bin ich zufällig mit meinem Fahrrad an das erwähnte Kornfeld gekommen ... Wir waren ca. 8 Kinder. Dann standen noch welche am Rand, die dort wohnen, die ich aber nicht kenne. In diesem Getreidefeld haben wir Fangens gespielt. Es sind dort im Feld genügend Trampelpfade vorhanden. Dieses Spielen dauerte aber nicht lange, da uns diejenigen, die uns fangen sollten, nicht einholen konnten, und so löste sich das Spiel auf. Es ist uns dort im Getreidfeld keine erwachsene oder verdächtige Person begegnet. Wir Kinder waren allein. Der Hölzig, Rüdiger war nicht mit dabei. Dieses Getreidefeld gehört der LPG, und es hat sich dort niemand sehen lassen, der auf uns geschimpft hat, weil wir in diesem Feld herumrannten.« Unverdächtig ist Volker Bohl den Ermittlern nach dieser Aussage noch immer nicht. Aber nein, wiederholt Volker, er ist am Sonnabend nicht in diesem Felde gewesen. Nein.

Kind im Schutt

Im Feld hatte man Rüdigers Schuhe und Strümpfe gefunden, Blutspuren und einen Stein. Kinder kennen das Feld, es ist für Verfolgung und Haschen und Verstecker, als Spielplatz bestens geeignet.

Heute ist das Gelände zwischen Seehausener und Karl-Marx-Straße, zwischen den AWG-Blocks an der Endhaltestelle der Linie 16 und dem Schwarzen Weg zur Bebauung ausgeschrieben. Eigenheime sind entstanden, neue Straßen. Die Tram endet nicht mehr an der Straße der DSF, sie fährt vorbei an Feld und Schwarzem Weg weiter zu Leipzigs Neuer Messe. Wiederitzsch haben die Behörden in die Großstadt eingemeindet. Das Gebäude des Holzveredelungswerkes steht noch. Grau steht es neben der Straße. Drinnen gearbeitet wird schon Jahre nicht mehr.

1961 war im Feld eine Erhebung aufgeschüttet, von da hatte man einen guten Ausblick. Auf dem Hügel baute die LPG nichts an, Einsatz der Maschinen wäre dort schwer möglich gewesen. Die Kinder haben diesen Berg als ihr Revier übernommen und nennen den Hügel »Affeninsel«. Auf der Insel wächst Unkraut. Und Müll schmeißen die Leute dort hin. Aber wenn die Kinder am Ort spielen, finden sie immer etwas, was als Gewehr, Ball oder Tomahawk dienen kann. Besser als jeder Spielplatz ist solch Gelände.

Auch Rüdiger wird die »Affeninsel« gekannt haben. Sicher hat auch er dort gespielt. Aber am 3. Juni 1961 nahm er auf dem Sportplatz an Fußball und »Kanone« teil. Andere Kinder waren an jenem Nachmittag im Feld auf der »Affeninsel«, hatten Spiel und Spaß. Und durch dieses Feld soll Rüdiger Hölzig nach Hause gelaufen sein? Volker Bohl hatte gesagt, vorstellen könne er sich das. Wo sonst hätte Rüdiger entlanggehen können? Gefunden hat man Rüdigers Schuhe, den Strumpf, den Stein und das Blut genau da. Und keiner hat dort den Jungen gesehen?

Im Feld, auf der »Affeninsel«, spielte in der Stunde zwischen fünf und sechs Helmut Marx mit den Freunden. »Am Sonnabend war ich mit dem Holm Raddatz im Kino in Wiederitzsch in der Karl-Marx-Str. Ich glaube das Kino war 16.30 Uhr aus. Vom Kino sind wir auf den Berg in der Seehausener Str. gegangen. Da ist ein Haus, das noch nicht ganz fertig ist. Da haben wir uns so geschuppt, und wer Sieger war, der wurde dann als ›Sieger‹ immer

gerufen. Hier sahen wir einen Mann, der hatte schwarze Haare
und ein rotes Hemd mit kurzen Ärmeln an. Wie alt der war, kann
ich nicht sagen. Wir riefen zu dem Mann ›Hände hoch‹, und da
hat er sich immer gebückt. Der Mann war ein Stückchen größer als
das Korn, wo er drin stand (ca. 20 cm). Dann sind wir zum Holm
nach Hause und trafen hier andere Jungen. Dann sahen wir zwei
an den neuen Bauten, die da spielten. Ich kenn die zwei nicht. Wir
sagten, daß sie da nicht spielen dürfen, und gingen zu einem Weg,
der durch das Kornfeld geht. Die Arbeiter gehen da immer durch.
Der Brenner ging als erster und sah auf einmal Blut. Wir wollten
vor Schreck weglaufen, blieben dann aber da, da wir dachten, daß
vielleicht ein Hase totgeschlagen worden ist. Das war aber soviel
Blut. Eine richtig große Pfütze. Dann lag da noch ein Stein auf dem
Weg, der auch voller Blut war. Aber nicht soviel dran wie auf dem
Weg. Da fanden wir dann auch noch den einen Schuh. Mit dem
Schuh sind wir auf die Polizei gegangen. Da war aber niemand da.
Den Schuh nahm der Brenner dann mit in seine Wohnung. Am
Sonntag früh habe ich dann erfahren, daß der Hölzig nicht zu
Hause ist. Wir sind dann zu Herrn Hölzig gefahren und haben ihm
das mit dem Schuh erzählt. Er ging dann zur Polizei.«

Holm Raddatz schildert die gleichen Fakten: »Am Sonnabend
war ich mit dem Helmut Marx im Kino. Dieses war so um 16.30
Uhr zu Ende. Wir gingen dann die Seehausener Str. lang und
spielten auf den großen Sandbergen ›Schuppsen‹. Wer am läng-
sten sich auf dem Berg halten konnte, der hatte gewonnen. Von
dem Berg aus sehen wir einen Mann, der hatte schwarze Haare,
ob er etwas rotes an hatte, weiß ich nicht. Wir riefen aus Spaß zu
ihm ›Hände hoch, oder wir schießen!‹ Ich habe nur den schwarzen Kopf gesehen, der sich bewegte. Ich weiß auch nicht, ob es ein
Mann oder ein Großer (großer Junge) war ...« Handschriftlich ist
an dieser Stelle des Protokolls vermerkt: Volker Bohl?
»Wir gingen dann durch das Kornfeld, und hier sagte auf einmal einer ›Mensch, hier haben sie ein Kaninchen geschlachtet!‹
Da da viel Blut war, gingen wir der Spur nach und fanden hier
auch den Schuh. Den Schuh steckten wir dann auf einen Stock
und gingen auf die Polizeiwache. Da war aber keiner da.«

Kind im Schutt

Das bestätigt ein Zeuge.»Nach meiner Schätzung kann es gegen 17.50 gewesen sein, als ich mich in Höhe des neuerbauten Lehrlingswohnheimes befand. Dort kamen mehrere Kinder, es waren Jungen. Sie kamen vom Lehrlingswohnheim, d. h. sie liefen am Gebäude entlang in Richtung Seehausener Straße zum Ort Wiederitzsch. Ich kann die Zahl der Kinder und auch das Alter nicht bestimmen. Es war ein etwas größerer Junge dabei, und dieser hatte einen Knüppel in der Hand, auf dem ein Schuh gesteckt war. Es handelte sich hierbei um einen Kinderschuh.«

Der Finder des Schuhs, Hartmut Brenner, wird befragt und sagt:»Wir gingen alle im sogenannten Gänsemarsch durch das Kornfeld. Ich lief als letzter meiner Kameraden. Der Heinz Wollner, der als erster lief, hatte plötzlich eine Blutspur entdeckt. Als ich näher kam, stellte ich eine Blutlache von ca. 30 x 30 cm fest. In deren Nähe lag ein ziemlich großer Feldstein, an dem ich ebenfalls Blut feststellte. Das Blut war noch ganz frisch und auch noch nicht in die Erde eingesickert. Am Stein bemerkte ich einige Fingerabdrücke im Blut. Meiner Schätzung nach müssen die Fingerabdrücke größer gewesen sein als meine Finger. Ich verfolgte mit den anderen die Blutspur und stellte an einem Halm ebenfalls Blutspritzer fest. Auch im Erdboden konnte ich noch vereinzelt Blutspritzer sehen. Einmal waren die Flecke größer und dann etwas kleiner. Ich nahm an, daß sich an dieser Stelle jemand gebalgt haben mußte. Auch an dieser Stelle konnte ich auf dem Erdboden Blutspritzer feststellen. Wenige Meter entfernt fand ich einen braunen Kinderhalbschuh auf dem Erdboden. Der Schuh war halb umgekippt, im Schnürsenkel befand sich ein Knoten. Auch an dem Schuh befanden sich auf der Sohle Blutspritzer, die ebenfalls noch frisch waren. Da wir uns über diese Feststellungen Gedanken machten, suchten wir sofort die Gemeinde auf, um die Volkspolizei zu verständigen ... Da wir nun niemanden trafen, begab ich mich und die anderen Jungens nach Hause in die Wohnung meiner Eltern. Den Schuh habe ich in den Fahrradschuppen getan, der sich in unserem Grundstück befindet. Meinen Eltern habe ich von diesem Vorfall noch am gleichen Abend erzählt. Am Sonntagmorgen erfuhr ich erst, daß der Schuh dem Rüdiger Hölzig gehört.

Ich habe am Sonnabend Nachmittag in der Nähe der Fundstelle keine verdächtigen Personen festgestellt. Gegen 17.00 Uhr habe ich bloß den ehemaligen Lehrer Lehmann in der Nähe des Kornfeldes gesehen. Herr Lehmann wohnt in der Apitzstr. und war früher in unserer Schule Lehrer, was er jetzt macht, ist mir nicht bekannt. Weiterhin stellte ich eine männliche Person in der Nähe des Kornfeldes fest, die einen Teppich unter dem Arm trug. Es muß gegen 17.15 Uhr gewesen sein, als ich diesen Mann sah. Der Mann ist mir nicht bekannt. Ich kann ihn nur kurz beschreiben: Er war ungefähr mittlerer Größe, trug einen Hut, einen dunklen Anzug und einen hellen Sommermantel. Unter seinem Arm trug er eine Aktentasche, bräunliche Farbe. Alle beiden Personen, die ich genannt habe, liefen in Richtung Bahnhof Wiederitzsch, es ist die Richtung Apitzstr., wo der Lehrer Lehmann wohnt.«

Die Kinder bemerkten drei Verdächtige zur Tatzeit in jenem Kornfeld. Lehrer Lehmann kann schnell Zeugen für seine Unschuld beibringen, seine Schwester aus dem Westen weilte zu Besuch. Rüdiger Hölzig entführt, konnte Lehmann in solch kurzer Zeit niemals haben. Bleibt ein Mann, der einen Teppich transportierte. Wirklich einen Teppich? Und übereinstimmend wurde »von den spielenden Kindern gegen 17.30 Uhr in unmittelbarer Nähe des Auffindungsortes des Steines und des ersteren Schuhes ein unbekannter Mann gesehen, der nach ihren Darstellungen dunkles Haar gehabt habe und vermutlich ein rotes Hemd bzw. überhaupt rote Oberbekleidung getragen habe. Seine Größe wird mindestens 1.75 m geschätzt. Eine weitere Beschreibung des Unbekannten war den Kindern nicht möglich. Trotz aller durchgeführten Suchaktionen konnte das vermißte Kind bisher nicht aufgefunden werden. Nach den getroffenen Feststellungen dürfte es sich um ein Tötungsverbrechen handeln. Als Tatort ist der Fundort des zuerst gefundenen Schuhes bzw. Steines anzusehen.«

Das Ermittlungsverfahren gemäß der DDR-Strafprozeßordnung zur Klärung eines Sachverhaltes ist eingeleitet. Die MUK Leipzig ermittelt mit allen zur Verfügung stehenden Mitteln, mit allen zur Verfügung stehenden Kräften.

Kind im Schutt

Weitere Zeugen werden gefunden. So wollen die Schülerinnen Annelene Horn und Rosalie Abt den vermißten Rüdiger am Kornfeld, wo der Berg hinuntergeht, gesehen haben und wie er durch das Feld auf dem zur Seehausener Str. führenden Trampelpfad weiterging. Die Abt hat noch mit dem Rüdiger Hölzig gesprochen.

Angela Bartsch hat Rüdiger am Affenhügel getroffen, »er habe sie auch nach der Zeit gefragt, die sie ihm aber nicht sagen konnte, dies sei gegen 17.30 gewesen.« Mehrere also sahen Rüdiger Hölzig auch nach Volker Bohl.

Verdächtige hat man auch im Ort Wiederitzsch zu dieser Uhrzeit bemerkt. So »einen Mann von etwa 35 Jahren mit auffallend dunklem, gelocktem Haar, der dort immer im Gebüsch herumgekrochen sei. Er habe ein graues oder schwarzes Jackett angehabt und eine grünschwarze lange Hose.« Ein Mann hätte Sonnabendabend im Ort einfach so Jungen fotografiert. Er trug eine grüne Strickjacke. Ein Kind, das fotografiert wurde oder sich gegen seinen Willen fotografiert gefühlt hatte, kann die Polizei nicht ermitteln.

Alle nahegelegenen Kleingärten werden durchsucht. In einem Kartoffeldämpfer findet man Rückstände von Knochen. An einem Spaten findet man Fasern. Die Untersuchungen beweisen deren Unbedenklichkeit. Die Bevölkerung unterstützt auf erdenkliche Weise die ermittelnden Polizisten. Allein von Rüdiger Hölzig fehlt jede Spur und jedes Lebenszeichen.

Am Dienstag, dem 6. Juni bittet die Polizei die Leipziger Bevölkerung über Zeitung und Plakate um Mithilfe. Auf den Plakaten ein Foto des Vermißten. Rüdiger Hölzig ist auf dem Bild noch nicht acht Jahre alt, sechs möglicherweise. Er lächelt und blickt vielleicht Mutter oder Vater an, die man auf dem Foto nicht sieht. Rüdigers Haare sind kurz, blond, Scheitel links. Ein kurzärmliges Nicki trägt er, hell-dunkel gestreift, an Ärmeln und Hals weiß abgesetzt. Auf den Plakaten ist dieses Foto zu sehen, auch in der Zeitung.

»1000,- DM Belohnung

Seit dem 3. 6. 1961 wird das Kind
Rüdiger Hölzig, 8 Jahre alt vermißt.
Beschreibung: ca. 1.10 bis 1.15 m groß. kräftige Gestalt, volles
Gesicht, hellblondes Haar.
Bekleidung: Rot-blau kariertes Hemd, kurze blaue Hose, grüne
Kniestrümpfe, hellbraune Halbschuhe
Die bisherigen Ermittlungen der Volkspolizei ergaben, daß Ver-
brechensverdacht besteht.
Trotz umfangreicher Suchaktionen der Volkspolizei konnte das
Kind bisher nicht aufgefunden werden. Nach dem vorliegenden
Untersuchungsergebnis hat sich der Täter am Sonnabend, dem
3. Juni 1961, in der Zeit von 17–18.00 Uhr in Wideritzsch,
Seehausener Straße – an der sogenannten »Affeninsel« – gegen-
über dem VEB Holzveredelungswerke aufgehalten.
Alle Personen, die am 3. 6. 61 die Seehausener Straße zwischen
16 und 19.00 Uhr passiert haben, werden gebeten, ihre
Wahrnehmungen mitzuteilen.
Für sachdienliche Hinweise, die zur Auffindung des vermißten
Kindes und zur Ergreifung des Täters führen, werden
1000,- DM Belohnung ausgesetzt.
Hinweise, die auf Wunsch vertraulich behandelt werden, neh-
men alle VP-Dienststellen entgegen.
Chef der VP im Bezirk Leipzig
Himmelreich, Oberst der VP«

Die Bitte wird nach fünf Tagen in der Leipziger Volkszeitung erneut abgedruckt. Die Polizei hat ein Stück des Hemdenstoffes
zum Vergleich. Trotzdem: Anhaltspunkte ergeben sich keine. Die
Ermittlungen gestalten sich schwierig. Erfolg ist allen ergriffenen
Maßnahmen nicht beschieden.

Kind im Schutt

Funkspruch an Abt. K – Fahndung – Rostock vom 8. 6.

»Seit dem 3. 6. 61, 17 Uhr wird Rüdiger Hölzig, geb. 29. 12. 52, wohnh. Wideritzsch bei Leipzig, Str.-d.-DSF 40 vermißt. Es wird gebeten bei Hölzig, Georg, wohnh. Rostock, Fred-Weickert-Str. 3, zu ermitteln, ob er in der fraglichen Zeit in Leipzig war, ob er von dem vermißten Kind etwas gehört hat oder ob sich das Kind bei ihm befindet. Von dem Kind konnten bisher die Schuhe und ein mit Blut behafteter Strumpf in einem Getreidefeld gefunden werden. Hölzig, Georg, ist der Bruder des Kindesvaters. Ermittlungsergebnis bitte durch Blitz an BDVP Leipzig, Abt. K – Fahndung –«

Protokoll vom 9. 6.

»Hölzig, Georg, ist Kap.-Ltn. der Volksmarine. Bei den Brüdern bestand keine Verbindung bis vor einem Jahr, als der Hölzig, Georg, dienstlich in Leipzig zu tun hatte. Das Kind befindet sich nicht bei dem Ehepaar Hölzig, Georg. Hölzig war auch in diesem Jahr noch nicht in Leipzig. Er besitzt einen guten Leumund. Hölzig sowie seine Frau können keine Hinweise geben.

Obenstehendes Blitz-FS wurde heutigen Tages gegen 17.40 Uhr vom Gen. Ltn. d. VP. Quaas von der BDVP Leipzig der Einsatzgruppe als Eingang von der BDVP Rostock telefonisch durchgegeben. Strehler, Ltn. d. VP«

Keine Spur von Rüdiger. Das Kind bleibt verschwunden.

Die im Krankenhaus liegende Mutter wird zunächst nicht befragt. Die sie betreuende Krankenschwester Ilse bestätigt den Besuch des Ehemannes am Sonnabend, den 3. 6. 1961. »Es wurde von Schwester Ilse weiterhin angegeben, daß nach Rücksprache mit dem Ehemann der Patientin sowie in Absprache mit dem Stationsarzt Frau Hölzig vorerst nichts vom Vermißtsein ihres Sohnes erfährt. Nach Angabe des Arztes würde sich dies gesundheitsverschlechternd auf den momentanen Zustand der Patientin auswirken, die erst frisch operiert ist. Sie wird in ein kleines Zimmer mit nur einer Patientin umquartiert, damit durch andere Patienten bezw. Besucher nicht die Sache bekannt wird. Die Tageszeitung vom heutigen Tage, wo die Pressenotiz veröffentlicht ist, wurde nicht auf die Station gegeben.«

Eine Aussage der Mutter ist in der Akte Rüdiger Hölzigs nicht abgeheftet. Ihre Reaktionen sind nur zu vermuten.

Umstände des Verschwindens des achtjährigen Rüdiger legen den Verdacht einer Sexualstraftat nah. Die Ermittlungen lassen auch in dieser Hinsicht kein Detail außer Acht. Zum einen werden sämtliche in solcher Hinsicht jemals aufgefallenen Personen überprüft. Aber auch eine Beziehungsstraftat durch Angehörige wird nicht ausgeschlossen. Wer sind die Hölzigs? Wie sind ihre Verhältnisse? Es wäre laut Kriminalstatistik nicht das erste Mal, daß ein Mitglied der Familie oder ein ganz enger Freund derselben den Trieb nicht mehr unter Kontrolle halten kann

Klaus Wolski gibt zu Protokoll: »Seit dem Juli oder August 1960 wohne ich mit in der Wohnung der Familie Hölzig ... Ich bin deswegen nach dort gezogen, weil ich mit der Stieftochter des Herrn Hölzig, der Juliane Liebscher, verlobt bin. In diesem Haushalt leben noch vier eheliche Kinder des Herrn Hölzig. Die Eheleute Hölzig sind beide berufstätig. Er arbeitet im VEB Holzveredelungswerk Leipzig, und seine Frau, welche z. Zt. im Krankenhaus Schkeuditz in stationärer Behandlung liegt, arbeitet im Armeekrankenhaus Wiederitzsch. Das Eheverhältnis war zeitweilig gestört, und dies meist aus dem Grunde, weil es finanzielle Sorgen gegeben hat. In letzter Zeit ist jedoch das Eheleben harmonisch verlaufen. Durch meine Braut ist mir bekannt, daß Herr Hölzig noch zwei uneheliche Kinder haben soll, und dieses soll auch dazu beigetragen haben, daß das Eheleben nicht immer so verlaufen ist, als es normalerweise sein müßte.

Das Verhältnis zwischen Hölzig und meiner Braut, also seiner Stieftochter, ist auch nicht besonders. Dies ist darin zu suchen, weil er nur zwölf Jahre älter ist als sie, und sie aus diesem Grunde nicht die richtige Achtung aufbringen kann. Weiterhin hat sie Kenntnis von seinen ehelichen Verfehlungen, und dies hat auch zu einer solchen Spaltung beigetragen. Zur Charakterisierung des Hölzig muß ich sagen, daß er sehr streitsüchtig ist. Sonst ist er ein verträglicher Mensch, und ich kann nicht klagen. Zu einer ernsten Auseinandersetzung ist es nicht gekommen. Die vier ehelichen Kinder befinden sich alle im elterlichen Haushalt. Bis auf den Jens gehen alle Kinder zur Schule. Da beide Elternteile beschäftigt sind, werden sie durch die Oma, Elsa Gablenz, betreut. Die Kinder gehen morgens in die Schule und werden gleich vom Vater mitgenommen. Bevor sie in die Schule gehen, werden sie im Hort untergebracht, und von dort gehen sie in die Schule. Nach Schulschluß suchen die Kinder meist für kurze Zeit die elterliche Wohnung auf und begeben sich dann bis zum Abend in den Hort. Der Jens geht in den Kindergarten und verbleibt dort bis gegen 16.30 Uhr und wird dann dort wieder abgeholt.

Die Erziehung der Kinder obliegt mehr der Mutter als dem Vater. Dieses aus dem Grunde, weil der Vater auf Grund seiner gesellschaftlichen Arbeit sehr viel arbeiten muß. Weiterhin hat die Erziehung die Oma und meine Braut. Die beiden letztgenannten Personen sind die in der Familie, welche zeitlich am wenigsten gebunden sind und sich so der Kinder annehmen können.

Die Kinder sind seitens der Eltern gleichmäßig erzogen und betreut worden. Ich konnte nie feststellen, daß ein Kind besonders bevorzugt oder benachteiligt worden ist. Zur Oma muß ich jedoch sagen, daß sie am meisten an dem Rüdiger hängt und dies aus dem Grunde, weil sie sich bei einer gewesenen Erkrankung besonders um das Kind mühte und ihn vor einem Erstickungstode rettete. Haben die Kinder Dummheiten gemacht, so werden sie entweder ins Bett gesteckt, bekamen Stubenarrest oder auch mal Schläge. Hatten sie eine solche Strafe bekommen, so wandten sie sich meist an die Oma, und diese stellte dann den Gleichklang wieder her. Bei den Kindern konnte ich noch nicht feststellen, daß sie körperlich oder geistig minderbemittelt sind. Besonders zum Rüdiger ist zu sagen, daß er das aufgeweckteste unter den Geschwistern ist.«

»Bezüglich des Rüdigers muß ich sagen«, so die große Schwester Juliane, »daß er ein aufgeweckter Junge ist, und er auch teils vorlaut gewesen ist. Er war ein sogenannter ›Besserwisser‹ und doch sehr anhänglich und das besonders gegenüber unserer Oma. Seine schulischen Leistungen waren gut, und er verstand es auch, anderen zurückgebliebenen Kindern etwas beizubringen. Sonst war er ein anständiger Junge. Natürlich hatte er auch die Schattenseiten eines Jungen, was besonders im Horte zum Ausdruck kam. Wenn er etwas unrechtes getan hatte, so wurde er meist durch Stubenarrest bestraft oder mußte ins Bett. Geschlagen wurde er wenig, da man damit nichts weiter erreichen konnte. Auch aus diesen sogenannten Strafsachen machte er sich wenig. Er war aber auch sehr lieb und hilfsbereit. Wenn man ihm einen Auftrag erteilte, einen Weg zu erledigen, so hat er dieses anstandslos gemacht. Es war also im großen und ganzen nicht über den Jungen zu klagen. Das Verhältnis zwischen Vater und Sohn konnte man keinesfalls ausgesprochen schlecht bezeichnen. Rüdiger ist zwar etwas vorlaut, und dieses paßte ihm nicht, und da kam es natürlich zu Zwistigkeiten, die in der Form geregelt wurden, indem ihm gedroht wurde, wieder ins Bett gesteckt zu werden, oder es gab ein paar hinten drauf.«

Rüdigers Erzieherinnen schildern den Jungen anders. Bei einer der Kindergärtnerinnen seien vor allem wegen Rüdigers Verhalten Herzbeschwerden ausgelöst worden. Übereinstimmend erklärt das Kollektiv der Erzieherinnen alle der Hölzig-Kinder als überdurchschnittlich vorlaut und frech.

»Mit der Leiterin des Kinderhortes und drei weiteren Hortnerinnen wurde Rücksprache genommen. Sie gaben an, daß es sich bei den beiden Jungs, dem Rüdiger und dem Torsten Hölzig um Kinder handelt, die laufend durch Frechheiten u. Dummheiten aus der der Reihe tanzten und auffielen. Der Torsten ist geistig etwas zurückgeblieben und wurde auch in der Schule ein Jahr zurückgestellt. Der Rüdiger hingegen ist intelligent. Dem Torsten wurden seine Ungezogenheiten oftmals nicht so übel genommen, weil er eben etwas zurückgeblieben ist. Übereinstimmend gab das Erziehungspersonal an, daß die beiden Kinder der Familie Hölzig grundsätzlich nicht das machten, was gesagt wurde. Sie waren in ihrer Ungezogenheit so frech, daß sie jeden konnten zur

Kind im Schutt

Weißglut bringen. Voran war der Rüdiger, der außer seiner Frechheit auch noch zynisch wurde und gleich der Hortnerin ins Gesicht sagte, daß sie keine Erzieherin sei, und er sie ins Zuchthaus bringen wird. Wenn der Rüdiger auf seine Frechheiten aufmerksam gemacht wurde, in sehr gütiger und ruhiger Form, da gab er glatt zur Antwort: ›Wir ändern uns nicht!‹ Damit meinte er sich und seinen Bruder Torsten. Beide kamen unzählige Male ungewaschen in den Hort, und alle Mahnungen hatten bei ihnen keinen Erfolg. Der Rüdiger hat auch im Kinderhort einmal einer Erzieherin in den Unterarm gebissen in seiner grenzenlosen Jähzornigkeit.«

Kein Mitleid von den Kindergärtnerinnen? Rüdiger Hölzig ein Kind, um das man sich solch große Sorgen nicht zu machen brauchte?

Die Ermittler haben sich umgehört. Am 13. 6. ist die Leumundermittlung über Familie Hölzig abgeschlossen. Volkspolizisten haben sich in Nachbarschaft, an den Arbeitsstätten und bei der Parteileitung der Hölzigs erkundigt.

»Der Erich Hölzig ist seit dem 2. 6. 1951 mit der Frau Irene, geb. Braun, geb. am 17. 2. 1925, verheiratet, und beide wohnen seit dieser Zeit mit kurzen Unterbrechungen in Wiederitzsch. Der Erich H. wurde am 15. 7. 1954 wegen moralischer Verfehlungen als Offizier von der NVA entlassen. Danach arbeitete er ca. fünf Wochen als Hilfsarbeiter im Leipziger Messeamt, wechselte dann seine Arbeitsstelle und war als Arbeiter ca. 4 Monate im Arzneimittelwerk Dresden beschäftigt. Seit 1955 arbeitet H. im VEB Holzveredelungswerke Wiederitzsch, wo er zunächst als Arbeiter in verschiedenen Abteilungen dieses Betriebes tätig war. 1957 legte er die Facharbeiterprüfung als Sägewerker ab. 1959 legte er die Meisterprüfung als Meister der volkseigenen Industrie ab und ist seit dieser Zeit als Meister im VEB VHW tätig gewesen. Seit dem 12. 6. 1961 ist H. als Produktionsleiter im VEB VHW, Werk II in Böhlitz-Ehrenberg tätig.

Die Familienverhältnisse des H. sind nicht gut. Bereits bei Beginn seiner Tätigkeit im VEB VHW mußte sich die Parteileitung des Betriebes mit ihm auseinandersetzen, da er seiner Frau verheimlicht hatte, daß er ein uneheliches Kind von der Zeit seiner Zugehörigkeit zur NVA hat. Zu dieser Zeit stand die Familie kurz vor der Scheidung. Insgesamt hat H. 2 uneheliche Kinder, für welche er Unterhalt zahlt, wovon eines in Roßwein und eins in Dresden wohnhaft ist. Aus seiner Ehe stammen vier Kinder, und seine Frau brachte ein weiteres Kind mit in die Ehe.

In den letzten Jahren wurde über das moralische Verhalten des H. nichts Nachteiliges mehr bekannt. Trotzdem wird sein Familienleben noch als schlecht eingeschätzt, da er gegenüber seiner Ehefrau nicht ehrlich ist. So verheimlichte er z. B. 1960 seiner Ehefrau, daß er mit der Brigade eine Kulturfahrt durchführt, indem er eine Dienstreise vortäuschte. Durch den Kaderleiter des Betriebes, welcher der Ehefrau den Treffpunkt zu dieser Fahrt mitteilte, erhielt diese davon Kenntnis, und es traten wieder familiäre Schwierigkeiten ein.

Zu seinen Kindern besteht kein richtiges Vertrauensverhältnis, obwohl er sehr an diesen hängen soll, da er keine bzw. ungenügende pädagogische Fähigkeiten besitzt, und die familiären Zwistigkeiten im Beisein der Kinder geklärt werden. Durch seine Unehrlichkeit gegenüber seiner Ehefrau und seine Charaktereigenschaften kann man nicht von einem harmonischen Eheleben sprechen. Charakterlich wird der H. als herrschsüchtiger, überheblicher und nach Geltungsbedürfnis strebender Mensch bezeichnet. Er wird weiterhin als gefühllos und gegebenenfalls brutal bezeichnet. Man sagt ihm nach, ›daß er über Leichen ginge‹. Diese Charaktereigenschaften zeichnen sich in seiner gesamten beruflichen und gesellschaftlichen Tätigkeit ab.

Seine Arbeitsleistungen und seine Arbeitsdisziplin sind gut. Ein Mangel ist, daß er sich schlecht in das Kollektiv einfügt, was vorwiegend auf Überheblichkeit und Geltungsbedürfnis zurükkzuführen ist, und immer bestrebt ist, unkontrolliert zu arbeiten. Seit 1960 besucht er die Abendschule, um sich zum Ingenieur der Holztechnologie zu qualifizieren. In seiner Klasse wird er allgemein als ›mit Abstand Bester‹ bezeichnet. Das ist zurückzuführen auf seine gute Auffassungsgabe und gute Kenntnisse, die er aber durch seine Überheblichkeit nicht weiter vermittelt, sondern sich auch hier aus dem Kollektiv ausschließt.

Kind im Schutt

In seiner gesellschaftlichen Arbeit ist er nicht beständig. Er arbeitet spontan und nur dann, wenn es nicht um seine eigenen Belange geht. Durch den Sekretär der BPO des VEB VHW wird sein Bewußtsein als sehr oberflächlich eingeschätzt, und es gab wiederholt Auseinandersetzungen mit ihm seitens der BPO, wonach seine Arbeit für einige Zeit wieder zufriedenstellend war. Im Betrieb ist er als Kampfgruppenmitglied und Reservist tätig. Seine Arbeit in der Kampfgruppe ist nicht zufriedenstellend. Er nimmt nur unregelmäßig am Dienst teil. Innerhalb der Gemeinde Wiederitzsch ist er Ratsmitglied und Sekretär des Rates der Gemeinde sowie Ortsleitungsmitglied der SED. Innerhalb der Ortsleitung wurde H. mehrmals wegen ungenügender Mitarbeit in der Ortsleitung sowie in seiner Wahlfunktion als Gemeindevertreter kritisiert. Im Ort selbst findet er in seiner gesellschaftlichen Tätigkeit schlecht Kontakt zu den Menschen und hat sich dadurch manchen Gegner geschaffen. Organisiert ist H. in der SED, FDGB, DSF und war früher in der FDJ.

Die Ehefrau des H. liegt z. Zt. auf Grund einer Unterleibsoperation im Krankenhaus. Sie ist ebenfalls berufstätig und im Lazarett der NVA in Wiederitzsch als Wirtschaftsschwester beschäftigt. Sie ist ebenfalls Mitglied der SED, leistet jedoch im Ort keine gesellschaftliche Arbeit. Charakterlich wird sie als schwer zugänglich, nervös und hysterisch bezeichnet. Sie trägt ebenfalls mit dazu bei, daß die Familienverhältnisse gespannt sind, indem sie ihren Mann hin und wieder seine Fehler vorhält. Sie selbst soll vor ihrer Ehe ein sehr leichtes Leben geführt haben, während jetzt über sie nichts Nachteiliges in moralischer Hinsicht zu sagen wäre.

Es wurde weiterhin bekannt, daß die Familie H. immer in finanziellen Schwierigkeiten lebt, und H. im Betrieb um Unterstützung ersuchte. So wurde ihm u. a. eine in der Miete billigere Wohnung durch den Betrieb vermittelt, und er zu Arbeiten eingesetzt, wo sein Verdienst ständig gestiegen ist. Er ist in seiner Wohnung gut eingerichtet und verbraucht wenig Geld für sich. Vor kurzer Zeit hatte er die Absicht, nach Gotha zu verziehen und dort als Betriebsleiter zu arbeiten, wobei er seine Arbeitsstelle nicht informierte, sondern sich direkt an die vorgesetzte Dienststelle wandte.

Der Kaderleiter und Parteisekretär des VEB VHW bringen übereinstimmend zum Ausdruck, daß sie darüber verwundert sind, daß H. nach dem Verschwinden seines Sohnes ein Verhalten zeigt und Diskussionen führt, als ginge ihn das alles nichts an. Im Betrieb wird z. Zt. diskutiert, daß der H. sein Kind selbst umgebracht hätte, weshalb mit verschiedenen Kollegen durch die Parteileitung bereits Aussprachen geführt werden mußten.«

Ob Erich Hölzig von dieser Meinung der Kollegen wußte? Hätte er sie widerspruchslos hingenommen? Hat er persönlich Konsequenzen gezogen? Wie haben die Ermittler diese Einschätzung der Familie Hölzig gewertet? Der von den Kollegen nahegelegte Verdacht bestätigt sich nicht. Hatte man ihn ernsthaft angenommen?

Auch nach einer Woche: Keine Spur im Fall Rüdiger Hölzig.

»Am 14. 6. 61 gegen 10.30 Uhr wurde durch zwei Bürger der Volkspolizei mitgeteilt, daß an einem Schutthaufen neben dem Lehrlingswohnheim des HVW in der Seehausener Straße in Wiederitzsch von ihnen Aas- bzw. Verwesungsgeruch wahrgenommen wurde. Auf Grund dieser Mitteilung begab sich die MUK der BDVP Leipzig vom Stützpunkt Wiederitzsch aus nach dem o. a. Ort.« Das Lehrlingswohnheim ist die andere Seite des Kornfeldes, an dem man Rüdiger Hölzig letztmalig sah. Der schnell hochgezogene Bau ist heute Eigenheimen gewichen. Ein Zweckbau, ohne architektonische Ambition. Genau an der jetzigen Straßenbahnhaltestelle hat das Haus gestanden. Im Vorsommer 1961 war es fertiggestellt worden, die Auszubildenden hatten es noch nicht bezogen.

Schorsch Lebert ist der Hausmeister des neuerbauten Lehrlingswohnheims des HVW. Am 14. 6. war er mit Kollegen Dietrich Mosch mit Innenarbeiten zur Fertigstellung des Gebäudes beschäftigt. Natürlich hatten sie von dem vermißten Kind erfahren, die Polizei hatte auch erfolglos das Wohnheim durchsucht. Natürlich haben sie auch im Arbeitskollektiv darüber gesprochen. »Ich habe mir die ganze Zeit darüber Gedanken gemacht, wo das Kind sein könnte. Ich sprach mich auch oft mit dem Kollegen Mosch aus. Gemeinsam machten wir uns Gedanken und suchten

Kind im Schutt

unmittelbar am Gebäude und auch am angrenzenden freien Feld, konnten aber nichts finden. Wir suchten auch im Gelände und sprachen auch mit den Schleusenreinigern.

Gegenüber dem Lehrlingskombinat ziehen sich längs des Grundstückes 2 hintereinanderliegende Ziegelschutthaufen. Diese stammen vermutlich durch den Abbruch aus dem HVW. Beide Haufen liegen schon längere Zeit. In den letzten sechs Wochen wurde kein Schutt mehr angefahren. Auf dem dem Grundstück am nächsten liegenden Schutthaufen lagen Teile verrosteter Teertonnen. Diese waren, soweit ich mich entsinnen kann, dicht zusammen. Der Investleiter meines Betriebes erteilte mir den Auftrag, mit dem Dachdeckermeister Rücksprache zu nehmen und ihn aufzufordern, diese genannten Teile Teertonnen abzutransportieren, andernfalls der Abtransport ihm in Rechnung gestellt werden würde. Auf Grund dessen fiel mir vorige Woche entweder Mittwoch oder Donnerstag auf, daß meiner Meinung nach weniger solcher Blechteile (Teertonnen) auf dem ersten Haufen lagen, auch waren diese nicht mehr so dicht beieinander. Ich war der Meinung, daß der Wind sie etwas verlagert hätte. Ich war mir nicht mehr im Klaren, ob evtl. ein solches Teil der Teertonnen fehlte, achtete aber nicht besonders darauf.

Am heutigen Tage nahm ich, der Koll. Mosch und die Frau Berger gegen 9.30–10.00 Uhr das Frühstück ein. Wir unterhielten uns wieder über das Verschwinden des Kindes. Wir hatten uns vorgenommen nach dem Frühstück, unmittelbar neben dem Eingang an der Längsfront des Gebäudes ein durch Wasser eingedrücktes Loch zu erweitern bzw. aufzugraben um unter das Fundament, das ca. 1 m hoch liegt, zu gelangen und mit der Taschenlampe abzuleuchten. Gleichfalls lenkte ich mein Augenmerk wieder auf die auf dem ersten Haufen liegenden Teile der Teertonnen, ich sagte zum Koll. Mosch, der Dachdecker muß doch schon was weggeholt haben, da es noch mehr zerstreut herumlag. Dabei lenkte ich auch meine Aufmerksamkeit auf den 2., dahinterliegenden Haufen, und mir fiel auf dem Letztgenannten ein Teil solcher Teertonne auf. Ich teilte dies dem Koll. Mosch mit. Wir beide liefen zu diesem hin, der Koll. Mosch vor mir. Ich war noch ein Stück entfernt, da rief Mosch, ›die Steine liegen doch aufgeschichtet‹.

Ich sah mir dies an und mußte feststellen, daß es tatsächlich nicht so aussah, als wenn Schutt hingeschüttet wird, sondern die Steine lagen säuberlich und gut geschichtet aufeinander. Seitlich kletterten wir über den Haufen und sahen uns diesen von der Feldseite aus an. Dabei sah ich, daß zwischen diesen geschichteten Steinen Papiersäcke herausragten. Diese Säcke waren mir bekannt, sie stammten von durchgeführten Arbeiten am Lehrlingskombinat und lagen nach Entleerung auf dem ersten Haufen. Diese ganzen Umstände kamen uns eigentümlich vor. Der Koll. Mosch nahm das über den geschichteten Steinen befindliche Teerblech herunter, und da sagte er, ›riech einmal, hier riecht es wie Aas‹, ich selbst roch zunächst nichts, beugte mich noch näher an die geschichteten Steine und stellte nun ebenfalls einen verwesten Geruch fest. Um einen Unterschied festzustellen, rochen wir an einer anderen Stelle, um evtl. eine Geruchsgleichheit festzustellen. Konnten aber keinen solchen Geruch feststellen, wie unter den geschichteten Steinen. Etwas Auffälliges haben wir an dieser verwesten Stelle nicht feststellen können. Berührt außer dem erwähnten Teerblech haben wir nichts. Wir waren uns einig, daß wir unsere Feststellungen der Volkspolizei mitteilen. Aus dem nächstgelegenen HVW anzurufen fanden wir nicht für richtig. Es wären im Betrieb viele Personen gewesen, die unser Gespräch mit gehört hätten. Wir begaben uns schnellstens auf die Volkspolizei in Wiederitzsch und meldeten dort unsere Wahrnehmungen.«

Koll. Dietrich Mosch dazu: »Heute früh gegen 9.00 Uhr habe ich mit dem Hausmeister Lebert und der Frau Berger vor dem Neubau des Lehrlingswohnheimes auf der Holzbank gesessen, und wir hatten die Blickrichtung nach der Eisenbahnlinie zu in Richtung Seehausen. Unsere Unterhaltung war noch wegen dem verschwundenen Jungen, und ich machte dem Hausmeister, oder er mir, den Vorschlag, mit dem Spaten einmal unter der Holzbude – ich muß berichtigen. Ich sage zu jedem Neubau Bude und meinte damit den Neubau des Lehrlingswohnheimes.

Dieser Bau ist nicht unterkellert bis auf das in der Mitte befindliche Heizhaus. Daneben sind aber einige Zwischenräume, und wir wollten dort mit dem Spaten noch einmal nachgraben. Dieses

Vorhaben kam aber gar nicht zur Ausführung. Der Hausmeister sagte plötzlich: ›Ich möchte doch einmal wissen, wie die aufgeschlitzte leere Blechtonne auf einen Haufen gekommen ist, wo nur Schutt angefahren worden ist.‹ Die Blechtonne gehörte mit zu den Haufen, wo noch weitere Blechtonnen, die leer sind, mit leeren Säcken von den Fußbodenlegern liegen. Die Blechtonnen, es können 4 oder 5 Stück sein, auf die Anzahl kann ich mich nicht festlegen, sind den Dachdeckern, die ihren Teer darin hatten und auf den Schrottplatz gehören. Der Hausmeister und ich haben dann die Schuttplätze uns angesehen, und dahinter war eine große Wasserlache. Ich warf in diese Lache einen Stein und wollte damit den Hausmeister etwas vollspritzen. Ich ging dann um diese Wasserlache herum, und da warf der Hausmeister einen Stein ins Wasser, und ich bekam etwas Wasser davon ab. Ich ging dann auf die leere aufgeklappte Blechtonne zu, die über einen Schutthaufen gelegt war. Beim Nähertreten stellte ich fest, daß dort die Mauerschuttsteine nicht hingeschüttet, sondern aneinander gelegt worden waren. Unter diesen Steinen ragen die leeren Zementsäcke hervor, die auch praktisch nichts auf dem Berg zu suchen hatten. Ich habe daraufhin die aufgelappte Blechtonne heruntergeworfen und habe diesen Haufen abgerochen. Dazu stützte ich mich auf die Steine. Ich verspürte einen Aasgeruch und habe den Ort nicht weiter verändert, sondern den Hausmeister gerufen. Dieser wollte anfangs gar nicht kommen, da er glaubte, daß ich ihn wieder mit Wasser spritzen will. Er kam dann doch und hat auch diesen Aasgeruch verspürt. Wir haben alles stehen und liegen lassen und ... sind dann hier zur VP in Wiederitzsch gegangen ... Es kamen dann auch mit uns ein paar Genossen mit. Erst nachdem wurde dann aus diesen Steinen ein Fuß gesehen, als die Genossen der VP mit dabei waren. Als ich mit dem Hausmeister zur VP ging, waren wir noch nicht einmal davon überzeugt, daß wir das Kind gefunden haben. Wir glaubten noch, daß es auch ein vergrabener Hund gewesen ist.«

Fundortbefundsbericht

»Meldung und Veranlaßtes: Am 14. 6. 1961, gegen 10.30 Uhr erschienen bei der Einsatzgruppe der Abt. K im Stützpunkt Wiederitzsch die Bürger Lebert und Mosch und teilten mit, daß sie an dem Bauschutt in der Seehausener Straße in der Nähe des Lehrlingswohnheimes vom HVW in der Seehausener Straße Verwesungsgeruch wahrgenommen haben. Von genannten Personen sind keine Veränderungen vorgenommen worden.

Da der Verdacht bestand, daß der Verwesungsgeruch mit der Leiche des seit dem 3. 6. 61 vermißten Kindes Rüdiger Hölzig in Verbindung zu bringen ist, begab sich die MUK nach o. a. Ort.

Eine kurze oberflächliche Besichtigung bzw. Untersuchung des Bauschuttes ergab die Bestätigung, daß dort unter Steinen, Blech und Papiersäcken verdeckt, eine Kindsleiche liegt. Daraufhin wurden zum Fundort der Oberarzt vom Institut für gerichtliche Medizin Leipzig, der Staatsanwalt des Bezirkes Leipzig, Abt. II, und der Leiter der Abteilung K der BDVP Leipzig hinzugezogen. Das Schnellkommando vom VPKA Leipzig wurde zum Stützpunkt Wiederitzsch beordert, um bei evtl. zu erwartenden größeren Menschenansammlungen die entsprechende Absperrung des o. a. Gebietes durchzuführen.

Allgemeine Lage des Fundortes: Die Ortschaft Wiederitzsch liegt am nördlichen Stadtrand von Leipzig. Durch diese führt die Fernverkehrsstraße 184 mit Autobahnauffahrt in Richtung Halle und Dresden am nördlichen Ende der Ortschaft. Die F 184 führt weiter in Richtung Delitzsch. In Wiederitzsch befinden sich 2 Bahnhöfe. Vom Bahnhof Wiederitzsch führt die Streckenverbindung nach Halle und vom Bahnhof Neu-Wiederitzsch in Richtung Delitzsch-Bitterfeld-Dessau. Außer dem Holzveredelungswerk (HVW) befinden sich in Wiederitzsch keine größeren Industriebetriebe. An landwirtschaftlichen Betrieben die LPG Wiederitzsch. Kurz vor der Ortschaft Wiederitzsch befindet sich das Krankenhaus St. Georg. In der Ortschaft, unmittelbar hinter dem Holzveredelungswerk, endet die Straßenbahnlinie 16 der Leipziger Verkehrsbetriebe. An der durch Wiederitzsch führenden F 184 liegen insgesamt drei Gaststätten sowie zahlreiche Einzelhandelsgeschäfte der Lebensmittel- und Genußmittelindustrie. An der vorgenannten Fernverkehrsstraße liegt desweiteren das Gemeindeamt Wiederitzsch mit dem Stützpunkt der Volkspolizei.

Wege zum Fundort: Unmittelbar hinter dem HVW endet an der Straße der DSF in Wiederitzsch die Straßenbahnlinie 16. Von dort aus führt in östlicher Richtung die Seehausener Straße nach der Dübener Landstr. (F 2). In dieser Richtung gesehen befinden sich auf der linken Straßenseite der Seehausener Straße 5 Neubaublocks (AWG). Es schließt sich ein Kornfeld und die sogenannte ›Affeninsel‹ (Grabeland) an. Dahinter das neuerbaute Lehrlingswohnheim des HVW. An der gesamten rechten Seite der Seehausener Straße erstreckt sich bis zur Bahnlinie Leipzig-Dessau das Betriebsgelände des HVW. Unmittelbar gegenüber dem Lehrlingswohnheim bzw. dem Fundort befindet sich der 2. Betriebseingang zum HVW.

Engere Lage des Fundortes: Gegenüber vom 2. Betriebseingang zum HVW liegt das neuerbaute Lehrlingswohnheim vom HVW mit Giebelseiten nach Nord und Süd sowie Fensterseiten nach allen Richtungen. Eingang zum Gebäude von der Ostseite aus. Östlich dieses Wohnheimes, etwa 30 m entfernt, liegt in Nord-Südrichtung Bauschutt in Form eines ca. 70 m langen und ca. 2 m breiten Schuttberges, der teilweise unterbrochen ist. Der Bauschutt liegt teilweise bis zu 1 m hoch. Bei den Schuttablagerungen handelt es sich vorwiegend um Bauschutt, aus altem Putz oder Ziegelsteinen bzw. -stücken bestehend. Etwa 30 m östlich des Wohnheimes und etwa 35 m nördlich der Fahrbahn der Seehausener Str. befindet sich eine muldenförmige Unterbrechung im Schuttberg. Diese ist ausgefüllt durch Ziegelsteinstücke bis zur Größe eines halben Ziegelsteines, teilweise auch größer. Darunter liegt eine Kindsleiche. Unmittelbar (ca. 3 m) neben dem Schuttberg schließt sich in östlicher Richtung unbestelltes Feld an. Westlich des Bauschuttes bis zum Wohnheim befindet sich freies Gelände, auf dem div. Unrat und Rückstände vom Neubau umherliegen. Nordwestlich des Fundortes befindet sich das Kornfeld, in dem die Schuhe und Strümpfe des Kindes aufgefunden wurden. Außer den westlich des Fundortes liegenden AWG-Neubauten befinden sich weitere Wohngrundstücke erst ca. 150 m nördlich davon und zwar handelt es sich hier um die Südseite der Karl-Marx-Str. in Wiederitzsch. Beleuchtungsquellen sind in unmittelbarer Nähe des Fundortes auf der Seehausener Straße sowie am 2. Betriebseingang zum HVW in Form von Straßenlaternen vorhanden. Auf der Seehausener Str. herrscht reger Fahrzeug- und Fußgängerverkehr, u. a. verkehrt durch die vorgenannte Straße der Omnibus der Linie Wiederitzsch-Seehausen.

Das Opfer

Lage der Leiche: Auf dem Bauschutt ist ein Blech einer aufgerissenen Teertonne sichtbar, welches tunnelartig über dem unmittelbaren Fundort der Leiche liegt. Nach Entfernen des Bleches sind eine Vielzahl von Ziegelsteinstücken, lose geschichtet, sowie ein Stück Sauerkrautplatte, ein weiteres Stück Blech und leere Papiersäcke erkennbar. Zwischen den Ziegelsteinen ist die vordere Partie des rechten Fußes des Toten, mit der Sohle in nördlicher Richtung zeigend, sichtbar.

Nach Wegnahme der Steine und des Bleches werden beide unbekleidete Füße und Beine des Toten sichtbar, und zwar das rechte Bein bis in Kniehöhe und das linke Bein bis in Höhe des Oberschenkels. Es ist bereits jetzt zu erkennen, daß die Leiche in Bauchlage liegt. Außer vorgenannten sichtbaren Teilen der Leiche ist diese in der gesamten übrigen Fläche mit zwei leeren Papiersäcken (alte Zementsäcke?) bedeckt.

Die Leiche liegt auf Bauschutt, d. h. Ziegelsteinstücken und Putz. Beide Beine sind extrem auseinandergespreizt. Linker Ober- und Unterschenkel gestreckt. Rechter Oberschenkel bis etwa in Höhe der Bauchmitte hochgezogen. Im Kniegelenk annähernd rechtwinklig gebeugt. Beide Arme hochgeschlagen. Der Hinterkopf sowie der rechte Unterarm, Teile des linken Unterarmes sind durch ein Kleidungsstück (Hemd) verdeckt. Nach Umwenden der Leiche zeigte sich, daß die Stirn durch die bereits beschriebene Kleidung verdeckt ist.

Spuren an der Leiche: Die gesamte Leiche zeigt hochgradige Fäulniserscheinung, sowie Madenbefall. Der Rücken weist eine

Kind im Schutt

lederartig bräunlich-rötlich-gelbliche Eintrocknung auf. Im
Bereich des Rückens ein etwa 8 cm. breiter Eindruck, der schräg
von der Hinterseite der linken Brustkorbhälfte aufsteigend über
das rechte Schulterblatt bis zum rechten Arm zu beobachten ist.
Das Gesicht, die rechte Halsseite, die Innenseite des rechten
Armes sowie der gesamte Brustkorb hochgradig faul und mit
Maden befallen. Auffällig ist im Bereich des gesamten Brustkor-
bes eine vielfache Durchtrennung der Haut von ovalärem Charakter (Stichverletzungen?). Rechtsseitig kurz unterhalb des
Halsansatzes eine grobe Aufreißung der Haut, aus der heraus
zahlreiche Maden hervorquellen. Oberhalb des rechten Nasen-
flügelansatzes eine annähernd ovale Hautverletzung, die sich in
die Tiefe verfolgen läßt. Die vielfachen Hautdurchtrennungen im
Bereich des gesamten Brustkorbes können durch Stiche mittels
Messer entstanden sein. Deweiteren werden Verletzungen des
Schädels festgestellt. Die genaue Beschreibung der Art und Zahl
der Verletzungen (Schädel- und Stichverletzungen) erfolgt im
Sektionsprotokoll, da dies am Fundort infolge der hochgradigen
Fäulnis der Leiche nicht möglich war und andererseits die Durch-
führung der Sektion erschwert hätte.«

Vorläufiges Gutachten, Sektionsprotokoll vom 15. 6.

»I.   Zeichen schwerer stumpfkantiger Gewalteinwirkung auf den
Hirnschädel. Zeichen vielfacher scharfrandiger Gewalteinwirkungen (Stichverletzungen) im Bereich des geamten Brustkorbes. Zeichen fortgeschrittener Fäulnis sowie starker Fliegenma-
denbefall
II.   Todesursache ist infolge der fortgeschrittenen Fäulnis nicht
mehr mit Sicherheit feststellbar.
III.   Die Sektion hat keine Anhaltspunkte für eine natürliche Todesursache ergeben.
IV.   Wie die Sektion aufzeigt, erlitt das Kind Rüdiger Hölzig
schwere stumpfkantige Gewalteinwirkungen auf den Hirnschädel, die zu den beschriebenen drei Einbruchsbrüchen mit Bruch-
ausläufern in die knöcherne Schädelbasis führten. Bei dem nahe-

zu ausgestanzt erscheinenden Lochbruch, der im Bereich des linksseitigen Anteils des Hinterhauptsbeines lokalisiert ist, wurde die harte Hirnhaut verletzt. Sie zeigt ein etwa erbsgroßes Loch, aus dem reichlich Gehirn herausquillt. Infolge weiterer Gewalteinwirkungen ist es zu den beschriebenen Defekten der Kopfschwarte gekommen.

Im Bereich des Brustkorbes wurden zahlreiche (42) scharfrandige Gewalteinwirkungen festgestellt, die im Laufe der Sektion eindeutig als Stichverletzungen klassifiziert werden konnten.

Bei der Sektion konnten keine, für eindeutiges vitales Geschehen sprechenden Blutungen bzw. Gewebsunterblutungen festgestellt werden. Es ist daher nicht möglich festzulegen, welche der beschriebenen Verletzungen dem Kind zuerst zugefügt wurden und den Tod bedingten. Eine gewisse Wahrscheinlichkeit spricht jedoch für die Priorität der am Schädel gesetzten Verletzungen.

Anzeichen für ein Würgen des Kindes konnten – unter Berücksichtigung der Fäulnisveränderungen der Haut – nicht gefunden werden.

Die beschriebene Spurenbildung im Bereich des Rückens sowie der Bruch im oberen Drittel des rechten Oberarmknochens sind wahrscheinlich als postmortal entstanden zu deuten. Da die Spurenbildung an der Rückseite des rechten Oberarmes in Höhe des Bruches verläuft, wäre an eine Verletzung beim Verbergen der Leiche zu denken.

Als Tatwerkzeuge können sowohl der von der Untersuchungsbehörde vorgelegte Stein als auch das Messer (Hirschfänger) in Frage kommen, wobei allerdings ähnlich wirkende Werkzeuge von vornherein nicht auszuschließen sind.«

»Bekleidung der Leiche: Die Bekleidung des Toten besteht aus einem bunten Ober- und bläulich-weißen Unterhemd. Beide Bekleidungsstücke sind nach oben bis über den Kopf hochgeschoben. Diese Bekleidungsstücke weisen sonst bei oberflächlicher Betrachtung keine Beschädigungen auf. Desweiteren trägt der Tote eine blaue kurze Hose mit darunter befindlicher schwarzer Turnhose. Die blaue Hose ist etwas nach unten gezogen, so daß deutlich die schwarze Turnhose erkennbar ist. Die Turnhose ist

Kind im Schutt

hochgradig durch Fliegenmadeneier beschmutzt. Beine und Füße sind unbekleidet.«

In der rechten Hosentasche des Toten wurden in einer Ausweishülle Notizblätter gefunden. Auf einem dieser Zettel steht folgendes:

Oma ist gut. / 3. Juni 61 / 3. / Dieter war / mit den /Michael T. / über die / Brücke g.«

Unter den bereits befragten Kindern befindet sich kein Michael T. Im Wohngrundstück Straße der DSF Nr. 40 wohnt der 7 Jahre alte Sohn Wolfgang Temmels, Michael. Da der Verdacht bestand, daß dieser noch mit dem Toten am 3. 6. 61 zusammen war, wurde er auf der Dienststelle Wiederitzsch gehört.

Michael Temmel erzählt, daß er am 3. 6. 61 nach dem Mittagessen den später Vermißten im Hof des Wohngrundstückes getroffen hat.»Rüdiger Hölzig äußerte den Wunsch, an die Rietzschke zu gehen. Michael Temmel ist mit ihm dann an dieses Wasser gegangen.

Das Wasser befindet sich linksseitig der Straße der DSF (aus Richtung Stadt gesehen) in Höhe der Eisenbahnbrücke, kurz vor den HVW. Die Rietzschke fließt durch einen Brückenbogen. Längs der Brücke führt ein Weg entlang in Richtung Bahnhof bzw. Güterbahnhof Wiederitzsch. Über das Wasser gelangt man durch Passieren eines aus Holzbalken bestehenden Überganges (Brücke). Am Wasser hielten sich beide Kinder nicht lange auf. Michael Temmel wurde dann durch seine Mutter hochgerufen und hat sich von Rüdiger Hölzig am Wohngrundstück getrennt. Nach den Erzählungen des Temmel zu urteilen, war er in den zeitigen Nachmittagsstunden mit Rüdiger Hölzig zusammen.

Nach Lage der Sache ist der o. a. Eintrag vermutlich von Rüdiger H. selbst geschrieben, auf Grund des Aufsuchens der Rietzschke mit Michael Temmel zustande gekommen.« Weitere Stunden im Tagesablauf des Mordopfers sind damit geklärt. Die entscheidenden nicht.

Lehrlinge sind im Wohnheim noch nicht eingezogen, heute existiert es nicht mehr. Das Lehrjahr 1961 beginnt am 1. September.

Trotzdem hat das Heim bereits Gäste, weiß Hausmeister Schorsch Lebert.

»Seit dem 24. 4. 61 wohnen im genannten Lehrlingswohnheim 4 Kollegen der Staatlichen Plankommission – Ministerium Berlin. Es sind Kollegen, die bei der K-M-Univ. Leipzig ihr Diplom in Wirtschaftsökonomie ablegen. Namentlich kenne ich nur bei 3 dieser Kollegen den Familiennamen. Diese lauten Apitz, Mohr und Holtmann. Den 4. Kollegen kenne ich namentlich nicht. Die Personalien dieser 4 Kollegen sind aber im Hausbuch und auf der VP-Meldestelle erfaßt. Die 4 Kollegen bewohnen zwei Schlafzimmer und haben gemeinsam ein Arbeitszimmer. Sie liegen im ersten Stock links des Hauseinganges, die Blickrichtung aus den Fenstern zeigt genau zur Stelle, wo wir den verwesten Geruch feststellten. Die Entfernung beträgt ca. 25 m. Die 4 Kollegen besuchen bis gegen 14.30 Uhr das Studium. Gegen 15.00 Uhr kehren sie zurück und betreiben dann Selbststudium im angeführten Arbeitsraum.

Am 3. 6. 61 waren, wie mir Koll. Apitz am 5. 6. 61 mitteilte, die Koll. Mohr, Holtmann und der mir unbekannte mittags nach Hause gefahren, lediglich Apitz wäre über das Wochenende im Lehrlingskombinat verblieben. Auf meine Frage, ob er am 3. 6. 61 in den Abendstunden etwas verdächtiges bemerkt habe, antwortete er, nein, die VP wäre aber schon bei ihm gewesen.«

Hugo Apitz ist Mitarbeiter in der staatlichen Plankommission der DDR, tätig im Sektor Textil und Bekleidung. Apitz war an jenem Wochenende nicht nach Hause gefahren. Er schildert seinen Tagesverlauf.

»Am Sonnabend, den 3. 6. 61 fuhren wir 4 Kollegen mit der Straßenbahn gegen 7.15 oder 7.30 Uhr nach Leipzig. Wir stiegen am Karl-Marx-Platz aus und liefen bis ins Bugra-Messehaus in Leipzig C1 Gutenbergplatz. Dort haben wir Unterricht bis 12.00 Uhr gehabt. Die drei Kollegen, die mit mir zusammen wohnen, hatten gleich ihre Sachen mitgehabt und sind nach dem Unterricht gleich auf Wochenendurlaub nach Berlin gefahren. Ich bin mit diesen drei Genossen bis zum Karl-Marx-Platz gegangen, und wir haben uns dort getrennt. Ich hatte meine kleine hellbraune Aktentasche mit meinen Unterlagen mit und habe einen Stadtbummel gemacht. Dabei habe ich mir die Geschäfte gleich auf Warenangebot angesehen und gleichzeitig meine Lebensmittel mit eingekauft. An diesem Sonnabend hatte ich kein Mittagessen gegessen. Nachdem ich die Kaltverpflegung eingekauft hatte, bin ich gegen 14.30 Uhr mit der Straßenbahn der Linie 16 nach Wiederitzsch gefahren ... Gegen 15.00 h bin ich dann im Lehrlingswohnheim angekommen. Das Heim war verschlossen. Ich habe einen Schlüssel bei mir und habe das Heim aufgeschlossen und hinter mir wieder abgeschlossen. Im Heim habe ich dieses Verschließen mit dem Hausmeister Lebert abgesprochen, und er weiß von mir, daß ich das Heim verschließe. Es ist wertvolles Material in diesem Haus, und es ist nicht nötig, daß dort Dinge heraus gestohlen werden.

Ich wohne in der ersten Etage in einem Zimmer, wo drei Fenster sich befinden. Das Zimmer teile ich mit Genossen Kunkel. Ich habe danach im Sportzeug mein Zimmer gereinigt. Ich habe ausgefegt, den Fußboden aufgewischt und auch Staub gewischt. Ich hatte während des Saubermachens das Radio angestellt. Ich kann mich noch entsinnen, daß ich nicht nur das Zimmer sauber gemacht habe, sondern auch mit warmem Wasser, was ich mit dem Tauchsieder warm gemacht hatte, das Geschirr im Waschraum abgewaschen. Dann habe ich auch meine drei Paar Schuhe geputzt. Gegen 17.00 Uhr oder 17.30 Uhr war ich mit allem fertig. Danach habe ich meine schriftlichen Unterlagen, die ich in der Woche gefertigt hatte, in meine Mappe eingeordnet und habe auch Zeitung gelesen. Die Fenster hielt ich geschlossen an diesem Nachmittag. Abendbrot habe ich gegen 19.00 Uhr bis gegen 19.30 Uhr gegessen. Ich habe mich dann auf mein Bett gelegt und habe Radio gehört. Licht hatte ich dabei nicht angeschalten. Meiner Ansicht nach bin ich dann gegen 21.00 Uhr schlafen gegangen. An diesem Tag bin ich nicht wieder aus dem Haus gegangen.«

Am Sonntagmorgen gegen 10.00 Uhr sieht Hugo Apitz Wolfgang Temmel vor dem Wohnheim. Wolfgang Temmel sucht mit Erich Hölzig den vermißten Rüdiger. Apitz kennt Genossen Wolfgang Temmel als Brandschutzverantwortlichen des HVW.

»Ich habe den Wolfgang gefragt: ›Ist es denn Dein Junge?‹ Der
Wolfgang gab mir zur Antwort: ›Nein, es ist der Junge von diesem
Mann‹. Dabei zeigte er auf einen Mann, der mit anderen Männern dort war. Ich habe da nicht an irgendwelches Verbrechen
geglaubt, denn der Wolfgang sagte mir dieses Verschwinden des
Jungen so, als ob dieser nicht nach Hause gekommen ist. Ich habe
dem Wolfgang vom Fenster mitgeteilt, daß mein Sohn auch schon
mal weg war. Der Wolfgang hat mit den anderen Leuten weiter
gesucht, und sind dann mit ihrem Fahrzeug Richtung Bahn-
schranke (Seehausen) gefahren.«

»Anmerkung: Apitz ist Genosse unserer Partei u. machte bei der
Befragung einen sicheren und guten Eindruck. Einen Alibizeu-
gen kann er nicht bringen. Laut seinen Angaben hat er einen fest-
en Schlaf. In der Nacht vom Sonnabend, den 3. 6. 1961, zum
Sonntag, den 4. 6. 1961 ist er nur bei dem Gewitter einmal mun-
ter geworden bzw. hat im Halbschlaf das Gewitter vernommen
und ist wieder fest eingeschlafen. Er hat die Nacht durchgeschla-
fen. Die Fenster seines Zimmers sind in Richtung Seehausen, so
daß er in Richtung Bahnlinie sieht.«

Trotzdem geht ein Fernschreiben in die Hauptstadt Berlin.
Vorstrafen, Familienverhältnisse, Leumund von Hugo Apitz sind
zu ermitteln. Die Genossen melden, daß Apitz wahrscheinlich im
Streit mit der Gattin liegt und deshalb wochenends in Leipzig
blieb. Brief und Telegramm sind vorhanden, die Meinungsverschiedenheiten wollten die Eheleute während des Pfingsturlaubs
klären.

»Auf seiner Dienststelle konnte nichts Nachteiliges über A.
festgestellt werden. Er hat einen guten Leumund, und es konnten weder in arbeitsmäßiger noch in menschlicher und moralischer Beziehung negative Momente festgestellt werden. Aus tak-
tischen Gründen wurde vorerst von Ermittlungen im Wohnsitz
abgesehen.«

Auch die Alibis der Hausmeister Lebert und Mosch wurden
bestätigt.

Zu den Verdächtigen zählen die Männer, die Rüdigers Leiche fanden, nicht.

Am 18. 6. 61 meldet die Leipziger Volkszeitung:

»Tot aufgefunden

Der seit dem 3. Juni in Leipzig-Wideritzsch vermißte 8jährige Rüdiger Hölzig ist tot aufgefunden worden. Die Untersuchungen der Volkspolizei ergaben, daß ein Verbrechen vorliegt. Eine im Tatverdacht stehende Person befindet sich in Untersuchungshaft. Die Bevölkerung wird gebeten, alle Hinweise, die zur restlosen Aufklärung des Verbrechens von Bedeutung sein könnten, an die nächste VP-Dienststelle zu melden.«

Die Identität der »im Tatverdacht stehenden Person«, die sich in Untersuchungshaft befand, ist aus der Akte nicht zu klären. Volker Bohl? Peter Hölzig? Hugo Apitz? ... Kein Dokument bestätigt, daß im Mordfall Rüdiger Hölzig jemals eine Verhaftung vorgenommen wurde. Ein bewußte Falschmeldung, um die Bevölkerung zu beruhigen?

Nach dem Abschluß der gerichtsmedizinischen Untersuchungen wird Rüdiger Hölzigs Leiche zur Bestattung freigegeben.

»Unterzeichneter wurde durch den Dezernatsleiter eingewiesen, an der am 20. 6. 1961, 15.00 Uhr auf dem Friedhof Wideritzsch stattfindenden Beerdigung des Hölzig, Rüdiger teilzunehmen. Mittels Fahrzeug gelangte der Unterzeichnete nach Wideritzsch und suchte um 14.30 Uhr den Friedhof auf. Auf diesem Friedhof war zu verzeichnen, daß schon einige – Schaulustige – zugegen waren. Unterzeichneter begab sich unter diesen Personenkreis und entnahm den dort geführten Gesprächen folgendes: Alle Anwesenden waren sehr empört über dieses Verbrechen, sie waren alle der Meinung, daß der Täter ebenfalls getötet werden müßte. Gegen 15.00 Uhr trafen dann auch die Angehörigen ein. Die Leiche des Hölzig war kurz vor 15.00 Uhr mittels Leichenwagen auf den Friedhof überführt worden. Durch

Dr. Pösel wurde in der Leichenhalle die Trauerfeier abgehalten. Ebenso sprach Dr. Pösel die Grabrede. Ebenfalls war zu dieser Beerdigung eine Delegation der Jungen Pioniere unter Leitung des Pionierleiters anwesend, die neben dem Sarg Aufstellung nahmen bzw. neben dem Sarg zu Grabe schritten. Die Beerdigung war gegen 16.10 Uhr beendet, und die Hinterbliebenen wie auch die Schaulustigen verzogen sich daraufhin vom Friedhof. Zu dieser Beerdigung waren ca. 120–150 Personen anwesend. Besondere Vorkommnisse waren dabei nicht zu verzeichnen.«

Zwei Jahre ermittelt die MUK intensiv. Ohne Ergebnis. Am 14. 3. 1963 legt ein verantwortlicher Offizier der VP seine Überlegungen nieder. Er hat einen konkreten Verdacht und glaubt, daß nicht allen Spuren in dieser Richtung intensiv nachgegangen worden ist:»Folgende Umstände sprechen für die Tatsache, daß der Schüler der Leibniz-Oberschule in Leipzig, Klasse 9 b II, Volker Bohl, geb. am 21. 7. 1945, wohnhaft bei den Eltern in Leipzig-Wiederitzsch, Karl-Marx-Straße 19 Erdg., in den Kreis der Verdächtigen einzubeziehen ist.

1. Die Umstände des Tatgeschehens und die Örtlichkeiten des Tatortes lassen den Schluß zu, daß es sich um einen Täter handeln muß, der sich in der Umgebung auskannte, da von ortsunkundigen Personen kaum gewußt werden konnte, daß einmal dortselbst Trampelpfade durch das Kornfeld führten und zum anderen in den Nachmittagsstunden eines Sonnabendes vorwiegend von Kindern benutzt oder zum Spiel aufgesucht werden.

Bohl wohnt seit mehreren Jahren in Wiederitzsch unweit des vermutlichen Tatortes und ist auch am 2. 6. 61 an dieser Stelle gewesen und beteiligte sich zusammen mit anderen Kindern an Versteck- und Haschespielen.

2. Bohl geriet in den späten Nachmittagsstunden des 3. 6. 61 auf dem Sportplatz in Wiederitzsch mit dem Schüler Rüdiger Hölzig in Streit, zog diesem Kind in böswilliger Absicht einen Schuh aus und warf diesen über einen Zaun, ohne sich später bereit zu erklären, den Schuh zurückzuholen.

3. Auf Grund der auf dem Sportplatz entstandenen Streitigkeiten zwischen Bohl und Rüdiger Hölzig besteht durchaus ein

Recht zu der Annahme, daß diese Auseinandersetzung auch auf dem gemeinsamen Heimweg und dann am Tatort zwischen beiden anhielt. Dafür spricht auch das gleiche Umherwerfen der Schuhe und Strümpfe des geschädigten Kindes.

Als Tatwerkzeug für die festgestellten Schädelverletzungen des Rüdiger muß an die beiden faustgroßen Steine im Kornfeld und an eine Luftpumpe des Bohl gedacht werden. An einem dieser erwähnten Steine wurden Blutspuren und ein Haar gefunden, welches Identität mit dem Kopfhaar des Geschädigten aufweist.

4. Die bisherigen Untersuchungen ergaben, daß Bohl als Letzter mit Rüdiger Hölzig zusammen war. Er verließ mit seinem Fahrrad zusammen mit dem Rüdiger gegen 17.00 Uhr am 3. 6. 61 den Sportplatz in Wiederitzsch. – Durch die widersprüchlichen Aussagen mehrerer Kinder hat sich nicht klären lassen, ob der Bohl den Rüdiger zum Mitgehen oder Mitfahren aufforderte oder ob sich der Rüdiger zum gemeinsamen Heimweg anbot.

5. Bohl gibt an, auf dem gemeinsamen Heimweg vom Sportplatz bis zum Kornfeld mit dem Rüdiger gelaufen bzw. gefahren zu sein, ohne daß zwischen ihnen ein Wort gesprochen worden sei. Dieses Verhalten zwischen Spielgefährten ist zumindest ungewöhnlich. Demnach müssen die vorherigen Streitigkeiten angehalten oder neu entfacht worden sein, oder Bohl sagt die Unwahrheit.

Durch eine Zeugin wird erklärt, daß sie am 3. 6. 61 gegen 17.00 Uhr an ihrem Grundstück den Bohl mit seinem Fahrrad vorbeifahren sah, in dessen Begleitung sich der Rüdiger befand, der neben Bohl lief. Sie habe auch vernommen, wie der Rüdiger Hölzig plötzlich hellauf lachte. – Folglich müssen sich beide unterhalten haben. Möglicherweise hat sich Rüdiger aus irgendeinem Anlaß über Bohl lustig gemacht.

6. Bohl erklärt, daß er nichts sagen könne, in welcher Richtung sich Rüdiger Hölzig entfernt habe, als beide am Kornfeld angekommen waren, und er selbst hinter den Gärten in Richtung Straße der DSF grußlos davongefahren sei. Diese Darstellungen des Bohl erscheinen ebenfalls unglaubhaft, was sowohl das grußlose Auseinandergehen ohne entsprechende Begründung wie auch den Verbleib des Rüdiger Hölzig betrifft.

7. An dem Fahrrad des Bohl wurde bei der Besichtigung desselben eine Ähre gfunden.

8. Die Schülerin Annelene Horn erklärt, daß sie am 3. 6. 61 zwischen 17.15 und 17.30 Uhr den Rüdiger Hölzig gesehen habe, wie dieser am Berg die Straße heruntergelaufen sei und dann durch den Trampelpfad im Kornfeld sich in Richtung zum vermutlichen Tatort begab. Sie habe mit ihm noch einige Worte gewechselt. (Wo war Bohl in dieser Zeit, wenn er der Täter ist?) Diese Schülerin kam aus der Straße der DSF und benutzte dann den Weg hinter den Gärten der Karl-Marx-Straße nach ihrer Wohnung. Den gleichen Weg hat Bohl nach seinen Schilderungen zurückgelegt, als er sich von dem Rüdiger trennte. Er gibt jedoch nicht an, die Schülerin Horn dabei getroffen zu haben, wie auch die Schülerin selbst nicht davon spricht, dem Bohl begegnet zu sein. Folglich dürfte Bohl nicht diesen Weg benutzt haben, als er sich von Rüdiger Hölzig trennt.

Die Schülerin Annelene Horn gibt an, daß sie sich bei dieser Begegnung mit Rüdiger Hölzig in Begleitung der Schülerin Rosalie Abt befunden habe. Von dieser Schülerin werden die Angaben der Horn nicht bestätigt, und sie gibt eine glaubhafte Schilderung über die Verbringung des Sonnabendnachmittages ab. Bei den Befragungen blieben beide Mädchen bei ihren Schilderungen.

9. Bohl gibt an, gegen 17.30 Uhr am 3. 6. 61 zu Hause angekommen zu sein, habe aber vordem noch in der Eisdiele in der Straße der DSF eine Portion Eis gegessen. Namentlich kann er jedoch keine Person benennen, die seine Angaben bestätigen könnte. Bei seiner Ankunft in der elterlichen Wohnung gegen 17.30 Uhr sei sein Vater zu Hause gewesen. Gegenüber dem Zeugen Wolski gibt aber der Vater des Bohl lediglich an, sich erinnern zu können, daß seine Kinder nach 19.00 Uhr die Wohnung nicht mehr verlassen hätten. An anderer Stelle wird diese Uhrzeit mit 20.00 Uhr angegeben.

10. Bohl fuhr anschließend mit dem Schüler Klausjürgen Wecker, den er zufällig auf der Straße traf, mit dem Fahrrad zum Flughafen Mockau, um sich dort eine Halle anzusehen. Bisher hatte er aber noch keine enge freundschaftliche Verbindung zu diesem Wecker gehabt. Zum anderen verblieben ihm für diese

Ausfahrt nur wenige Minuten, da er bereits gegen 18.00 Uhr wieder zu Hause sein wollte. Über eine Besichtigung einer Flughalle erwähnt der Schüler Wecker in seiner Befragung kein Wort.

11. Bohl erklärt, auf der Hinfahrt nach dem Flughafen sei die Seehausener Straße passiert worden und auf der Heimfahrt seien sie durch den ›Schwarzen Weg‹ gefahren. Wecker hingegen versichert, daß beide Male der Weg über die Seehausener Straße gewählt worden sei. Es besteht die Möglichkeit, daß sich der Bohl auf diese Weise entweder ein Alibi beschaffen wollte oder vom Gewissen getrieben durch das Vorbeifahren in der Nähe des Tatortes Gewißheit verschaffen wollte, ob der Rüdiger schon gefunden wurde, zumal mehrere Kinder am 3. 6. 61 aus etwa 100 m Entfernung von einer erhöhten Stelle in Nähe der später gefundenen Blutlache im Kornfeld gegen 17.00 Uhr eine männliche Person gesehen hatten, bei der es sich um Bohl gehandelt haben kann.

12. Bei diesen Kindern handelt es sich um die Schüler Marx und Raddatz und andere, die erklären, daß sie gegen 17.00 Uhr am 3. 6. 61 im Kornfeld nahe des vermutlichen Tatortes eine männliche Person gesehen haben, die schwarzes Haar gehabt habe und mit einem roten Hemd mit kurzen Ärmeln bekleidet gewesen sei. Bohl hat am 3. 6. 61 einen rot-gelb gestreiften Pulli angehabt und hat schwarzes Haar. Auf mehrmaliges Anrufen ›Hände hoch‹ habe sich jedesmal diese Person geduckt, so daß sie vorübergehend aus dem Blickwinkel dieser Kinder verschwand. Dieses Verhalten entspricht nicht dem eines Erwachsenen, sondern eher einer jugendlichen Person.

13. Gegen 17.45 Uhr wurde von diesen Kindern die erste Blutlache am Rande des Kornfeldes Nähe des Grabelandes gefunden ... Gleiche Spuren wurden unweit dieser Stelle am Ende eines Trampelpfades und an den Halmen gesichtet. Zu dieser Zeit mußte sich also das geschädigte Kind bereits tot oder schwer verletzt in der Nähe – vermutlich an anderer Stelle im Kornfeld – befunden haben. Mit einiger Sicherheit ist zu schlußfolgern, daß das Kind von dem Täter in verletztem oder bereits totem Zustand verborgen gehalten wurde. Zu dieser Maßnahme dürfte sich der Täter vor allem deswegen veranlaßt gefühlt haben, da er sich durch die benannten Kinder beobachtet fühlte.

Für einen ortsfremden Täter oder für einen Täter, der nicht mit dem Geschädigten in Verbindung stand, bestand keinerlei Veranlassung, den Leichnam des Rüdiger Hölzig an anderer Stelle zu verbergen. Schon deswegen nicht, weil er befürchten mußte, dabei gesehen oder überrascht zu werden. Für einen ortsfremden Täter wäre die notwendige Folgerung gewesen, sich sofort zu entfernen, da ein Zusammenhang mit dem Auffinden der Leiche vorerst mit Bekannten, Spielgefährten, Ortsbewohnern usw. zu suchen gewesen wäre. Das endgültige Verstecken des toten Kindes unter einem Schutthaufen läßt ebenfalls den Schluß zu, daß dies nicht unmittelbar nach der Tat sondern unbedingt während der Dunkelheit geschehen sein mußte, da bei den umfangreichen Ermittlungen kein Bürger festzustellen war, der eine Person beobachtete, die sich unter verdächtigen Umständen an dem späteren Fundort der Leiche zu schaffen machte. Dieser Fundort ist übrigens von der zu Tageszeiten sehr belebten Seehausener Straße gut einsehbar.

14. Bohl wohnt unweit des Tat- und Fundortes in der Karl-Marx-Straße 19 im Erdgeschoß. Er hatte auch die Möglichkeit, nachts unbemerkt die Wohnung evtl. durch die Fenster zu verlassen und die Leiche am Fundort zu verstecken. Das Versteck des Toten läßt ebenfalls die Meinung vertretbar erscheinen, daß es sich um einen Täter handelt, der die Örtlichkeiten genauestens kennt und sich auch im Dunkeln zurecht findet.

15. Bohl wird von dem Schulpersonal als verschlagen, hinterlistig usw. bezeichnet. Er spielt sich anderen Kindern gegenüber gern als Anführer auf. Aber auch der Geschädigte wird als frech und jähzornig vom Erziehungspersonal des Kinderhortes geschildert. Die Möglichkeit, daß es zwischen beiden vor der Tötungshandlung zu Tätlichkeiten gekommen war, ist demnach nicht von der Hand zu weisen.

16. Bohl zog mit seinen Eltern im Jahre 1953 von Westdeutschland nach der DDR und wurde demnach 8 Jahre in westlichen Umwelteinflüssen erzogen. In letzter Zeit ließen seine schulischen Leistungen merklich nach.

17. Ob der Bohl früher im Besitz eines Messers gewesen ist, blieb bisher ungeklärt. Durch die Vielzahl der wahrscheinlich

Kind im Schutt

nach dem Tode beigebrachten Stichverletzungen muß natürlich an einen Sexual- oder Triebverbrecher gedacht werden. Unter Umständen könnte Bohl von dem eingetretenen Tod des Rüdiger Hölzig nach der Beibringung der Kopfverletzungen noch nicht überzeugt gewesen sein und suchte sich durch die nachträgliche Beibringung der Stiche diesbezügliche Sicherheit zu verschaffen. Dazu könnte er sich veranlaßt gesehen haben, wenn er in der Vorstellung lebte, Rüdiger könne trotz seiner Schädelverletzungen wieder zu Bewußtsein kommen und würde dann ihn – den Bohl – als Täter angeben. Das Vortäuschen eines Sexualverbrechens widerspricht zwar dem jugendlichen Alter des Bohl, ist jedoch auf Grund seiner Einschätzung durch die Schule nicht vollkommen auszuschließen.«

Die Untersuchungen konzentrieren sich nochmals auf Volker Bohl. Seine jetzigen Lehrer und Ausbilder werden um eine Beurteilung gebeten. »Jgfrd. Bohl ist seit dem 1. 9. 62 als Formerlehrling mit Abiturabschluß im VEB LES – LW Graguss – beschäftigt. Bohl stammt aus einer Arbeiterfamilie. Sein Vater ist Mitglied der Sozialistischen Einheitspartei Deutschlands.

Volker Bohl ist ein anständiger und ehrlicher Lehrling. Seine Leistungen im praktischen Teil der Ausbildung sind gut, zum Teil auch sehr gut. Er liefert eine gute Qualität bei sehr wenig Ausschuß. Er führt alle ihm zugewiesenen Arbeiten selbständig aus. Bohl vollbringt Leistungen, welche von keinem seiner Jugendfreunde im Lernaktiv erreicht werden. Er ist Vorbild in jeder Art und Weise. Die schulischen Leistungen liegen im Durschnitt bei der Note 2. Er ist bestrebt, seine theoretischen Leistungen noch zu verbessern. Dies wird ihm bei intensiver Lerntätigkeit auch gelingen. Beide Elternteile kümmern sich laufend um die Ergebnisse seiner Leistungen. Sie sind sehr interessiert an einem guten Bestehen seiner Prüfung. Sie geben sehr viel Unterstützung in der Erziehungsarbeit. Die gesellschaftliche Mitarbeit vom Jgfrd. Bohl ist gut. Er nimmt aktiv an der sozialistischen Wehrerziehung teil. Bohl ist Mitglied der FDJ und des FDGB.«

Auch die Beurteilungen der letzten Schuljahre werden eingeholt. 1961/62 hatte Volker einen Notendurchschnitt von 2,73. »Volker ist bei außerschulischen Einsätzen in der FDJ-Arbeit aktiv. In politischen Diskussionen spürt man, daß er die aktuellen Probleme interessiert verfolgt. Seine Lernbereitschaft läßt allerdings zu wünschen übrig. Das gilt vor allem für die Sprachen und musischen Fächer. Eine Ausnahme bildet die Arbeit im UTP.«

Im Jahr zuvor waren die Leistungen ähnlich. »Volker hat ein hohes Gerechtigkeitsgefühl. Das ist gut, wenn man anderen Menschen Gerechtigkeit widerfahren läßt und selbst einmal erlittenes Unrecht ohne zu murren trägt. So soll ein wertvoller Mensch handeln. Ich glaube, das ist ein Ziel, dem nachzujagen es sich lohnt. Volkers Einsatzbereitschaft bei außerschulischen Einsätzen war gut.«

Der Grundton ist positiv, vielleicht vom Rechercheur so nicht erwartet. Abschließend urteilen die Ermittler zum Verdacht gegen Volker Bohl: »Bei den von uns mit speziellen Mitteln geführten Untersuchungen zur Mordsache Wiederitzsch vom 03. 06. 1961, konnten keine Beweise für eine Täterschaft des Bohl erbracht werden.« Endgültig wird er von der Liste der Verdächtigen gestrichen.

Es war eine der letzten heißen Spuren, den Mörder Rüdiger Hölzigs, 8 Jahre, zu finden. Auch sie führte nicht zur Überführung des Mörders. Im September 1963 faßt der Leiter der Mordkommission alle bisherigen Ermittlungsergebnisse zusammen:

»Im Verlaufe der Ermittlungen zur Aufklärung des Tötungsverbrechens wurden folgende Maßnahmen durchgeführt:

- Überprüfung des Alibis sämtlicher Familienangehöriger und Verwandten
- Überprüfung der Gruppe Jugendlicher und Kinder, die am Tattag mit dem Opfer zusammen waren
- Überprüfung der Gartenbesitzer, die an der einen Seite des Kornfeldes Gärten haben
- Überprüfung von mehreren Personen, die am 3. 6. 61 nachmittags in AWG-Bauten, Nähe Tatort arbeiteten.

- Überprüfung von Beschäftigten des Holzveredelungswerkes, die vorbestraft sind
- Alibiüberprüfungen einschlägig Vorbestrafter aus Wiederitzsch (Sittlichkeits- und Gewaltverbrechen)
- Alibiüberprüfungen aller nach dem 3. 6. 61 anfallenden Sittlichkeits- und Gewaltverbrecher im Bezirk Leipzig
- Überprüfung der Haftentlassenen.
- Überprüfung der Rückkehrer, Rowdys, Homosexueller aus Wiederitzsch
- Überprüfung der zur Tatzeit in Wiederitzsch weilenden Ortsfremden
- Überprüfung der Lehrlingswohnheime, Jugendheime, Sozialheim Leipzig, Jugendwerkhöfe im Bezirk
- Überprüfung und Ermittlungen in Gaststätten der Ortschaft Wiederitzsch, bei der LVB, O-Bus, Taxi, Bahnhöfen zur Feststellung von Verdächtigen
- Überprüfung der Nervenheilanstalten des Bezirkes und Kreises Leipzig nach abgängigen und zur Tatzeit beurlaubten geisteskranken Personen
- Überprüfung einschlägig Vorbestrafter in allen Kreisen des Bezirkes Leipzig sowie Anliegerbezirken
- Feststellung der R-Flüchtigen
- Vergleichsarbeit anhand von KP 14
- Überprüfung und Bearbeitung von insgesamt 66 Hinweisen
- Überprüfung einiger Personen, die besonders verdächtig erscheinen
- Überprüfung des Bohl, Volker, der zuletzt mit dem Opfer zusammen war
- Intensive Überprüfung des Bürgers Bäßler, Willy, der am Tatort Grabeland besitzt und jähzornig geschildert wird. B. hat ein Enkel, welches geisteskrank ist und von Kindern geneckt wird. B. wird dann gewalttätig.
- Überprüfung des Wunderlich, Gert (Täter für Sexualmord im Zug Pirna-Dresden), Alibi vorhanden
- Bearbeitung von Hinweisen aus Kreisen der Bevölkerung und VP-Dienststellen anderer Kreise und Bezirke, die zu späterem Zeitpunkt gegeben wurden

- Durch die OP-Gruppe wurden bestimmte Personen, ohne Erfolg, aufgeklärt

Alle bisher geführten Ermittlungen nach dem unbekannten Täter sind erfolglos verlaufen.

Es wurde zur Durchführung weiterer Vergleichsarbeit mit anderen Bezirken, wo sich ähnliche Delikte an Kindern ereigneten, eine Liste von den Personen angefertigt, deren Alibi nicht umfassend und gründlich erbracht werden konnte, sowie eine weitere Liste mit den Personenbeschreibungen unbekannter Verdächtiger.

Obwohl bis zum jetzigen Zeitpunkt die Ermittlungen weitergeführt wurden (mit geringen Unterbrechungen bei Neuanfall von Tötungsdelikten), konnte eine Aufklärung dieses Verbrechens nicht erreicht werden.

Zur Zeit sind keine weiteren Anhaltspunkte vorhanden, die für die Aufklärung des Mordes geeignet erscheinen und die Ermittlungen als erschöpft anzusehen.«

Doch sind mit diesem Bericht die Ermittlungen nicht abgeschlossen. Der ungelöste Fall forderte stets wieder den Einsatz berenteter VP-Offiziere, er ließ den Ermittlern keine Ruhe. Auch zwanzig Jahre nach der Tat. Kriminalisten suchten in den Protokollen nach neuen Ansatzpunkten, Widersprüchen, bislang übersehenen Hinweisen. Sie finden keine.

In Wiederitzsch spricht man noch lange über den grausamen Tod Rüdiger Hölzigs. Noch heute erinnern sich Bewohner.

War es die Tat eines Perversen? Eindeutige Spuren eines Sexualdeliktes fehlen.

Der Achtjährige Opfer eines grausamen Spieles? Hat er mit seinem Verhalten Kameraden herausgefordert? Keiner der Zeugen hat Schreie gehört. Und vorstellbar ist eine Rache von Kindern auf diese Art nicht.

Wurde Rüdiger Hölzig erschlagen und erst nach dem Tod zweiundvierzigmal mit einem Messer zerstochen? Nachvollziehbare Motive für diesen Ausbruch an Gewalt ließen sich nicht finden.

Trotz intensivster Ermittlungen: Der Mord am achtjährigen Rüdiger Hölzig wurde nie aufgeklärt.

Mädchenaugen

Schwarzenberg, 1946 – Doppelmord: Traudl Deppe und Rosalie Fürweg

Grete Gießer wohnt in Schwarzenberg, Stiftstraße 34, erster Stock. Am Ende der Straße ist das Marienstift, auch heute ein Fachkrankenhaus. Die Straßen im Wohngebiet sind eng, Schwarzenbergs Stadtteil Sachsenfeld liegt am ruhigeren Ufer des Schwarzwassers, jenseits des Fernverkehrs.

Die sozialistischen Zeiten haben den Straßennamen geändert: Clara-Zetkin-Straße. Heute ist vor Haus Nummer 34 eine Verkehrsinsel neu angelegt, der Buslinienverkehr hält vorm dortigen Wartehäuschen.

Es ist ein Zweifamilienhaus, in dem Grete Gießer wohnt. Holzverkleidet der erste Stock. Die Mansarde darüber hat man ausgebaut. Da schlafen die Mädchen der Fürwegs. Die sieben Personen der Familie würden in der Erdgeschoßwohnung mehr als beengt leben. So nutzt man das Zimmer unterm Dach.

In der Nacht zum 26. Juni 1946 teilt Grete Gießers Mann nicht mit ihr das Bett, er arbeitet:»Ich wollte gegen 23 Uhr schlafen gehen«, sagt sie,»und hörte im Hausflur jemand die Treppe zu den Bodenkammern hinaufgehen und kurz darnach wieder herunterkommen. Gegen 1.30 Uhr wachte ich auf und sah im Hausaufgang Licht. Ich hörte auch Türen auf- und zumachen. Ich kann allerdings nicht angeben, ob dies oben oder im Parterre der Fall gewesen ist. Meine Wohnung befindet sich im ersten Stock, und ich hörte auch um diese Zeit Personen die Treppen auf- und abpassieren. Während dieser Gehgeräusche hörte ich im Hause ein Stöhnen. Ich nahm an, daß eines der Kinder des Fürweg krank geworden ist. Kurze Zeit später habe ich einen Schuß gehört. Ich verließ meine Lagerstatt und öffnete das Schlafzimmerfenster und sah hinaus. Das Küchenfenster, das auf die Stiftstraße führt, öffnete ich nicht, da ich allein im Hause war. Ich ging darnach wieder ins Bett. Im Bett liegend hörte ich dann es in unregelmäßiger Reihenfolge klopfen. Ich dachte mir, daß vielleicht jemand in der Toilette eingeschlossen worden war. Plötzlich rief Herr Fürweg aus seinem Fenster heraus: ›Gießer!‹. Auf meine Frage, was los sei, antwortete er mir: ›Er könne sein Schlafzimmer nicht verlassen, da er eingeschlossen sei‹. Ich sagte ihm daraufhin, er solle aus dem Fenster steigen und durch die Hintertür ins Haus gehen. Der Haustürschlüssel paßt auch zur Hoftüre. Die Schlüssel werden abends immer von mir oder meinem Mann abgezogen. Herr Fürweg befolgte meinen Vorschlag, und ich hörte ihn zu den Bodenkammern gehen. Er rief dort aus: ›Ach, um Gotteswillen, meine Mädels, meine Mädels!‹«

Der Vater Herwart Fürweg: »In der Nacht vom 25. zum 26. 6. 46, gegen 2 Uhr morgens mußte ich wie gewöhnlich austreten. Durch die Türenscheibe meines Schlafzimmers fiel Licht. Ich nahm an, daß eine von meinen Töchtern in die Toilette gegangen war, und wollte daraufhin das Schlafzimmer verlassen. Die Tür jedoch war von außen verschlossen. Ich rief daraufhin nach meinen Töchtern Traudl und Rosalie. Es meldete sich niemand. Als ich durch die zweite Tür aus dem Schlafzimmer in das Wohnzimmer wollte, mußte ich feststellen, daß auch diese von außen verschlossen war. In diesem Moment schlug die Uhr in der Wohnung über mir (Gießer) die zweite Stunde. Ich weiß es deshalb genau, da ich an meine Uhr sehen wollte, um zu wissen, ob es nun halb geschlagen hatte oder, wie ich annahm, 2 Uhr sei. Ich lege diese Uhr immer auf das Nachttischchen, das unmittelbar neben meinem Bette steht. Sie fehlte. Als ich durch das Schlüsselloch in das Wohnzimmer sah, brannte das elektrische Licht und das Fenster, das auf die Stiftstrasse geht, war geöffnet. Nach diesen Feststellungen hatte ich das Gefühl, daß irgendetwas geschehen sein musste. Ich versuchte nun, durch Klopfen die Nachbarschaft aufmerksam zu machen, damit ich aus meinem Schlafzimmer heraus konnte. Da sich auf mein langes und heftiges Klopfen niemand meldete – es herrschte vollkommene Ruhe – öffnete ich das Schlafzimmerfenster, das auf der Gartenseite

Mädchenaugen

liegt und rief nach Gießer. Die Familie Gießer wohnt mit uns gemeinsam im Haus Stiftstr. 34. Es meldete sich Frau Gießer, der ich bekanntgab, daß ich eingeschlossen sei. Ich wollte von ihr wissen, was im Hause los sei und weshalb man im Hausflur Licht brennen habe. Frau Gießer antwortete, daß sie angenommen habe, meine Kinder seien die Treppen herunter und hinaufgegangen. Ich stieg dann durch das geöffnete Fenster in den Hof und öffnete die zum Garten führende Tür. Im Hausflur brannte Licht. Meine Vorsaaltüre stand offen, ebenso die Küchentür und die Tür von der Küche zum Wohnzimmer. Im Wohnzimmer angekommen, sah ich sofort, daß die rechte Seite des Fensters, welches nach der Stiftstraße gelegen ist, zerbrochen war. Ich ging sofort zu meinen beiden Töchtern, die in einer ausgebauten Bodenkammer schlafen. Als ich die Tür öffnete, sah ich beide in ihren Betten im Blut liegen. Ich ging sofort ein Stockwerk tiefer zu Frau Gießer und sagte ihr, dass meine beiden Töchter ermordet worden sind.«

»Er kam an meine Wohnungstür und sagte, daß seine Töchter ermordet worden wären. Sie seien ganz entblößt. Er fragte mich, wo er hingehen solle. Ich rief daraufhin Herrn Lehmann vom Nachbarhause, Stiftstrasse 36. Dieser wiederum verständigte Herrn Bäcker, der ein Telefon besitzt und Anzeige bei der Polizei erstattete«, gibt Grete Gießer zu Protokoll.

»Ich rief Herrn Lehmann aus dem Nebenhause, der auch erschien«, sagt Vater Fürweg dagegen, »da mir bekannt war, daß die Familie Bäcker im Nebenhause Telefon besitzt, wurde von dort aus die Polizei verständigt.« Die Geschehnisse jener Morgenstunden werden unterschiedlich geschildert. Verständlich. Der Schock sitzt tief.

26. Juni 1946, 4.05 Uhr: Meldung der Kriminalaußendienststelle Leichsenring, Schwarzenberg: »Gegen 2.55 Uhr nachts wurden dem Dolmetscher Fürweg seine beiden Töchter im Bett ermordet. Täter noch unbekannt. Schriftlicher Bericht wird nachgereicht.«

»Nach Eingang der vorgehefteten Fernsprechmitteilung begab sich das Einsatzkommando an den Tatort. Dieser befindet sich in dem Haus Stiftstr. 34. In einer ausgemauerten Bodenkammer dieses Gebäudes waren die Geschwister

Deppe, geb. Fürweg, Vorn. Gertraude, Maria, geb. am 8. 9. 1920 in Hoffnungsfeld/Rumänien, wohnhaft in Schwarzenberg, Stiftstr. 34, verheiratet, keine Kinder, ev.-luth., Deutsche Staatsangehörigkeit, und

Fürweg, Vorn. Rosalie, Minna, geb. am 29. 9. 1929 in Beresina/Rumänien, wohnhaft in Schwarzenberg, Stiftstr. 34, ev.-luth., Deutsche Staatsangehörigkeit,

ermordet worden.

Die Leiche der Deppe lag auf dem Bett gegenüber der Tür. Sie lag auf dem Rücken, der Kopf war leicht nach rechts gedreht, der linke Arm lief fast parallel zum Körper, der rechte Arm war stark angewinkelt und die Hand lag nahe am Kopf. Das Gesicht war stark mit Blut besudelt.

$1^1/2$ cm unter dem linken Auge befand sich eine halbkreisförmige etwa 5 mm breite Schnitt- bzw. Stichverletzung. Unmittelbar über der rechten Ohrleiste, etwa 1 cm darüber, befand sich eine Schußöffnung mit herausgetretenen Gehirnteilchen. Der vermutliche Einschuß hierzu befand sich auf der linken Kopfseite etwa 2 cm vom Ohr entfernt. Eine weitere Schußöffnung befand sich am linken Unterarm in Nähe des Handgelenkes in Verlängerung des kleinen Fingers. Es handelt sich hierbei um einen Einschuß. Um die Einschußöffnung ein Pulverschmauchring mit einer Größe von $1/2$ bis 2 $1/2$ cm, auf der anderen Seite des Armes in gleicher Höhe Ausschußöffnung. Vermutlich wollte die D. den Kopfschuß mit einer Handbewegung abwehren. Neben der vermutlichen Ausschußöffnung lag in einer größeren Blutlache ein stark deformiertes Geschoß auf dem Bett. Weiterhin lag an der rechten Körperseite der Leiche eine Pistolenpatrone Kal. 9 mm. In dem Schamhaar und von da aus nach dem rechten Oberschenkel zu befand sich eingetrockneter Schleim (Sperma?).

Der rechte Fuß der Leiche war mit Blut beschmiert. Neben ihm lag eine Schlafanzughose. Die D. war nur mit einem Schlafanzugjäckchen bekleidet.

Mädchenaugen

Das Bett und das Zudeckbett waren stark mit Blut verschmiert. Am Kopfende des Bettes wurde auf dem Fußboden eine Patronenhülse vom Kal. 9 mm gefunden. Die Leiche der Fürweg lag mit dem Rücken auf einem Bett, das von der Tür aus gesehen an der rechten Wand stand. Die Füße lagen auf dem Fußboden, beide Arme lagen leicht angewinkelt auf dem Bauch.

An der rechten Nasenseite 1 cm unterhalb des rechten inneren Augenwinkels befand sich ein Einschuß. Am Hinterkopf, 7 cm hinter der Ohrmuschel befand sich unter der Kopfhaut eine harte Verdickung. Die Kopfhaut selbst war bläulich verfärbt. Möglicherweise handelt es sich hierbei um ein unter der Haut steckengebliebenes Geschoß. Beide Gesichtshälften waren stark blutverkrustet. Vor dem Mund war ein großer blutiger Schaumpilz. Auf dem rechten Handrücken, in Verlängerung des Zeige- und Mittelfingers war die Haut bläulich verfärbt.

Das Zudeckbett war stark blutverschmiert, außerdem war das Blut durch beide Matratzen durchgedrungen. Die Leiche war bekleidet mit rosa-roten Schlüpfern und einem weißen Hemd.

Die Totenflecke waren bei den Leichen am Rücken, Gesäßbacken, Oberschenkel und Waden ausgeprägt.

Das ganze Schlafzimmer machte einen unordentlichen Eindruck. Verschiedene Kleidungsstücke lagen auf dem Boden verstreut umher. Die Schrankkästen waren aufgezogen und durchwühlt. Nach Feststellung des Vaters der beiden Toten wurde aus dem Schlafzimmer nichts geraubt.

Der Vater der beiden Ermordeten hat seine Wohnung im Erdgeschoß. Die Wohnung besteht aus Vorsaal, Abort, Küche, Stube und Schlafzimmer. Das Fenster, das von der Stube nach der Straße zeigt, war von außen eingedrückt. Die Glasscherben lagen zum Teil auf dem Fensterbrett und zum Teil auf einem Fell, das unter dem Fenster lag. Durch dieses Fenster müssen die Täter ein- und ausgestiegen sein. In dem Garten, der sich zwischen dem Haus und der Stiftstraße befindet, wurden Fußspuren festgestellt. An der Mauer unterhalb des Fensters wurde eine Kratzspur festgestellt, die wahrscheinlich beim Einsteigen verursacht wurde. Auf dem Stuhl, der vor dem Fenster stand, wurden geringe Fußspuren festgestellt. In der Stube lag eine Patronenhülse, Kal. 9 mm, neben dem Tisch. An dem Fenster konnten keine Fingerspuren festgestellt werden. Der Täter muß seinen Weg dann durch die Wohnung des Fürweg genommen haben. In der Wohnung konnten ebenfalls keine Spuren gesichert werden. Die Wohnung selbst wurde vom Täter nicht durchsucht. Es war von ihm keine nennenswerte Unordnung hervorgerufen worden«, schließt Kriminaldirektor Schädlich seinen Tatortbericht.

»In der Wohnung Stiftstrasse 34 vernommen, erklärt der Vater der beiden Ermordeten:
Ich heiße: Fürweg, Herwart, geb. 8. 9. 1892 in Paris/Bessarab., verh. mit Aljonna, geb. Krauß, Kinder 5 im Alter von 16, 21, 22, 24 und 26 Jahren, D. R., ev.-luth., angebl. nicht vorbestraft, wh. ebd.«
Die Ermittler protokollieren:»In meinem Schlafzimmer neben mir im Bett schliefen noch meine beiden Pflegekinder. Sie sind im Alter von 10 und 6 Jahren. Meine ältere Tochter, Gertraude Deppe, geb. Fürweg, arbeitet mit mir im Landratsamt und war am 25. 6. 46 vom Dienst müde, so daß sie gegen 21 Uhr schlafen gegangen ist. Meine zweite Tochter Rosalie ist gegen 21.45 Uhr schlafen gegangen. Die beiden Vollwaisen – meine Pflegekinder – schliefen bereits, als ich genau 22 Uhr mich zur Ruhe begab.

Traudl, deren Mann der ehemalige SS-Obersturmführer Deppe gewesen ist, erfuhr erst vor ungefähr einem Monat, daß ihr Mann gefallen sei. Sie trauert noch um ihn. Von einer Liebschaft ist mir nichts bekannt. Rosalie ist erst 16 Jahr alt. Ich halte deshalb eine Liebschaft für nicht gut möglich.

Meine Tätigkeit im Landratsamt ist die eines Dolmetschers der russischen Sprache. Es kommen zu mir in meine Wohnung manchmal Deutsche, die mir Aufträge für Übersetzungen geben. Angehörige der Besatzungsarmee waren bei mir nur einmal vor Weihnachten. Es handelt sich dabei um Kapitän Kapitonoff, den Leutnant Schukschin und den Leutnant oder Oberleutnant Rjasanow von der Kommandantur Aue. Die drei Offiziere haben sich längere Zeit bei mir aufgehalten. Kapitän Kapitonoff und Ltn. Schukschin haben damals bei mir im Zimmer meiner Töchter

Mädchenaugen

übernachtet. Meine Töchter schliefen in dieser Nacht unten in der Wohnung.

Ich wohne seit November 1945 im Hause Stiftstrasse 34. Es ist daher verwunderlich, daß die Täter so genau Bescheid gewußt haben, wo ich und meine beiden Töchter schlafen.

Bei der Uhr, die mir gestohlen worden ist, handelt es sich um eine alte silberne Sprungdeckeluhr. Auf dem Sprungdeckel befindet sich ein gelbes Wappen, das vermutlich aus Gold ist, aber bereits stark abgenutzt aussieht. Die Kette ist aus Massivgold und hat ein Anhängsel, welches wiederum an einem Kettchen befestigt ist. Dieses Anhängsel ist dreieckig und hat einen durchsichtigen weißen Stein. Sieht man durch eine Ecke dieses Steines, so sieht man ein Monogramm, das sonst nicht sichtbar ist. Das Monogramm ist K. A. Darüberhinaus konnte ich nichts feststellen, was in der Wohnung abhanden gekommen ist.

Ich bin am fraglichen Tage mit dem 18 Uhr Bus nach Hause gefahren, während meine Tochter Traudl bereits 16.30 Uhr mit dem Bus von Aue nach Hause gefahren ist. Meine Tochter Rosalie ist zu Hause gewesen, weil keine Schule war. Ich habe nach meiner Rückkehr gegen 19 Uhr das Haus nicht wieder verlassen. Meine Frau ist seit 1 Monat mit meiner Tochter Mathilde Huß, geb. Fürweg, verreist und befindet sich in der englischen Zone in Totermann b. Rindeln a. d. Weser. Meine Frau erwarte ich jeden Tag zurück.«

Verdächtig, wie ein Schutzmann der Schwarzenberger Ordnungspolizei den Verlauf dieses Abends schildert:»In der Nacht vom 25. zum 26. 6. 46 hatte ich Dienst. Kurz vor 24 Uhr kam ein Anruf der Stadtkommandantur, die eine sofortige Streife zur Kontrolle von Kraftfahrzeugen in Richtung von Johanngeorgenstadt verlangte. Ich fuhr mit meinem Motorrad in der angegebenen Richtung los. Ungefähr 10 Minuten nach 24 Uhr sah ich unmittelbar neben den Kraus-Werken, Wildenau, einen Pkw der Marke ›Opel‹, rotbrauner Anstrich, halten. Ich wollte ihn kontrollieren. Es war aber nicht möglich, da der Pkw weiter fuhr, nachdem die Insassen mich bemerkt hatten. Ich sah im Wagen eine Person in Zivil und eine Person in der Uniform der Roten Armee. Nach 200 m Fahrt blieb der Pkw wieder stehen. Ich fuhr zu dem haltenden Pkw und frug die Insassen, ob die Streife der Roten Armee in Erla passiert sei. Das wurde bejaht. Neben dem Pkw lehnte an einem Zaun ein Motorrad. Der Fahrer war ein Offizier der Roten Armee. Ich wendete und fuhr 300 m in Richtung Erla. Da ich niemand sah, kehrte ich zu dem Pkw zurück, der noch an gleicher Stelle stand, ebenso der Motorradfahrer. Mit meinem Scheinwerfer leuchtete ich alles ab und hatte das Gefühl, daß der Offizier sein Gesicht verbergen wollte, indem er vortäuschte, daß an seinem Motorrad etwas nicht in Ordnung sei. Der Zivilist im Wagen gab mir auf russisch zu verstehen, daß ich verschwinden solle. Ich fuhr zur Dienststelle und erhielt einen neuen Auftrag. Als wir gegen 0.40 Uhr bei den Kraus-Werken vorbei kamen, war der Pkw und das Motorrad nicht mehr zu sehen.

Gegen 2.55 Uhr kam von der Gemeindepolizei zur Kommandantur von Schwarzenberg für mich ein telefonischer Anruf. Man teilte mir mit, daß in der Stiftstrasse 34 die beiden Mädels Fürweg ermordet worden seien. Die Kommandantur schickte zwei Soldaten mit, um den Tatort zu besichtigen. Nach der Besichtigung wurde die Kriminalpolizei Schwarzenberg, das Kriminalamt Zwickau und der Polizeiarzt benachrichtigt.

Ich gebe meine Beobachtungen zu Protokoll, weil ich annehme, daß sie mit der Tat infolge der übereinstimmenden Zeit in mittelbarer Verbindung stehen.«

Was aber haben die Schwestern Fürweg mit Schmugglern zu tun? Keiner traut den Mädels unrechtes Tun zu, Nachteiliges ist über sie nicht bekannt: Zuvorkommend, arbeitsam, der Vater hat sie streng erzogen.

Auf Grund von Umfragen in der Nachbarschaft gibt eine Nachbarin aus der Siftstraße 32 einen weiteren Hinweis, der den Verdacht des Polizisten bestärkt: »Gegen 23.10 Uhr, die Zeit ist mir deshalb so genau erinnerlich, weil ich schlafen gehen wollte, fuhr ein Auto vor das Haus Stiftstrasse 34. Ein besonderes Augenmerk habe ich nicht darauf gerichtet, denn es ist bereits öfter vorgekommen, daß Pkw's dort vorfahren und Herrn Fürweg abholen. Eine Beschreibung des Pkw's kann ich nicht geben. Es ist mir auch nicht erinnerlich, wann das Kraftfahrzeug wieder abgefahren ist. Während der Nacht vom 25. zum 26. 6. 46 hörte ich es dauernd klopfen. Obwohl ich aufgestanden war, habe ich mich nicht weiter darum gekümmert, nachdem ich feststellte, daß das Klopfen im Nachbarhause war. Wie spät es war, weiß ich nicht anzugeben.« Ist dies der Pkw, der dem Ordnungspolizisten auffiel? Daß Russen im Hause Fürweg verkehren, daß der Vater auch nächtens zum Amt geholt wird, ist üblich. Man glaubt, einen Sowjetoffizier im Wagen gesehen zu haben, saß Vater Fürweg im Fond? Waren Gertraude und Rosalie Zeugen und haben ihr Mansardenzimmer verlassen, den Vater beobachtet? Die Mutter ist auf Reise im Westen. Die Pflegekinder schliefen. Vater Fürweg hat keine Schritte auf der Treppe gehört wie Frau Gießer. Ihm hat man sogar die Uhr vom Nachttisch gestohlen. Sagt er die Wahrheit? So wäre diese kaum glaublich.

Als Aljonna Fürweg aus Totermann b. Rindeln a. d. Weser nach Schwarzenberg zurückkehrt und vom Tod ihrer Töchter erfährt, trifft sie der Schock.»Obwohl die Mutter der Ermordeten am 26. 6. 46 in den späten Nachmittagsstunden aus dem Westgebiet wieder nach Schwarzenberg zurück kam, konnte eine Vernehmung noch nicht stattfinden, da Frau Fürweg durch die Ermordung ihrer Töchter vollkommen erschüttert und nicht vernehmungsfähig war.« Selbst Aljonna Fürweg kann nicht glauben, daß Gatte Herwart nichts, aber auch gar nichts von den Vorgängen im Haus gehört haben soll. Es muß doch laut gewesen sein. Laut! Man muß was gehört haben, wenn man im selben Hause schlief ... oder? NKWD und Ermittlungsbehörde fühlen sich in ihrem Verdacht bestätigt. »Am 27. 9. 46 mußte der Vater der Ermordeten, Herwart Fürweg, auf Anordnung der NKWD Schwarzenberg festgenommen werden. Die NKWD Schwarzenberg nahm an, daß die Aussagen des Fürweg nicht der vollen Wahrheit entsprächen. Insbesondere erschien es unglaubhaft, daß F. nicht aufgewacht ist, obwohl der Täter das Fenster eingeschlagen hat, aus dem Schlafzimmer neben dem Bett des F. eine Uhr gestohlen hat und dann beide Schlafzimmertüren verschlossen hat. F. wurde allerdings der deutschen Polizei weiter für Vernehmungen zur Verfügung gestellt.«

Einen Tag darauf ist die Mutter gefaßter und sagt bei der Polizei aus:»Im November 1945 wurden wir von Rumänien nach Deutschland umgesiedelt. Wir waren ein Jahr im Umsiedlerlager bei Dresden. Anschließend wohnten wir bis Januar 1945 im Warthegau bei Posen. Mein Mann war dort Beamter. Im Januar 1945 mußten wir flüchten und kamen anschließend nach Markersbach. Von hier aus zogen wir im November 1945 in unsere jetzige Wohnung.

Meine Tochter Traudl war mit Herbert Deppe, der aus Dobrudscha (Rumänien) stammt, verheiratet. Dieser war SS-Obersturmführer und Ritterkreuzträger. Kurz vor dem Zusammenbruch erhielten wir einen Brief, daß er vermißt sei. Vor einigen Wochen kam ein Brief von dem Schwager meiner Tochter, in dem dieser mitteilte, daß er von einem Kameraden seines Bruders erfahren habe, daß er bei den Kämpfen in Budapest durch Kopfschuß gefallen sei.

Die Vernehmung mußte an dieser Stelle abgebrochen werden, da Frau Fürweg in Weinkrämpfe verfiel. Als sie dann noch erfuhr, daß ihr Mann festgenommen worden sei, brach sie mit ihren Nerven vollkommen zusammen. Sie wurde erst mit zur Kriminaldienststelle Schwarzenberg genommen und anschließend dem Krankenstift Schwarzenberg zugeführt.«

Einen Tag später dieser Vermerk:»Fürweg wurde am 28. 6. 1946 nochmals eingehend vernommen. Er machte hierbei dieselben Angaben, die er bereits bei seiner ersten Vernehmung gemacht hatte. Nachdem auch Frau Fürweg ihre Aussage widerrief, daß sie ihrem Manne nicht glaube, wurde Fürweg von der NKWD Schwarzenberg wieder freigelassen.«

Einen anderen Verdacht legt ein Mieter des Hauses Stiftstraße 56 nah:»Am 25. 6. gegen 22 Uhr kam ich von meiner Arbeitsstelle nach Hause. Als ich eine Weile zum Fenster meiner Wohnung auf den Hof hinaussah, entdeckte ich, daß sich eine Person an meinem Hasenstall zu schaffen machte. Ich rief: ›Was ist da unten los?! Wenn ich runterkomme, schlage ich dir die Knochen auseinander!‹ Diese Person lief daraufhin vom Hof auf die Stiftstraße. Ich lief schnell vom Hoffenster zum gegenüberliegenden Schlafstubenfenster, um die Stiftstraße beobachten zu können. Als ich durch das Fenster sah, hörte ich plötzlich einen scharfen Schuß, der vermutlich aus einem Revolver abgefeuert worden war. Ich entfernte mich daraufhin vom Fenster. Als ich wenige Minuten später Schreie hörte – ich dachte, es stamme von Tieren aus einem Stall in unmittelbarer Nähe meines Grundstückes – forderte ich meine Tochter auf, sofort den Besitzer dieses Grundstückes zu verständigen. Als meine Tochter an der Stiftstraße 34 (Tatort) vorüberkam, bemerkte sie vor dem Fenster einen großen stattlichen Herrn in Zivil. Dieser sah dauernd in die Wohnung des Fürweg und stellte sich sofort in den Schatten, nachdem er meine Tochter bemerkt hat.«

Die zweiundzwanzigjährige Tochter des Zeugen dazu:»Am 26. 6. 46, gegen 1 Uhr nachts, schickte mich mein Vater in das Grundstück meines Arbeitgebers, um diesen darauf aufmerksam zu machen, daß bei ihm vermutlich Diebe eingebrochen seien. Auf dem Wege dorthin mußte ich an dem Mordhaus vorbei. Ich beobachtete, daß im Wohnzimmer und in der Küche der Familie Fürweg Licht brannte. Ein Lichtschein fiel durchs Fenster auf die Straße. In diesem Lichtschein stand ein großer Herr, der zivil gekleidet war und schaute in die Fenster der Wohnung des Fürweg. Als er mich bemerkte, entfernte er sich und ging stadtwärts.« Weitere Angaben kann die Zeugin nicht machen. Waren es Diebe? Selbst wenn die Schwestern solche beobachtet, und dies bemerkt worden wäre, laufen solche Täter ins Dachgeschoß, schießen und riskieren dadurch ihre Entdeckung? Dieser Verdacht scheint unbegründet. Sind es private Motive, die zum Mord führten? Haben die Schwestern wirklich keinen Kontakt zu Männern, wie Vater Fürweg annimmt?

»Als Freundin der Rosalie Fürweg wurde die Schülerin der Höheren Handelsschule Köhler, Ingrid, geb. am 25. 3. 31, wohnh. Schwarzenberg, Grünhainer Str. 31 ermittelt, und sie gab zur Sache befragt an:

»Rosalie Fürweg kenne ich seit ungefähr November 1945. Soviel mir bekannt, wohnten sie vorher in Markersbach und sind um diese Zeit nach Schwarzenberg umgezogen. Sie besucht mit mir die Klasse H 5 der Höheren Handelsschule, und da sie meine Nachbarin war, freundeten wir uns an. Wenn sie abends zu mir in das Gasthaus meiner Eltern ›Köhler‹ kam, so war das meistens abend gegen 22 Uhr. Ob mit oder ohne Erlaubnis ihrer Eltern, weiß ich nicht. Sie ist öfters nach Beierfeld in das Gasthaus ›Albertturm‹ tanzen gegangen. Allerdings war mir fast immer unklar, mit wem sie tanzen ging. Ich habe festgestellt, daß Rosalie und auch Gertraude eine gewisse Neigung zu Russen hatten, sie sprachen freundlich mit ihnen und zwar meist russisch. Von Traudl ist mir bekannt, daß sie einmal mit einem Russen Motorrad gefahren ist, wohl vom Tanzen nach Hause.

Mein Cousin, Fritz Wolf, interessierte sich auch für Rosalie Fürweg. Er war am Abend des 25. 6. 46 mit Rosalie zusammen im Gasthaus meiner Eltern. Ich konnte dies nur flüchtig feststellen, als ich an dem gestrigen Abend von einer Geburtstagsfeier kommend gegen 23 Uhr durch das elterliche Lokal ging.«

Ingrids Schwester Magda Köhler kellnert im Lokal des Vaters und bestätigt:»Ich arbeite im Gasthof meines Vaters als Bedienung. Am 25. 6. 46 gegen 22.30 Uhr kam die Rosalie Fürweg zu uns ins Lokal. Sie sagte mir, sie sei daheim ausgekratzt und befinde sich ohne das Wissen ihres Vaters hier.«

Rosalie Fürweg war nach 22 Uhr im Gasthaus bei den Eltern der Freundin. Sie hatte sich keineswegs 22 Uhr schlafen gelegt, des öfteren hat sich die Sechzehnjährige ohne Wissen der Eltern aus dem Hause geschlichen und noch Stunden im Lokal der Köhlers verbracht. Das ist keine 300 m vom Wohnhaus entfernt, ein kurzer Weg. Die Köhlers betreiben neben der Gastwirtschaft noch eine Fleischerei. Heute bröckelt am Haus der Putz. Ein Bürocenter ist in die Räume gezogen. Doch den Namen Köhler kann man noch immer über den Fenstern lesen.

Vater Fürweg hatte Liebschaften seiner Jüngsten ausgeschlossen, er hat die Wahrheit nicht gewußt. Denn sehr wohl war sich Rosalie bereits ihrer weiblichen Reize bewußt und setzte sie ein.

Mädchenaugen

Daß die Schwestern das Leben genießen, wird in mehreren Aussagen bestätigt. Ein Zeuge erinnert sich: Er fuhr Rosalie und Schwester Gertraude Deppe zum Maskenball ins nahe Beierfeld. Als die Mädchen ihn darum baten, habe er sie auf dem Rückweg bis vor die Haustür gefahren. Und er hat sich mit ihnen verabredet zum Tanz in der »Sonne« in Wildenau. Doch diese zweite Fahrt kam nicht zustande, weil er nicht zur Stelle war. Nein, er habe an jenem Tag einfach nicht können. Und außer diesem einen Mal nach dem Maskenball hat er die Mädels nicht gesehen. Wirklich. Anderes ist ihm nicht nachzuweisen.

Haben die Schwestern Männern Liebe versprochen? Haben sie provoziert? Es ist ein anderes Bild als das des Vaters, das Zeugen von den »streng erzogenen Töchtern« geben. Ingrid Köhler weiß noch mehr: «... Boris interessierte sich ... stark für die Rosalie Fürweg. Ich habe auch eine gewisse Schwärmerei bei der Fürweg bemerkt. Mein Vetter Fritz Wolf hatte ebenfalls ein kameradschaftliches Freundschaftsverhältnis mit der Fürweg. Durch das Dazwischentreten des Boris war dies allerdings etwas getrübt worden. Direkt entzweit hatten sich mein Vetter und die Fürweg aber nicht. Ich habe ebenfalls nicht bemerkt, daß ihr mein Vetter wegen des Boris Vorhaltungen gemacht hätte.« Andere Bekannte der Schulfreundin kennt Ingrid Köhler nicht.

»Auf Grund der Aussagen der Ingrid Köhler wurde der Kaufmann Wolf, Eugen Fritz, geb. am 12. 9. 22 in Schwarzenberg, wh. Grünhainer Str. 31, zur Kriminaldienststelle Schwarzenberg bestellt und er erklärt zur Sache befragt folgendes:
Seit dem 1. 4. 45 habe ich mit meiner Mutter eine Wohnung im Grundstück meines Onkels, des Gastwirts Anselm Köhler, in Schwarzenberg, Grünhainer Strasse 31, inne. Täglich halte ich mich in der Gaststätte meines Onkels auf und kenne demzufolge seine sämtlichen Gäste. So sind mir auch die beiden ermordeten Töchter des Dolmetschers beim Landrat, Fürweg, von der Stiftstrasse 34, bekannt. Mit der jüngsten Tochter Rosalie unterhielt ich seit Weihnachten 1945 ein Freundschaftsverhältnis. Auch die Eltern der beiden Ermordeten sind mir bekannt, und ich weiß, daß diese beiden Mädchen seitens ihrer Eltern eine gute und

strenge Erziehung genossen haben. Rosalie war in ihrer Ausgehzeit sehr beschränkt und bis vor ungefähr einem 1/4 Jahr mußte sie spätestens um 21 Uhr in der elterlichen Wohnung sein.

Rosalie ist fast täglich in der Gaststätte meines Onkels, da sie eine Freundin meiner Cousine Ingrid Köhler ist. Beide Mädchen verrichteten in den angrenzenden Gesellschaftzimmern der Gastwirtschaft ihre Schularbeiten oder haben gespielt und getanzt. In den Monaten Februar, März und April dieses Jahres ist es wiederholt vorgekommen, daß ich Rosalie am Schluß ihrer Besuche bei meiner Cousine nach Hause begleitete. Wenn ich das später nicht mehr tat, so deshalb, weil durch die Knappheit des Alkohols keine Befürchtungen mehr bestanden, daß Rosalie auf ihrem Nachhauseweg etwa durch Betrunkene belästigt werden konnte, zumal unsere beiden Wohnungen nur etwa 200 m auseinander liegen. Im allgemeinen kann ich über die beiden Ermordeten sagen, daß es sich hierbei um sehr anständig erzogene Mädchen gehandelt hat. Ihre Vergnügen lagen immer im Rahmen der Anständigkeit und meistens in Gegenwart ihrer Eltern.

Mein Freundschaftsverhältnis erfuhr in letzter Zeit eine Trübung. Rosalie machte die Bekanntschaft eines mir sehr aufdringlich erscheinenden Herren. Es handelt sich wohl um einen entlassenen Soldaten der Roten Armee namens Borries, der meistens in Zivil ging. Nach meiner Meinung hat Rosalie bis zu einem gewissen Grade sich von ihm den Hof machen lassen. Das war der Grund, warum unser Freundschaftsverhältnis in der letzten Zeit etwas getrübt wurde. Am 25. 6. 46 war Rosalie im Lokal meines Onkels. Ich kam gegen 22.20 Uhr aus der Kinovorstellung ins Lokal zurück und bemerkte sie dort. Ich unterhielt mich mit Rosalie. Es betraten zwei Soldaten der Roten Armee das Lokal meines Onkels, und wir setzten uns gemeinsam an einen Tisch. Die Unterhaltung mit diesen Soldaten war belanglos. Rosalie spielte mit ihrem Hausschlüssel auf dem Tisch. Ich nahm ihr den Schlüssel aus der Hand und spielte selbst damit. Als die Soldaten mich fragten, ob Rosalie meine Frau sei, bejahte ich das. Rosalie verlangte dann von mir den Hausschlüssel zurück, da sie nach Hause gehen wollte. Im Scherz sagte ich, ich beabsichtige, einen Wachsabdruck von diesem Schlüssel anzufertigen, damit ich in die

Speisekammer gelangen könnte, händigte ihr aber dabei den Schlüssel aus. Sie verließ das Lokal ungefähr gegen 23.15 Uhr, um nach Hause zu gehen. Was sich nun weiter abgespielt hat, nachdem Rosalie das Lokal verlassen hat, weiß ich nicht. Ich selbst verblieb noch im Lokal und suchte dann meine Wohnung auf. Als Zeugen dafür, daß ich mit Rosalie das Lokal nicht verlassen habe, kann ich meinen Onkel, den Gastwirt Anselm Köhler, sowie meine Cousine, benennen. Meine Mutter war an diesem Abend nicht in unserer Wohnung anwesend, da sie bei der Reichspost in Schwarzenberg ihren Nachtdienst zu versehen hat. Es ist mir deshalb nicht möglich, einen Zeugen zu benennen, der bestätigt, daß ich meine Wohnung an diesem Abend nicht wieder verlassen habe.

Die beiden Rotarmisten, die sich an unserem Tisch befunden hatten, verließen das Lokal etwa 5 Minuten früher als Rosalie. Es ist mir nichts bekannt, daß es irgendwelche Abmachungen oder Verabredungen zwischen den beiden Rotarmisten und Rosalie gegeben hätte.

Ich versichere, daß meine oben gemachten Angaben der reinen Wahrheit entsprechen, ich alles erzählt habe und nichts weiter hinzufügen kann.«

Das die Aussage des Fritz Wolf. Von der Verdächtigenliste kann er damit nicht gestrichen werden. Hat er wirklich Rosalie, die er verehrte, allein nach Hause gehen lassen? Nur fünf Minuten nach den Sowjetsoldaten hat die von ihm Verehrte die Gastwirtschaft Köhler verlassen. Freundschaft, sagt Wolf, habe er für Rosalie empfunden, sicher gilt, der Vierundzwanzigjährige wollte von dem Mädchen mehr. Sie lehnte ab und ließ sich von einem Russen »den Hof machen«. Hat der Verschmähte diesem Verhältnis zusehen können? Hatte Fritz Wolf seine Leidenschaft unter Kontrolle?

Magda Köhler sagt: Rosalie Fürweg »kam für gewöhnlich ein bis zweimal in der Woche um diese Zeit in unser Gasthaus und unterhielt sich hier etwas mit mir und den anderen Gästen. Am 25. 6. 46 saßen wir gemeinsam mit meinem Vetter Wolf, der um diese Zeit vom Kino gekommen war, und noch zwei Herren am Stammtisch und haben uns über belanglose Dinge unterhalten. Während ich meist mit den Männern sprach, unterhielt sich mein Vetter mit der Fürweg. Gegen 11.35 Uhr verließen die beiden Stammgäste das Lokal. Kurze Zeit später kam eine russische Streife. Diese bestand aus zwei Soldaten, die schon öfters in unserem Lokal gewesen waren. Ich bediente diese erst selbst. Dann riefen sie meinen Vetter an ihren Tisch und wollten Schnaps von ihm haben. Mit ihm gemeinsam begab sich auch die Fürweg an diesen Tisch. Ich selbst setzte mich noch mit hin. Wir haben uns auch an diesem Tisch nur über belanglose Dinge unterhalten. Gegen 23.45 Uhr verließen die beiden Russen das Lokal. Kurze Zeit später ging die Fürweg ebenfalls. Auf eine Bemerkung meines Vaters, ob sie keine Angst habe, allein nach Hause zu gehen, sagte sie, mir tut niemand etwas.

Gemeinsam mit meinem Vetter verließ ich dann die Gaststube durch die Hintertür. Wir begaben uns erst einmal auf die Toilette und anschließend jeder in unsere Wohnung. Ob mein Vetter seine Wohnung später nochmals verlassen hat, kann ich nicht angeben. Es ist dies von meinem Schlafzimmer aus nicht wahrzunehmen.

Bemerken möchte ich noch, daß mein Vetter am 26. 6. mit den Geschwistern Fürweg nach Aue ins Theater fahren wollte. Ob mein Vetter der Fürweg einmal den Hausschlüssel abgenommen hat, kann ich nicht angeben. Ich habe darauf keine Obacht gegeben.«

Ein sicheres Alibi kann die Verwandtschaft Fritz Wolf nicht geben. Ein vorläufiger Schlußbericht vom Tag nach dem Mord zeigt weitere Seiten des jungen Mannes, denn »Wolf wurde am 26. 6. 46 von der NKWD wegen einer anderen Sache in Haft genommen.« Was dem Vierundzwanzigjährigen vorgeworfen wurde, vermerken die Akten nicht. Schwarzhandel? Schmuggel? Wirtschaftsvergehen liegen nah. Wirtsleute und deren Angehörige standen unter besonderer Beobachtung staatlicher Organe und der Besatzungsmacht. Schnell konnte in diesen Häusern illegal geschossenes Wild veräußert werden. Unbekannte können sich ohne Aufsehen in Gaststuben verabreden. Wer ist Fritz Wolf?

Der junge Mann bleibt in Haft. Über seine Entlassung steht nichts im Protokoll. Daß Fritz Wolf die Aufmerksamkeit des NKWD erregte, läßt auch an andere Straftaten und Prozesse denken. «Auf der Stiftstrasse, etwa 8 m vom Eingang Stiftstr 34, wurde eine Patronenhülse 9 mm aufgefunden und sicher gestellt.« Allerdings können Zusammenhänge zwischen all den Zeugenaussagen und den beobachteten Personen nicht festgestellt werden. Vater Fürweg aus der Haft entlassen. Fritz Wolf unter anderem Verdacht verhaftet. Fragen bleiben. Ohne Zweifel: Auf der Stiftstraße wurde geschossen. Mitternacht aß Heizer Hans Koch sein Brot, er hatte 0.15 Uhr zwei Schüsse gehört. Eine Minute später schoß es noch einmal, sagt er. Und er sah das Fürwegsche Haus 1.30 Uhr erleuchtet. »Ich habe mir gedacht, daß die Einwohner dieses Hauses aber zeitig aufgestanden sein müssen.« Nur noch Frau Gießer hatte die Schüsse gehört, aber auch sie hatte sich nichts weiter dabei gedacht.

Die Ermittlungen konzentrieren sich erneut auf die Privatsphäre Rosalies. Sie war am Abend außer Haus. Sie war Soldaten und anderen begegnet. Traf sie ihren Mörder im Gasthaus der Köhlers? Wen kannte sie noch?

Schulfreundin Ingrid: »Wie ich bereits angegeben habe, ging die Rosalie Fürweg öfters in den ›Albertturm‹ tanzen. Mit wem sie gegangen ist, kann ich nicht angeben. Sie traf dort aber öfters einen Russen namens Boris. Diesen kenne ich bereits seit Februar dieses Jahres. B. interssierte sich stark ... Getanzt haben die Mädchen mit Boris und mit zwei Sergeanten der Roten Armee. Von denen ist der eine jetzt in Stollberg und der andere in Annaberg tätig. Die zwei Sergeanten waren früher bei einem Demontagekommando tätig ...«

Wie Traudl und Rosalie nach solchen Tanzabenden nach Hause kamen, weiß Ingrid Köhler nicht. Haben die Schwestern an solch einem Vergnügungsabend ihren Mörder getroffen? Ist er ein Angehöriger der sowjetischen Besatzungsmacht? Darüber gibt die Akte keine Auskunft.

Oder sitzt tatsächlich mit Fritz Wolf der Mädchenmörder bereits hinter Gittern? Leichtere Delikte hat er bereits auf dem

Kerbholz. Somit Fall geklärt und zu den Akten? Was trug sich wirklich in jener Juninacht in Schwarzenberg zu?

»Spurensicherungsbericht vom 27. 6. 46

A Fingerspuren
Brauchbare Fingerspuren sind trotz eifrigsten Absuchens nicht gefunden worden.

B Fußspuren
Im Vorgarten des Hauses Stiftstrasse 34, und zwar unmittelbar unter dem zertrümmerten Wohnstubenfenster des Fürweg, stellte ich einige schwache Fuß- bzw. Absatzeindrücke im Erdreich fest. Der Stellung der Absatzeindrücke nach handelte es sich um zum Fenster kommende und sich entfernende Spuren. Sie können ihrem Aussehen nach nur von einer Person verursacht sein. Die Stelle, an der sich die Eindrücke befanden, wurde von mir in ihrer Gesamtausdehnung unter Beilegung eines Maßstabes photographiert. 2 Lichtbilder werden beigefügt.

C Sonstige Spuren
1. Ebenfalls im Vorgarten, und zwar auf dem Wege unmittelbar am Zaun des Treppenaufganges fand ich einen frisch abgerissenen eisernen Sohlenschoner. Er wurde für alle Fälle gesichert.
2. Im Bett der ermordeten Deppe, auf dem Bettlaken unter der rechten Kopfseite der Leiche der Deppe fand ich ein Geschoß.
3. Ebenfalls auf diesem Bettlaken, an der rechten Hüfte der Leiche, lag eine Pistolenpatrone 9 mm.
4. Auf dem Fußboden am Kopfende des erwähnten Bettes fand ich eine Patronenhülse 9 mm.
5. Im Wohnzimmer Fürweg im Erdgeschoß, in der Nähe des zertrümmerten Fensters, war von dem Sohn des Fürweg am Morgen des 26. 6. 46 eine Patronenhülse Kal. 9 mm gefunden worden.
6. Auf der Stiftstraße, und zwar etwa 80 m vom Tathause in Richtung Stift entfernt, wurde von einem Beamten des Erkennungsdienstes Chemnitz, der zur Verstärkung an den Tatort beor-

dert worden war, ebenfalls eine Patronenhülse Kal. 9 mm, gefunden. Sie wurde gleichfalls sicher gestellt.«

Schüsse auf der Straße und im Haus. Die Täter zerschlugen das Wohnzimmerfenster, nebenan schlief der Vater mit seinen Söhnen, sie wachten nicht auf. Nochmals wird Grete Gießer zu Abend und Nacht des 25. Juni befragt:
»Ich war bis etwa gegen 21.00 Uhr im Hof. Ob Frau Fürweg schon vorher schlafen gegangen ist, kann ich nicht angeben. Anschließend hielt ich mich in meiner Wohnung auf. Da mein Mann im Dienst war, befand ich mich ganz allein in der Wohnung.
Gegen 22.00 Uhr hörte ich jemand die Treppe hochgehen und in das Schlafzimmer der Geschwister Fürweg gehen. Dem Tritt nach könnte es die Rosalie Fürweg gewesen sein. Kurze Zeit später kamen dieselben Schritte wieder die Treppe herab. Die Schritte hatten die normale Lautstärke, und es wurde nicht versucht, leise aufzutreten. Ich hatte bereits am Donnerstag, dem 20. 4. 46 einmal bemerkt, daß sich die Rosalie Fürweg am späten Abend noch einmal aus ihrem Schlafzimmer entfernt hatte. Wann sie damals zurück gekommen ist, kann ich allerdings nicht angeben.
Am 25. 6. bin ich dann gegen 23.00 Uhr schlafen gegangen. In der Nacht wurde ich durch Schritte auf der Treppe geweckt. Meine Uhr schlug gerade einmal. Ob es halb ein Uhr oder halb zwei Uhr gewesen ist kann ich daraus nicht ersehen, da meine Uhr zu diesen Zeiten immer einmal schlägt. Die Schritte selbst kann ich nicht näher beschreiben. Ich hörte ein leises Wimmern. Ich nahm an, daß eines von den Pflegekindern der Familie Fürweg krank sei und deswegen eine der Töchter Fürweg mehrmals in die Wohnung hinabgegangen sei. Ich hatte mindestens zweimal Schritte hinauf und wieder hinuntergehen hören. Als ich aufwachte, brannte im Hause bereits Licht. Infolge des Wimmerns konnte ich dann nicht wieder einschlafen. Als ich einige Zeit wach gelegen hatte, und das Wimmern immer noch nicht aufhörte, sah ich sogar einmal zum Schlafzimmerfenster hinaus, konnte aber nichts bemerken. Dann hörte ich einen dumpfen Knall. Ich neh-

me an, daß dies ein Schuß war. Sofort kamen nochmals Schritte die Treppe hinunter und anschließend hörte ich keine Schritte mehr auf der Treppe. Die Haustür habe ich nicht schließen hören.«

Die von der Familie in Pflege genommenen Brüder Sticher werden behutsam zu ihren Erlebnissen in jener Nacht befragt. Der zehnjährige Ludger erzählt, daß seine Eltern schon lange tot seien, seit einem Jahr wohnen er und Bruder Gerold bei den Fürwegs. Am 25. Juni sind sie 7 Uhr schlafen gegangen. Nein, Ludger hat den Vater nicht zu Bett kommen hören. Vom Klopfen sei er aufgewacht, als Vater nicht mehr aus dem Schlafzimmer kam. Lichtschein kam von Küche und Hausflur. Dann hat Frau Gießer den Vorschlag mit dem Aus-dem-Fenster-Steigen gemacht. Er und Gerold seien aber im Bett geblieben, bis Vater »Aufstehen!« sagte.

Der jüngere Bruder bestätigt:»Vater rief: ›Meine Kinder sind ermordet, steht auf.‹ Dann sind wir aufgestanden. Die Taschenuhr auf dem Nachttisch habe ich an jenem Abend nicht gesehen.« Ansonsten haben die Brüder nichts gehört. Sicher, einmal seien Russen zu Weihnachten dagewesen und hätten im Haus übernachtet. Aber Männer bei den Mädchen haben die Jungen niemals gesehen. Nein, Männer sahen sie nicht.

Dazu vermerkt die vernehmende Kriminal-Inspektorin:»Die Kinder Sticher waren recht zutraulich und gingen auf alle Fragen ein, die ihnen gestellt wurden. Bemerkt sei jedoch, daß sie an allen Geschehnissen nach der Tat teilgenommen haben und somit viel nachsprachen, was sich unter den Erwachsenen erzählt wurde. Sie konnten somit nicht mehr Geschehenes und Erzähltes unterscheiden. Bei ihren Vernehmungen mußte immer wieder darauf hingewiesen werden, daß sie nur das erwähnen sollen, was sie wirklich selbst gesehen und gehört hätten. Die Vernehmungen ergaben, daß die Kinder durch das Klopfen des Pflegevaters an der Schlafzimmertür wachgeworden waren. Sie sahen dabei das Hauslicht und das Küchenlicht durch die Scheiben des Schlafzimmers scheinen. Ferner haben sie gesehen, daß der Pflegevater, als er nicht durch die Türen des Schlafzimmers heraus konnte, das

Schlafzimmerfenster öffnete und Frau Gießer rief. Anschließend sei dann der Pflegevater aus dem Schlafzimmerfenster gestiegen. Nach einiger Zeit sei er wieder gekommen und habe das Schlafzimmer von außen aufgeschlossen und habe zu den Kindern gesagt, daß sie aufstehen sollten, es sei etwas passiert. Irgendwelche anderen Geräusche haben die Kinder selbst nicht gehört.«

»Frau Fürweg (bereits vernommen) wurde nochmals zu der Angelegenheit gehört, weshalb sie zu ihrem Manne sagte, daß dies doch alles nicht so stimmen würde, er solle doch die Wahrheit sagen. Nachdem Frau Fürweg gestern gefaßter war, gab sie an, daß sie von der Polizei diesbezüglich falsch verstanden worden sei ... Sie könne dies alles nicht fassen.«

Das Med. Gutachten stellt am 28. 6. fest:
»Rosalie Fürweg:
1. Als Todesursache ist eine Kopfschußverletzung anzusehen mit einem Einschuß an der re. Nasenwurzel, Durchschuß der Schädelbasis, schwere Zertrümmerung des Kleinhirns, Ausschuß am Hinterhauptsbein und Steckgeschoß unter der Kopfschwarte.
2. Bei der Sektion fanden sich noch kleine, stichartige Defekte an den Augenlidern, soweit der durch Fäulnis bedingte Befund noch Beurteilung zuläßt.
3. Als Abwehrverletzung ist möglicherweise eine Unterhautgewebsdurchblutung an der re. Hand anzusehen.

Gertraude Deppe:
1. Der Tod ist die Folge eines Kopfdurchschusses mit Einschuß über dem li. Ohr, Schußkanal quer durch den Kopf mit Schädellappen- und Mittelhirnzertrümmerung, sowie Blutung in die Hirnkammern und mit Ausschuß hinter dem re. Ohr.
2. Es fand sich weiterhin ein Durchschuß des li. Unterarmes, der mit dem Kopfdurchschuß zusammenhängt und als eine Schußverletzung aufzufassen ist, wobei zunächst der Unterarm getroffen wurde und dann der Kopf.
3. Es fanden sich kleine, stichkanalartige Verletzungen in den Augenlidern und in der Mitte des linken Vorauges von etwa 3–

4 mm Durchmesser. Diese Verletzungen sind wahrscheinlich als Stichverletzungen anzusehen und im besonderen wegen ihrer speziellen Beschaffenheit (blutdurchtränkte Gewebsränder) als noch im Leben beigebracht anzusehen.

4. Inwieweit Geschlechtsverkehr stattgefunden hat, läßt sich erst nach Untersuchung des entnommenen Scheiden- und Gebärmutterinhalts aussagen.«

Der Nachtragsbericht der Gerichtsmediziner stellt Überraschendes fest: »Der Sektionsbefund ergab, daß als Todesursache in beiden Fällen Kopfschußverletzungen anzusehen sind. Überraschend ist, daß sowohl Rosalie Fürweg als auch Gertraude Deppe in den Augen mehrere Stichverletzungen haben. Auffällig ist, daß die fast nackt auf dem Bett aufgefundene Deppe bedeutend mehr solche Stiche in die Augenpartie erhalten hat, als die noch mit einer Hose und Hemd bekleidete Rosalie Fürweg. Diese Stichverletzungen müssen mit einem Gegenstand beigebracht worden sein, der zwei bis vier Millimeter stark und mindestens 5 cm lang gewesen ist.

Der Tatort wurde noch einmal genau untersucht, um den Gegenstand zu finden, mit dem diese Stichverletzungen beigebracht wurden. Gefunden wurde ein mit grün-weiß-kariertem Gewebe überzogener Kleiderbügel, der in der Mitte, wo der Kleiderhaken eingeschraubt ist, gebrochen war. Der Kleiderhaken fehlte. Links und rechts der Bruchstelle waren auf dem Gewebe Blutflecke zu sehen. Es wurde noch ein gleicher, unversehrter Kleiderbügel gefunden und nach Herausschrauben des Hakens festgestellt, daß der Haken 2 mm stark ist und bis zum gebogenen Kopf eine Gerade von 5 cm besitzt. Der Haken des defekten Kleiderbügels wurde nicht gefunden. Es kann mit allergrößter Wahrscheinlichkeit angenommen werden, daß die Stichverletzungen mit diesem herausgebrochenen Haken beigebracht waren.

Die Feststellungen im Sektionsbefund, daß die Stichverletzungen als noch im Leben beigebracht anzusehen sind, sind u. E. falsch.

Die Ermordung der beiden dürfte sich wie folgt abgespielt haben: Der Täter ist in die Kammer eingedrungen und hat ohne

184   Mädchenaugen

Zögern vermutlich Rosalie Fürweg, die vor ihrem Lager stand, mit einem Schuß ins Gesicht auf kurze Entfernung (Pulverschmauchhof fehlte) erschossen. Sie fiel auf ihr Lager. Gertraude Deppe, die in ihrem Bette lag, wurde mit einem Nahschuß ermordet. Sie hatte vorher vermutlich beide Arme links und rechts an die Kopfseiten gedrückt. Daraus ergab sich der Durchschuß des linken Unterarmes mit fast aufgesetzter Waffe. Das Geschoß durchschlug den Schädelknochen hinter dem linken Ohr und zertrümmerte noch den Schädel am rechten Ohr und lag deformiert unter dem Kopf der Leiche auf dem Bettlaken. Zwischen den beiden Schüssen hat vermutlich der Täter seine Pistole repetiert, denn neben der Leiche der Deppe wurde noch eine unversehrte Patrone gefunden.

Danach hat er den Kleiderbügel ergriffen, ihn angebrochen und mit dem Haken zunächst der Rosalie Fürweg einige Stiche in die Augenpartie beigebracht und anschließend der Gertraude Deppe. Das Ergebnis der Untersuchung des Scheideninhalts der Deppe wird noch zeigen, ob an ihr außerdem ein Notzuchtverbechen verübt wurde.«

Am 2. 8. liegt das Untersuchungsergebnis den Ermittlern vor:
»Schamhaare: Bei Aufweichen und Aufschwemmung von angeklebtem Sekret mit physiologischer Kochsalzlösung lassen sich noch deutlich Reste von Spermien, meist ohne Kopf auffinden. Eine Beweglichkeit der Spermien ist nicht mehr feststellbar.

Material aus dem hinteren Scheidengewölbe: (etwa 10 ccm trübe, stark säuerlich und bereits übelriechende, schleimige Flüssigkeit von grauweißlichem bis bräunlichem Aussehen).

Mikroskopisch sind nur Epithelreste und zu Grunde gehende gelapptkernige Leukocyten, sowie nur noch einzelne, auf Spermienhalsteile verdächtige Gebilde auffindbar.

Beurteilung: Wegen bereits bestehender Zersetzung sind keine sicheren Spermienbefunde zu erheben.«

Eindeutig konnte Sperma nur im Schamhaar nachgewiesen werden. »Es kann mit ziemlicher Sicherheit aus den Tatbestandsmerkmalen gesagt werden, daß es sich hier um ein Sexualverbrechen handelt. Der Täter dürfte auch mit der Ermordung der

Liebolt, Heidelinde, geb. 9. 3. 30 in Chemnitz, wohnh. Oberpfannstiel Nr. 41 und der

Reichwein, Sigrid, geb. 20. 1. 32 in Chemnitz, wohnh. Chemnitz, Hilbersdorf, Zeppelinstr. 74, bei Beierfeld am 31. 12. 45 identisch sein.«

Und beide Doppelmorde weisen neben der örtlichen Nähe weitere verblüffende Gemeinsamkeiten im Tathergang auf.

»Am 1. Januar 1946, gegen 10.15 Uhr wurden in einem 10-jährigen Fichtenbestand zwischen Bernsbach und Beierfeld auf der Beierfelder Flur die Obengenannten ermordet aufgefunden. Beide waren durch Kopfschüsse getötet. Am Tatort wurde eine Gewehrpatronenhülse gefunden. Die Leiche der Sigrid Reichwein lag auf dem Rücken. Sie war noch vollkommen, also auch noch mit einem Mantel bekleidet. Die rechten Finger umklammerten einen Zweig eines dicht danebenstehenden Fichtenbäumchens. Das Kleid und auch der Mantel waren noch geglättet und reichten bis unter die Knie. Die Strümpfe der Leiche waren leicht heruntergezogen und bildeten kleine Falten. Der Schlüpfer war vom linken Bein völlig herabgezogen und lag über das rechte Bein bis über das Knie. Der Scheideneingang war etwa 1 cm breit geöffnet. Sperma konnte weder am Schlüpfer noch am Scheideneingang festgestellt werden.

In den Augen dieser Leiche wurde je ein etwa bleistiftstarkes Ästchen einer Fichte tief hineingesteckt vorgefunden.

Die in die Augen der Reichwein hineingesteckten Ästchen und die Stichverletzungen in die Augenpartien bei Fürweg-Deppe lassen auf ein- und denselben Täter schließen. Die beiden Tatorte sind ungefähr 1 1/2 km voneinander entfernt.«

Die serologischen Untersuchungen 1946 hatten noch nicht die Präzision der heutigen. Zwar grenzten sie den Täterkreis nach der Blutgruppe ein, zu einer eindeutigen Identifizierung jedoch fehlten die technischen Mittel.

Heute würde die DNS-Analyse den Täter eindeutig kennzeichnen. Die Daten einschlägig Vorbestrafter sind gespeichert, ein Vergleich würde den Täter schnell überführen, wäre er mit sexueller Abartigkeit bereits einmal auffällig geworden. Mit dieser Recherchemöglichkeit können Tätern auch weit zurückliegende Straftaten nachgewiesen werden.

Sollte dies nicht zum Erfolg führen, nimmt die Polizei in Wohn- und Lebensgebiet der Opfer Speichelproben der männlichen Bevölkerung und gleicht dies mit der am Tatort gefundenen Spuren ab. 1946 waren diese Untersuchungen nicht möglich. Vielleicht hätte man den Täter mit den modernen wissenschaftlichen Ermittlungsmethoden überführt. Die Polizei nahm bei dem Mord an den Schwestern Fürweg einen Serientäter an. Die nah beieinanderliegenden Tatorte sprachen dafür. In der Beierfelder Flur fand man Heidelinde Lieboldt und Sigrid Reichwein. In Beierfeld gingen die Schwestern Fürweg zum Tanz. Lernten sie den Täter vor Ort kennen? Der Mörder hatte eine Obsession, lassen die Verletzungen des Opfers vermuten.

Neben unabsichtlichen Verletzungen am Opfer werden Verletzungen auch »durch absichtliche Gewalteinwirkung verursacht. Diese sind entweder zur Erreichung des Tatzieles in funktionaler Hinsicht erforderlich, oder sie werden als Täterverhalten verstanden, das über das absolut Notwendige der Tatbegehung hinausgeht.« [9] Die Stiche in die Augen der vier Opfer müssen als absichtlich und nach dem Tod beigebracht verstanden werden. Verschaffte diese Gewalt dem Täter zusätzliche sexuelle Befriedigung? Das »Experimentierverhalten des Täters bezeichnet Gewaltanwendung, die nicht aggressive, psychologische, fantasiebezogene Bedürfnisse des Täters befriedigt. Dazu bedarf es keines lebenden Opfers.« Der Mörder der Mädchen ein Psychopath?

»Psychopathie: Breite Klasse von Persönlichkeitsstörungen, die sich – ohne Anzeichen für intellektuelle Defizite – in relativ überdauernden, von sozial geprägten Erwartungen abweichenden und das Zusammenleben erschwerenden Affekten, Einstellungen und Verhaltensweisen äußern.« [10]

»Dem englischen Psychiater Michael Craft zufolge sollten Personen als psychopathisch diagnostiziert werden, wenn sie eine Kombination der folgenden Merkmale aufweisen, wobei die zwei ersten positiven Merkmale beide vorhanden und die negativen Merkmale erfüllt sein müssen.

Positive Merkmale:

1. Fehlendes Empfinden für andere Menschen, von einigen als Gefühllosigkeit, von anderen als Lieblosigkeit bezeichnet. In extremen Fällen können die Personen ganz ohne Gefühl sein.
2. Neigung zu impulsivem, unbedachtem Handeln (vgl. die alte jusristische Formulierung ›unwiderstehlicher Drang‹).
Sekundäre Merkmale (von obigen abgeleitet):
3. Eine Kombination der obigen zwei, die unter entsprechenden Umständen zu Aggressivität führt.
4. Fehlende Scham und Reue über das, was getan wurde.
5. Unfähigkeit, Erfahrungen zu nutzen oder anzuwenden, was fehlende Reaktion auf Bestrafung einschließt. Das Asoziale ihres Tuns kann früher mittels Schuldspruch dokumentiert worden sein.
6. Fehlende Motivation, was zu genereller Untüchtigkeit führt, so daß die betreffende Person vorhandene Fähigkeiten nicht nutzt.
Zusätzlich:
7. Zu obigen kommt Bösartigkeit oder der Wunsch, Dingen oder Personen Schaden zuzufügen.

Negative Merkmale:

1. Fehlen von Psychosen wie Schizophrenie oder Depression, die durch psychiatrische Untersuchungen ausgeschlossen wurden.
2. Fehlen eines rein intellektuellen Defizits/geistige Fähigkeiten geringer als die Hälfte des Durchschnittswerts.

Mädchenaugen

3. Fehlen von krimineller Motivation oder Tatplänen aus Angst vor den damit verbundenen Risiken.

Interessanterweise gibt es keine internationale Übereinstimmung hinsichtlich der Diagnose von Psychopathie. In den USA werden zum Beispiel Charme, Eitelkeit und soziale Fähigkeiten hervorgehoben; in der BRD wird vor allem auf Gefühlskälte geachtet.«[11]

Hätte ein heute übliches Profiling den Täterkreis eingegrenzt? Den perversen Mörder überführt?
»Perversion versucht, etwas in der Persönlichkeit eines Menschen zu ›reparieren‹. Es sind Konflikte, Probleme, Defizite, die in der perversen Symptomatik abgeschwächt werden. Probleme, die am häufigsten:
· mit der männlichen Identität,
· mit der Aggression,
· mit dem Selbsterleben und
· mit der Beziehungsfähigkeit
zu tun haben. Diese Probleme werden als perverse Symptome ausgedrückt und damit auch aufgefangen. Die Perversion dient dann, so sagen die Psychoanalytiker, als Abwehr gegen diese Probleme.«[12]
Warum stach der Mörder Mädchenaugen aus? Konnte er den Blick der Toten nicht ertragen? Verschaffte es ihm sexuellen Reiz?

Nach der Vergewaltigung, den Morden an Traudl und Rosalie hat dieser Täter nicht wieder getötet, nie mehr zugestochen. Sein Zwang zur Serie bricht mit diesem zweiten Doppelmord ab. Zumindest in der Schwarzenberger Gegend. War der Täter danach nicht mehr im Erzgebirge zu Hause? Hat man ihn zu einer anderen Dienststelle versetzt (so es ein Soldat der Roten Armee war und dessen Vorgesetzte handelten)? Wurde ihm von Verwandten das Morden unterbunden? Starb er selbst?
Der Doppelmord an den Schwestern Traudl Deppe und Rosalie Fürweg wurde nicht geklärt. Auch nicht der Tod von Heidelinde Lieboldt und Sigrid Reichwein.

Anmerkungen

1 Christian Pfarr: Ein Festival im Kornfeld, Reclam, Leipzig 1997, S. 56 f.
2 LVZ vom 13. 2. 1958.
3 »Herzog Albrecht hält auf einer Silberstufe Tafel«. In: Bergmanns-sagen aus dem sächsischen Erzgebirge, Deutscher Verlag für Grund-stoffindustrie, Leipzig 1989.
4 Der Abend vom 4. 3. 1952.
5 Ebd.
6 Der Tagesspiegel vom 5. 3. 1952.
7 Der Abend vom 5. 3. 1952.
8 Unser Lesebuch, Klasse 2, Volk und Wissen, Berlin 1959.
9 Cornelia Musloff/Jens Hoffmann: Täterprofile bei Gewaltverbre-chen, Springer, Berlin/Heidelberg 2002.
10 Werner D. Fröhlich: Wörterbuch der Psychologie, dtv, München 2000.
11 Deborah Cameron/Elisabeth Frazer: Lust am Töten, Orlanda Frauenverlag, Berlin 1990.
12 Andreas Marneros: Sexualmörder, Psychiatrie Verlag, 1997.

Auf weitere Quellen verweist der Text explizit.

Abkürzungen

Abteilung K und S	–	Abteilungen Kriminalpolizei und Schutzpolizei
Abt. K. Komm.	–	Abteilung Kriminalpolizei, Kommissar
ABV	–	Abschnittsbevollmächtigter (Wohngebietspolizist)
AWG	–	Arbeiterwohnungsbaugenossenschaft
BDVP	–	Bezirksbehörde der Volkspolizei – entsprechend der territorialen Gliederung der DDR, wie heuti-ge Polizeidirektionen
BSG	–	Betriebssportgemeinschaft
BVG	–	Berliner Verkehrsgemeinschaft — heute Berliner Verkehrsbetriebe BVB
DEFA	–	Deutsche Film-AG (der DDR)
DSF	–	Gesellschaft für Deutsch-Sowjetische Freundschaft
FStW	–	Funkstreifenwagen
HDVP	–	Hauptverwaltung der Volkspolizei – höchste VP-Dienststelle der DDR
HO	–	Handelsorganisation (Handelskette in der DDR)
HWM	–	Hauptwachtmeister

KDD	–	Kriminaldauerdienst (Bereitschaft)
KKPA	–	Kriminalpolizei im Kreis(kriminal)polizeiamt (widerspricht sich im Gebrauch – die/das)
KOK	–	Kriminaloberkommissar
Komm. K. I	–	Kommissariat K. I (Spurensicherung)
KPA	–	Kreispolizeiamt
KT	–	Kriminaltechnik
LVZ	–	Leipziger Volkszeitung
MK	–	Mordkommission
MUK	–	Morduntersuchungskommission, auch Mord- und Unfallkommission, kurz Mordkommission
NKWD	–	Narodnij Kommissariat Wnutrennych Djel – Volkskommissariat für innere Angelegenheiten, seit 1946 Ministerium (MWD), erfüllte geheimdienstliche Aufgaben.
NVA	–	Nationale Volksarmee
POS	–	Allgemeinbildende zehnklassige polytechnische Oberschule
SAG	–	Sowjetische Aktiengesellschaft
SED	–	Sozialistische Einheitspartei Deutschlands
Skdo.	–	Sonderkommando (pers. Abkürzung)
SKK	–	Sowjetische Kontrollkommission
SMAD	–	Sowjetische Militäradministration
StPO	–	Strafprozessordnung
VEB	–	Volkseigener Betrieb – wirtschaftliche Betriebsform der DDR
VP	–	Volkspolizei
VPGP	–	VP-Gruppenposten
VPKA	–	Volkspolizeikreisamt